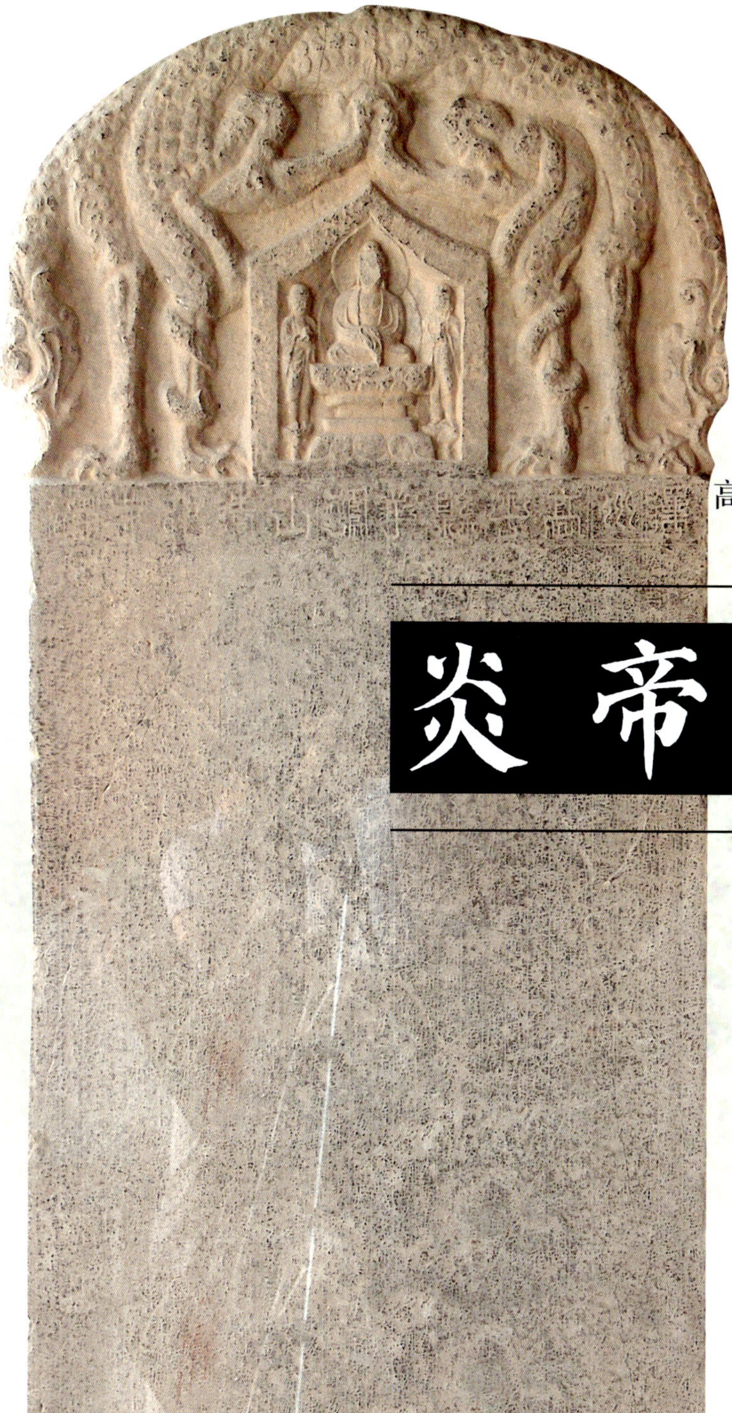

高平市炎帝文化研究会　编

炎帝古廟

文物出版社

《炎帝古庙》编辑委员会

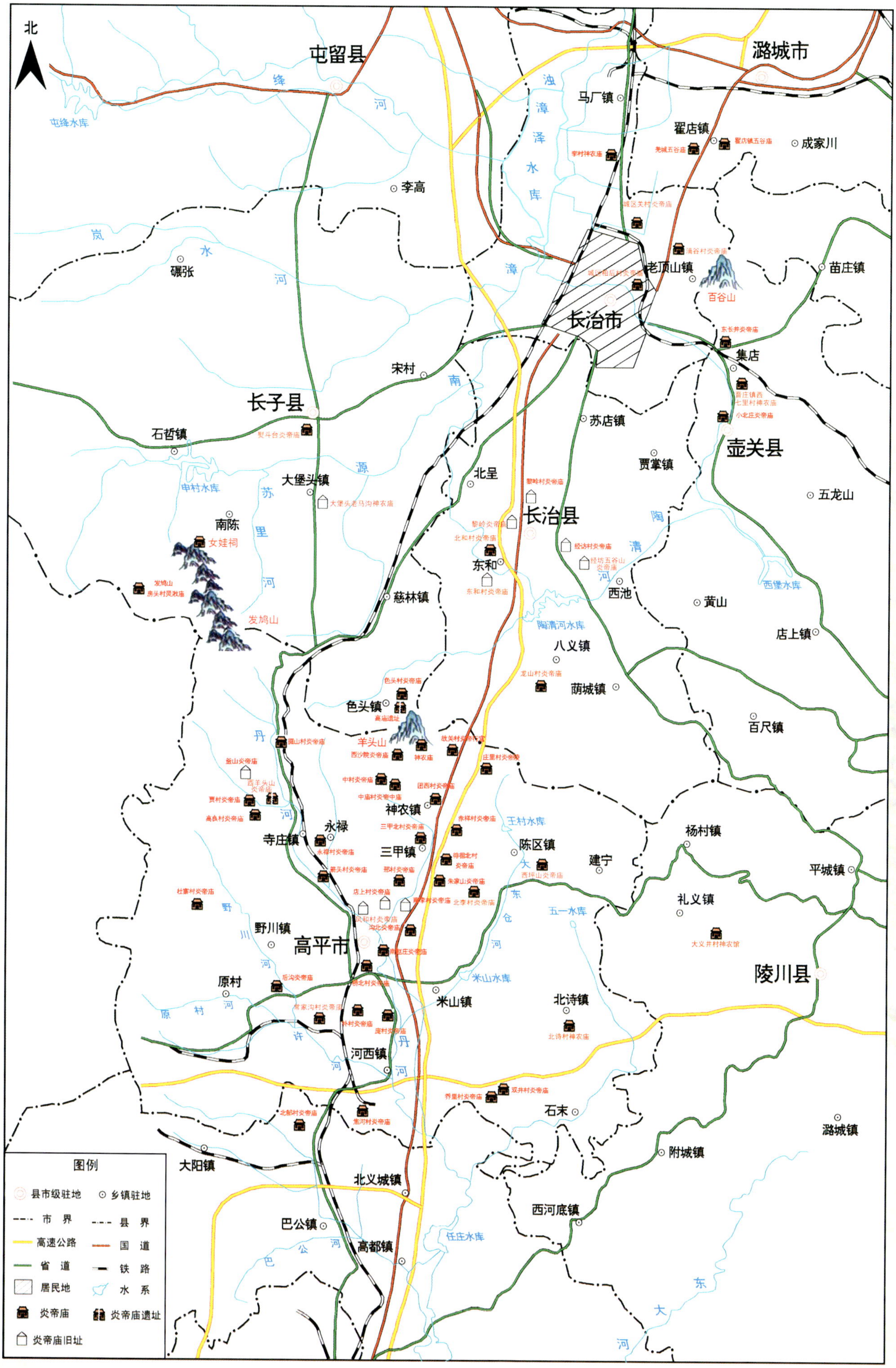

山西上党地区炎帝庙分布图

羊头山炎帝高庙遗址

炎帝广场

羊头山神农庙

羊头山神农祭天坛

箭头村炎帝庙外景

沟北村炎帝庙外景

炎帝行宫正殿

徘徊北村炎帝庙正殿

炎帝陵正殿

中村炎帝庙正殿

贾村炎帝庙正殿

色头村炎帝庙正殿

炎帝中庙无梁殿

徘徊北村炎帝庙戏楼

焦河村炎帝神农庙戏楼

贾村炎帝庙正殿内壁画

永禄村炎帝庙正殿内壁画

发鸠山

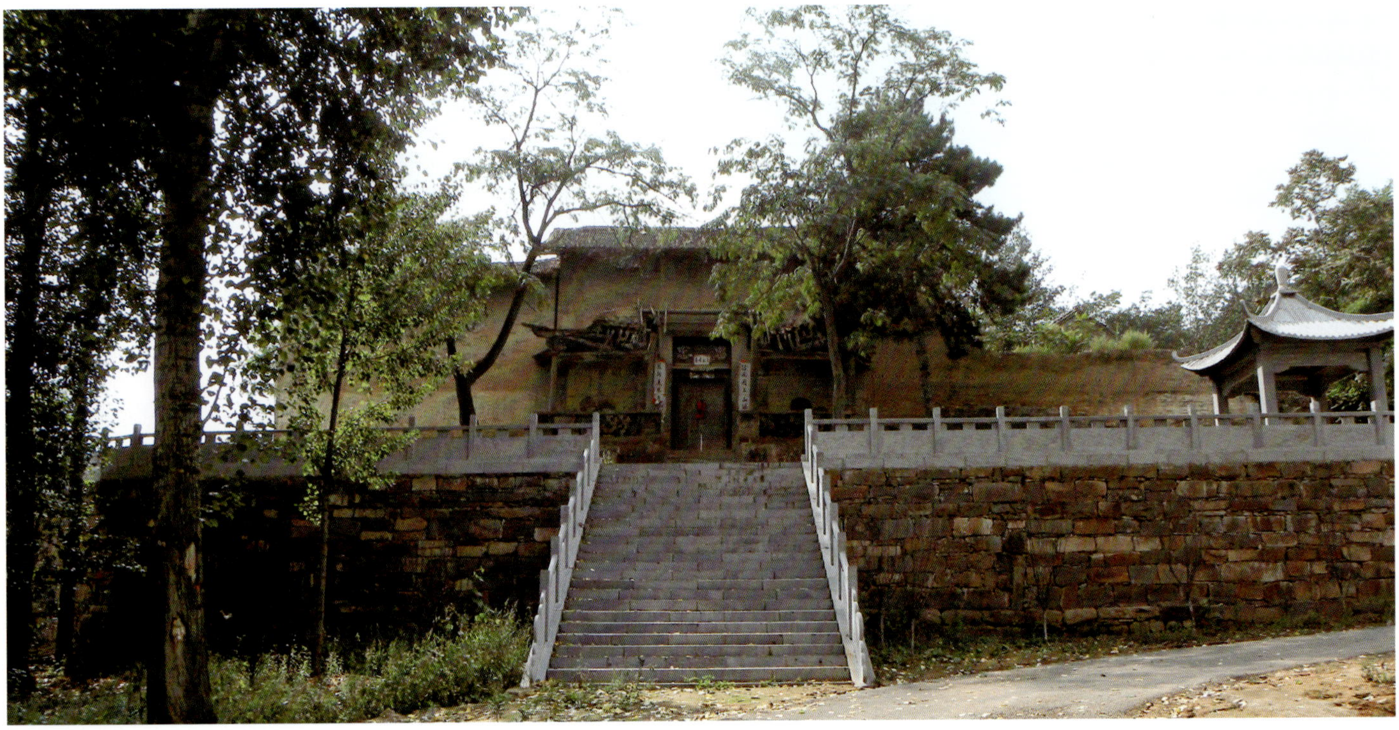

房头村灵湫庙

序

山西高平市炎帝文化研究会最近编成《炎帝古庙》一书，即将交文物出版社印行，这是一件值得欢迎的好事。

这几年，我在几次演讲中提到一个观点，就是我们中国人自称炎黄子孙，以及讲中国有五千年的文明史，是彼此密切相关的。大家这样说，都是根据《二十四史》的第一部，即西汉司马迁的《史记》。《史记》开头是《五帝本纪》，而《五帝本纪》是由炎黄二帝的时代发端的，作为文明历史的开始。依照后来历代史家的推算，传说中炎黄二帝的时代距今约五千年，也就是说我们有五千年的文明史。

司马迁写《五帝本纪》，有着丰富的文献依据。要知道司马迁生于史官世家，他所能见到的载籍，无疑比我们后人要多得多。后世传流或发现的一些材料，司马迁很可能都看见过，可是他认为“百家言黄帝，其文不雅驯”，与他亲身旅行调查所得不能相合，他所能倚靠的，乃是《左传》、《国语》和现存于《大戴礼记》的《五帝德》、《帝系姓》。根据这些，他把文明历史上溯到炎黄时代，绝不是任意的，如《本纪》篇末所说：“非好学深思，心知其意，固难为浅见寡闻道也。”

《左传》、《国语》多言炎黄时代传说事迹。《国语•晋语四》说明，炎帝、黄帝同出于少典氏：“昔少典娶于有蟜氏，生黄帝、炎帝，黄帝以姬水成，炎帝以姜水成。”这样的传说含有神话色彩，但足以反映二帝同出一源。参照其他有关记载，炎帝应比黄帝更早一段时期。例如晋代皇甫谧的《帝王世纪》便说炎帝之后有帝临魁、帝承、帝明、帝直、帝厘、帝哀、帝榆罔，一共八代，才同黄帝并世。不管怎样说，炎黄所代表的历史时代，是中国文明开始形成的重要关捩，对这一时代的探索，是古史研究不可缺少的组成部分。相当这一时代的一系列考古发现，正可从一方面予以印证。

有关黄帝历史传说的讨论研究，这些年相对较多，实际上有关炎帝的传说遗迹数量并不算少。使人们高兴的是不少学者做了辑集调查的工作，成绩显著，有如《炎帝神农氏》、《炎帝汇典》、《炎帝志》等书问世。高平市炎帝文化研究会的这部《炎帝古庙》，独具一格，又与其他不同。

高平地处晋东南上党地区，历史文化底蕴深厚，尤以有关炎帝的传说遗迹最为繁富，如羊头山上的神农城、神农泉、五谷畦、神农庙，以及庄里的炎帝陵、五谷庙，故关的炎帝行宫等，引人瞩目。了解炎帝历史传说，自然不可忽略高平。

《炎帝古庙》一书，广泛收集整理晋东南地区现存炎帝庙中碑记一百余通，其间十之八九分布于高平市，占其四分之三。查其建立时代，上起魏晋，下至清末民初，纵跨一千五百余年。这充分表明炎帝历史传说在这一地区源远流长，值得深入探索研究。

前些时读到山西省炎帝文化研究会所办《华夏炎帝》季刊的《中国山西高平卷》，其“卷首语”说：“我们每一个人对历史的最初认识，大约来源于儿歌和童话。与此有相对意义的是，历史学家研究的上古史，就像是在研究人类的童年史。上古的传说和神话，就是人类童年时代的儿歌和童话。世界上有无数的民族，无数的民族就有无数的历史，但是人类童年的历史却惊人的相似。……公元前三十世纪前后，是古中国的炎黄时代。几乎同时，古埃及诞生了第一王朝，古巴比伦诞生了美索不达米亚城邦，古印度出现了哈巴拉文化。”这段话，尽管个别词语可以修正，精神是非常对的。让我们通过展现传流在高平的炎帝历史文化传说，来仔细思考我们古史上的炎黄时代吧。

李学勤

2011年7月9日

凡　例

一、本书辑录山西省上党地区神农炎帝之陵、庙、宫、祠、馆等建筑。上溯不限，下至民国。所辑录的古庙宇，均配有照片和庙宇简介。

二、各庙宇的先后排序，以羊头山为中心，依次展开。

三、各炎帝庙里记载神农炎帝生平事迹之碑记，一并辑录。亦是上溯不限，下至民国。碑碣配有拓片、碑文、简介。碑名以碑题为准，如无碑题，为“无题碑记”。碑文中所遇繁体字、异体字和俗体字，改为规范字；避讳字改回原字；缺字和漫漶不清难以辨认的字，以“□”代替。

四、各庙宇内的碑碣排序，以古为先。

五、历史记载曾有的炎帝庙宇、碑碣及相关资料，以附录形式录入；非炎帝庙内记载神农炎帝信息之碑碣，亦附录其中。

目　录

炎帝古廟

〇一 羊头山

五谷畦

神农城遗址

神农井

神农泉

羊头山

羊头山，亦名首阳山，因山颠有石状如羊头而得名，位于高平市城东北 17 公里处神农镇境内。该山海拔 1297 米，是中华民族始祖神农炎帝创制耒耜、试种五谷，首开中华农耕文明之地。山的东北面是长治县，西北面是长子县，正南面是高平市（县），是泽州和潞州两郡的分界线，有“麓跨三邑，岭限二郡”之说法。“神农获嘉禾之地”即指此而言。据晋程玑《上党记》载，神农城在羊头山，《魏志》亦称神农城为羊头城、谷城，城内有庙，现不存。羊头山上有神农城、神农泉、神农井、五谷畦、祭天台等遗址遗迹。在北魏至明清历代修缮时立碑碣中，都记叙了炎帝在羊头山种五谷，始教民稼穑的光辉业绩。羊头山神农城遗址在山西段的山峰上。后魏《风土记》云：“神农城在羊头山……”北宋《太平寰宇记》云：“神农尝五谷之所，上有神农城，下有神农泉。”神农泉分左、右二泉，左泉为白（称白龙池），右泉为青（称青龙池），二泉侧有井，谓神农井，被人填平，现只留遗址。五谷畦（又名井子坪），位于白青二泉南 30 米一片空地。后魏《风土记》云：“神农城在羊头山，其下有神农泉，皆指此地也，地名井子坪，有田可种，相传神农获嘉谷于此，始教播种，谓之五谷畦焉。”祭天台是炎帝在羊头山的活动最原始的遗迹。

每年的农历七月三十日至八月初一日，环山居民在这里举行庙会，祭祀炎帝，因两天跨两个月份，俗称会二个月。暑伏天更是热闹非凡，除周围的村子外，还有长治县、长子县一带来人，大家都要到羊头山伏游。

羊头山

○二 羊头山炎帝高庙遗址

炎帝高庙遗址

羊头山炎帝高庙遗址

在神农城的东面有庙一所，专为祭祀炎帝，称为高庙。该庙创建年代不详，元初迁至庄里村五谷庙，元初迁移后疏于修缮而荒废，现只留基址。从现存的遗址看，庙坐北面南，分为上下两院。上院有正殿五间，塑有炎帝、夫人后妃和太子像，“皆冠冕若王者之服”，现塑像不存。此庙坐落在正岭之上，而此岭又是长子、高平之分界岭，故有“前檐滴高平，后檐滴长子”之俗说。下院有水井一眼，石质井架仍存，大殿残柱依然屹立着，并有一块无字石碑，遗址内柱础、台基等，为唐宋时遗物，说明此庙至迟在唐时已有。

炎帝高庙遗址

乃赓后歌碑

【简介】 勒石于元延祐元年 (1314) 八月，原在羊头山神农炎帝高庙内，现存长治县文博馆。志为一合，长方形，石灰岩。周边刻有花纹，诗一首。记载说神农遗迹在羊山，即羊头山。志保存完整。

【碑文】 神农遗迹在羊山，祠宇重修构此间。
经始灵台花灿烂，仍妆塑像锦斓斒。
东南高压仙人洞，西北相连圣水湾。
缘事况今功力了，一章诗律记乡关。

起盖都维那苏夫人
潞州任城木匠张都料、瓦匠冯都料、塑匠张待诏
上王村守庙人董忠
潞州上党县八谏乡辛兴村石匠任□（听）、男任兴、任义刊
时延祐元年岁次甲寅仲秋上旬功毕

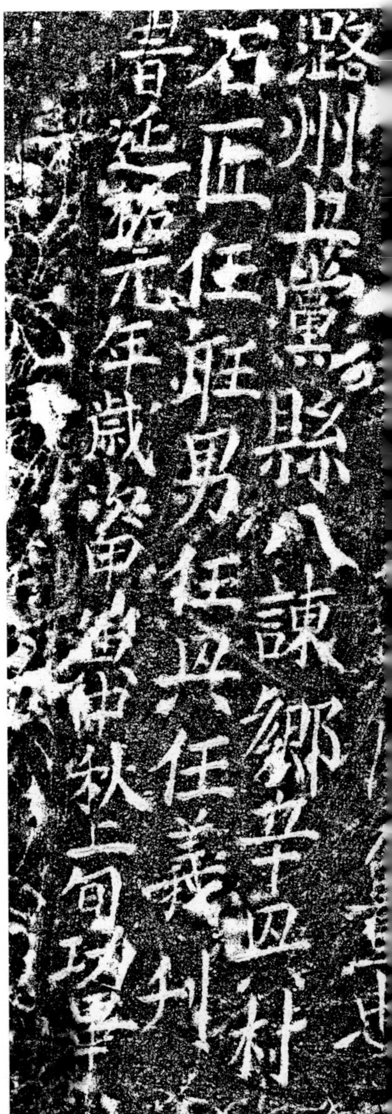

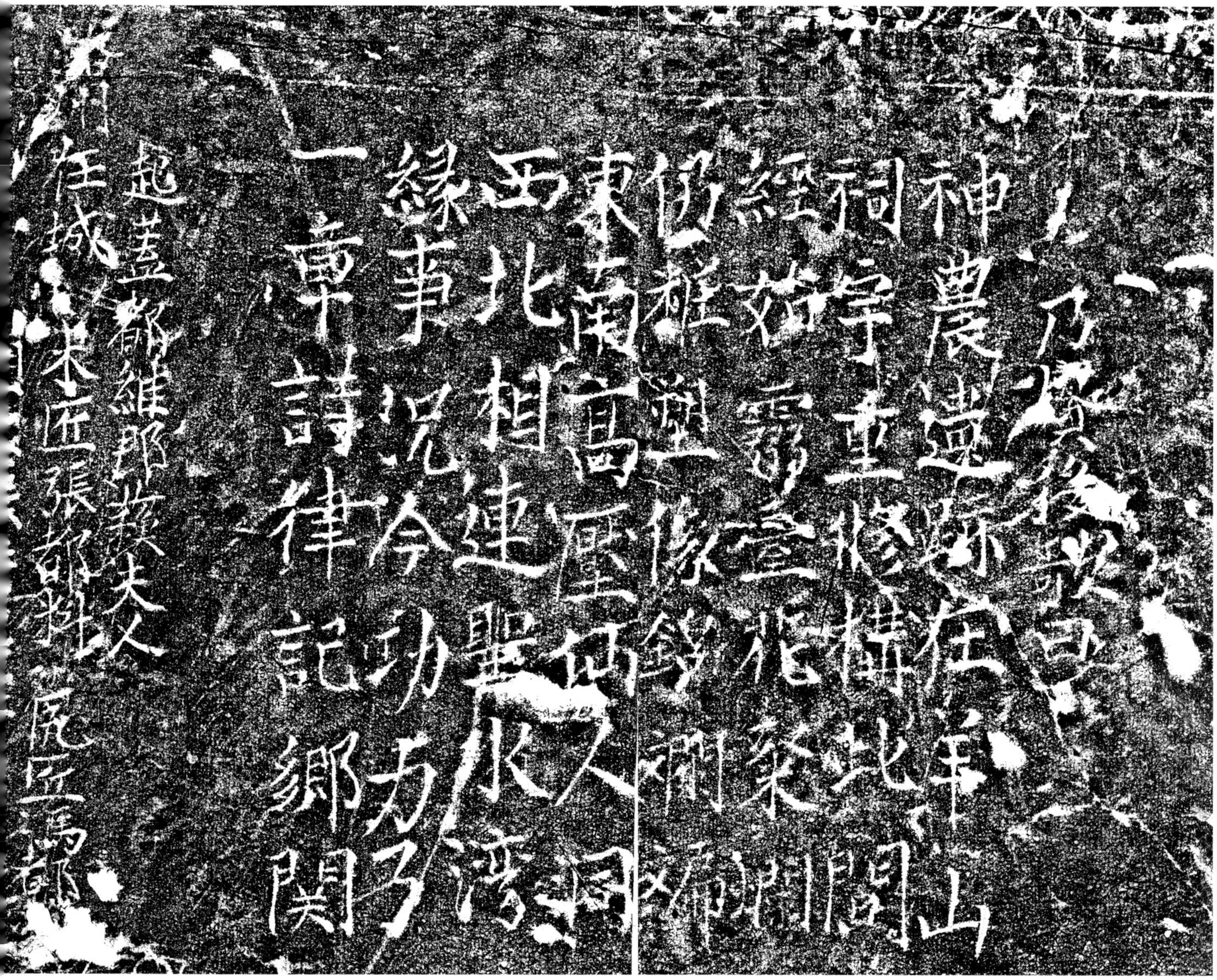
神農遺跡在年山
祠宇重修構此間
經始靈臺花菜潤
東南高壓但人間
西北相連聖水灣
緣事況今功力了
一章詩律記鄉閑
起蓋都維那蔡夫人
任城木匠張都料
瓦匠馬都

〇三 羊头山神农庙

神农庙

羊头山神农庙

神农庙建于羊头山南麓，创建年代不详，至迟在唐代时已有。庙院坐北面南，分为上下两院，因年久失修，损毁严重。2002 年神农镇政府进行了全面的维修，成为羊头山祭祀炎帝神农氏的重要场所，我国著名的古建筑专家罗哲文为该庙题了名。

神农庙庄严壮观。下院有山门、厢房、洗药池等。门开三洞，高大壮观，“神农庙”匾高高悬挂于门楣上。唐代《泽州高平县羊头山清化寺碑》陈立于门内。东西厢房陈列着有关炎帝文化的碑刻拓片和遗址遗迹照片。上院建有正殿、南殿等主体建筑。院内有莲花池，泉水从龙口中流出，常年不涸。殿前檐下四个石狮柱础，雕刻精美。

正殿

羊头山□□寺□□碑

【简介】勒石于北齐天保二年（551），现存神农镇羊头山神农庙。碑身首一体，残高143厘米，宽86厘米，厚22厘米。碑文残缺不全，只保留部分文字。楷体竖书。有“神农，圣灵所托远瞩太行”，“地称唐公，山号羊头”等字样。碑首圆形，阳面与阴面均有一佛龛，内置一佛二弟子二菩萨。碑残存三块。

【碑文】北齐天保二年岁次（缺），夫冥化无端，死生相袭，（缺），足以譬，莫不同隔三障，（缺）使，火宅易焚，冰河难济，（缺）提，被此慈风，沐兹法雨，（缺）天人之正术者哉，大齐（缺）隆之化及，并建二州，英（缺）劫获果今生清就岳峭（缺）侔三杰连衡邵出齐（缺）。

（缺）经营戎略总率徒□□□□（缺）神农，圣灵所托，远瞩太行，旁接大□，□沁水之□，（缺）澎湃，若其山川秀丽，陵谷磐纡，穷五都之焕，炳极八表，（缺）祇□依稀鹫岳，精舍立趾，伽蓝有处，遂发有王之情□（缺）之□，凭林构宇，因岩考室，招集名僧，妙聪永侍，恩心惮诵，因（缺），诚敢申至愿当使圣主御极，比干东王，相国迁神，往生安养，寝（缺）消弥，干戈永戢，亿兆苍生，咸蒙福庆，爰勒琬琰，以述偈言，其辞曰：

太平□□，旷劫纷纶。冥昧谁晓，晧荡迷津。上圣先觉，超悟至真。□应致感，洗惑祛靡。彼岸可□，□止驰览。宝像□晖，□□□□。建刹灵岩，卜居洁静。梵舍兜率，□□□□。地称唐公，山号羊头。环以琼障，萦以丹流。□□□□，□□□□。名僧□聚，振锡来游。荷欤上德，卓尔不群。秉□作宰，纬武经文。身婴绂冕，志绝埃氛。亭亭独秀，渺渺陵□。四□必空，三业咸假。在混□□，居尊弥下。弥爱十□，□□□□。□□□□，□□□□。

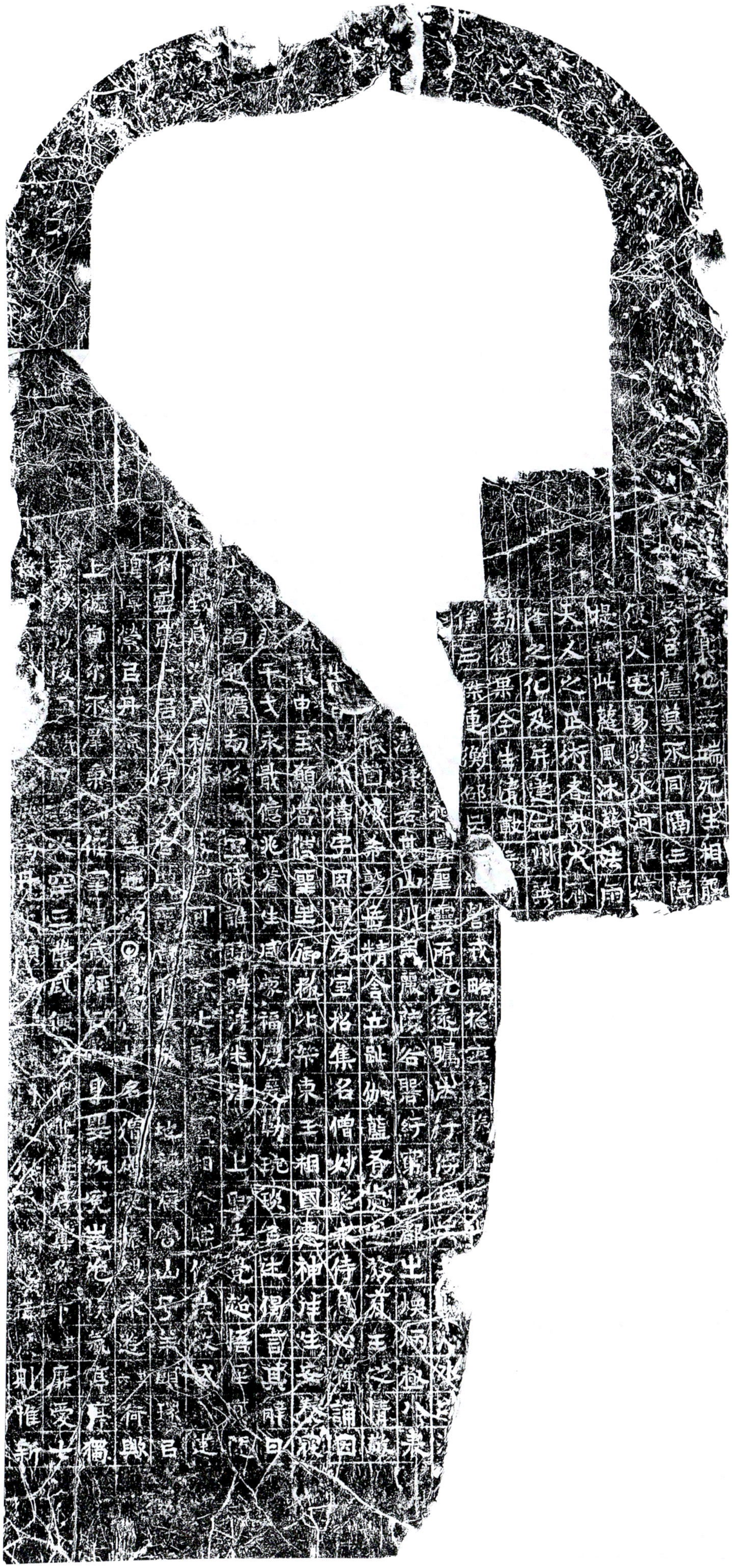

〇三 羊头山神农庙

泽州高平县羊头山清化寺碑

【简介】勒石于唐武则天天授二年（691）。现存神农镇羊头山神农庙。碑身首一体，石灰岩。高205厘米，宽87厘米，厚26厘米。碑文记叙了炎帝神农氏在羊头山种五谷、始教民稼穑的光辉业绩。背阴刻有清化寺四至，碑右侧有题记一则。碑为圆首，浮雕六螭，中间开一佛龛，内置佛像一躯。牛元敬撰文。碑保存完整，文字剥蚀严重。

【碑文】窃闻称若盘编缢罗类□□□多从过□麟□有词□乎之闻□□□□□暨之天□□□□□□□□□□□□□□□□□□□□汉所以昆明之补华后□开言邬□之录□□勒于田记看乃质宜阐化□□□盖于天□□□□□□□□□□□□□□□□□动手三千□曷□而解皿□□□□用非可而或汉询□□又乃羊头沐□□□□□山水盖□此山炎帝之所居也，昔者摄提纪岁之后，燧人化火之前，穴处巢居，茹毛饮血。爰逮炎皇御宇，道济含灵，念搏杀之亏仁，嗟屠戮之残德。寻求旨味，以替膻腥，遍陟群山，备尝庶草。届斯一所，获五谷焉。记此灵奇，显其神异，石类羊首，遂立为名。于是创制耒耜，始兴稼穑；调药石之温毒，除瘵延龄；取黍稷之甘馨，充虚济众。人钦圣德，号曰神农。历代崇恩，峰亭享庙。其山也，左连修岭，横巨嶂而峙沧波；右接遐峰，列长关而过绛阙。烈山风穴，泛祥气而氤氲；石鼓玉泉，泄云雷而隐轸。芬敷花药，春夏抽丹。蓊郁松萝，秋冬耸翠，人天交集，仙圣游居。譬鹫岭之灵宫，犹鹿苑之佳地。播生嘉谷，柱出兹山矣。者仍魏神□孝文□窃□耜字岁藏邻虽宁□封孚霞南□东□□□□□□□□□□□□灵□行祷山林□营寺宇额题宅园义取宁邦□□后齐□□□转□□□□□□□而□□□□□□□□□□□□□□□□□□余相盛□虔扵□塔□花浚云袁后属愿纲□□乎上尘 □□□□罗花□□□□□□□□□□□□□□□□□□□□□□义贵僧考耜住城县置伽兰取山名额昇平山人□□以山居□□□□□比□村□□□□□□□□□□□山以□是固河□□缘□一□□之□□超日襄□□办所飞走榷安禽□不□□□□□□□□□□□扵佥□重□□□□□□□□□所置太公率士之中高旌妙利仍□故寺□起耕基而称□华岁次子卯胡□□□□广其屡复此山□□楼中□□□□□□□□□□万□□□利蕴处多□□令□众太□移题□□□□□额山名□□其使□□□□□□所□□□□□□□三年□□物乡问首□□□享己午□等□□□□□□□□□□□慕雪山□□□□□□□□□□□□□□□□□□□□□求具础用□微猷□□旧章□传百实乃□□□□□□□尊容山容□□□神□□□□□□□□□□□□□□□□□□高平□□□乃有情咸登□上然□功成事遂记□□□□□树□传□杨□□而显德粤□□□□□□□□□□□□□□□□□□庚辰□□□□琢□斯毕于贤中散大夫泽州高平县□周义府□□□□□□蕴□俗□□□□□□□□□□□□□□□□□□□□高平□外□播□教□乎并增三德而重一□野□来苏逢□□□□□□乌□□□邻□□□□□□□□□□□□□□功名仰恩□□□□□□□以乃□□□□□□□□山楹寺□□□□之基□□□□成之□想□而长□□□□□□□（缺）在混□□，居尊弥下。

唐故毕府君夫人赵氏墓志铭并序

【简介】勒石于唐天祐七年（910），现存神农镇羊头山神农庙。墓主人毕刚“性厌嚣逐寂，避世归天”，享年62岁。赵氏王母，享年83岁，于唐天祐七年（910）迁葬祖茔。墓志为一合，方形，石灰岩，边长68厘米，宽38厘米，厚26厘米。盖呈梯形，浮雕兽头和几何图案，四周刻有“四望北风起，野云南北飞。孤坟荒草里，月照独巍巍”。志石保存完整。

【志文】窃闻道本冲寂，大觉乃传，不二之门，尼父圣贤。临逝川而悲叹，生如隙影，□若电光，人于万象之灵，于爱何漂而覆没。粤有东平郡毕府君讳刚。曾祖讳善德。高祖讳君，好净，云山遨游，颐性厌嚣逐寂，避世归天，春秋六十有二。孤垧四十余年。赵氏王母，孀居积岁，礼备三从，春秋八十有三。愿归家矣。嗣息相承。贯居泽州高平县丰溢乡魏庄村，明城里之人也。亡男宗新，妇田氏，倪氏，亡男小兴。次男武新，妇王氏，亡男全兴，嗣琮新，妇王氏。息唐兴赵八叔殷，终于思室。男喜，去年九月终于思室。男虔季德右庆少亏严训，触事靡知，龄过知士，自责亏仁，新妇李氏。男浪猪老，妣星潜，昼夜忡忡。今举神柩，再瞩光明，重启窀穸，合附灵台。维大唐天祐七年岁次庚午正月壬辰朔三日甲午，固迁祖茔。先在神农乡神农里团池店南一达之东。其势也，潜龙圣地，紫气盘旋，安坟于掌。哀哀父母，掬育劬荣(劳)，欲报之恩，号天罔极。生事以礼，死葬为周，以子礼终，合附备矣。后恐嵌谷陨易，山河变移，时更代革。金石可销，海变桑田，子孙何监！刻石为铭，乃为词曰：

传哉英贤，有德有言。
乡邦取则，远近称传。
望如椿寿，金刚之坚。
仰之不足，顷日归天。

唐故畢府君夫人趙氏墓誌銘 并序
竊聞道本沖寂大覺乃傳不二之門尼父聖賢臨逝川而一
悲歎生如隙影覺若電光人於万象之靈於愛何漂而
復沒粵有東平郡畢府君諱罰 曾祖諱善德 高祖諱
君好淨雲山遠遁頤性厭躁迯寂避世歸天春秋六十有二孤
坰卅餘年趙氏王母孀居積嵗禮備三從春秋八十有五殞
歸家矣嗣息相承貫居澤州高平縣豊溢鄉䰟莊村明
城里之人也长男宗幹婦田氏俔氏亡男小興次男武新婦
王氏亡男全興嗣琮新婦王氏息唐興趙八娘殺終於思室
男喜去年九月終於思室男虔季德右慶少麟嵗訊餡
事〻麻非知齡過知士自責麟仁新婦李氏男浪偖老妣星潸
晝夜忡忡今舉神柩舁矚光明重啓宅穸合附靈臺雖大
唐天祐七年嵗次庚午正月壬辰朔三日甲午，固遷祖塋
先在神農鄉神農里園池店南一遠之東其勢也滑龍聖地
紫氣盤旋安壙於掌裊裊父母構育劬勞欲報之恩號天罔極
生事以礼死葬為周旨子礼終合附備矣後恐嵗谷遷易山河變
移時更代革金石可銷海變桑田子孫何監剞石為銘乃為
詞曰 傳記英賢 有德有言 鄉邦取則 遠近稱傳 一〻
望如椿壽 金剅之堅 仰之不足 傾日歸天

唐故浩府君墓志铭并序

【简介】勒石于五代后晋天福二年（937），现存神农镇羊头山神农庙。墓主人浩义伏“文传七步，武透九围”，享年70岁；夫人程氏容仪端贞，享年60岁。志为一合，方形，石灰岩，长39厘米，宽39厘米，厚11厘米。盖呈梯形。周边刻有缠枝花图案，五言律诗一首。志保存完整。

【志文】夫二仪元旨应合三才，孕灵盘古娲皇，传之后裔。贯祧泽郡，户寄高平乡神农团池村人也。曾祖讳贞，祖璋，府君讳义伏。以府君文传七步，武透九围，蕴事可能，在里闾之最首。庚年七十，命掩□泉。夫人程氏，容仪端贞，抚幼子以多能，处舍难遇，治家廷之无失。享年六十，定归泉夜。嗣子一人，福新，妇王氏。大女李郎妇，次女刘郎妇，次女张郎妇，次女郭郎妇，女王郎妇，大毕郎妇。孙男天留，新妇宋氏。天福二年岁次丁酉十一月庚戌朔十七日丙寅，袷祔村南二里，卜其宅地，永固玄堂，慈顺里也。其地势平如堂，四望俱全。东有长岗而掩，西连远岫而遮；前望玉案高源，后倚烈山大岭。恐后桑田改变，山谷更移，琢石题文，传于后嗣。

尊祖俱沉在墓中，神魂长镇岭花峰。

唯愿亲灵垂拥护，儿孙享祭万春冬。

一哉吾君，百福生存，义重贤子，孝有其孙。

唐故浩府君墓誌銘并序

夫二儀元音應合三才孕靈盤古媧皇傳之後裔

貢稅澤郡户寄高平鄉神與俶圖也扑之也曾祖諱貞

祖璟　府君諱義狀以　府君文儒七步武秀九圍

第可能在里閭之最首庚年七十命掩幽泉夫人程

氏容儀端白絲幼子以多能處人舍雖遇治家廷之無失

享年六十定歸泉夜嗣子一人福新婦王氏上安

李郎婦　次女劉昂婦　次女張郎婦　次女曹郎

婦　女王郎婦大界郎婦　孫男天留新婦曹氏夫

福二年歲次丁酉十一月庚戌朔十七日丙寅祫祔村

南二里火其宅地永固玄堂慈順里也其地勢平如掌

四望俱全東有一長崗而掩西連遠岫而遶

前望玉案高源後倚烈山大嶺　恐後桑田改

變山谷更彩琢石題文傳於後嗣

尊祖俱沉在墓中　神魂長鎮山嶺花峯

唯願親靈乘擁護　兒孫尊子祭万春冬

一哉吾君　百福生存　義重以員子孝存其後

郭用墓志铭

【简介】勒石于北宋元符二年（1099）勒石。现存神农镇羊头山神农庙。高 68 厘米，宽 38 厘米，厚 26 厘米。碑文记录了主人系神农乡团池村人。志保存完整。

【碑文】泽州高平县神农乡团池村，户主郭用，奉焉父母。父名赟，母王氏。长三子，妻李氏、毕氏。长男：郭之、郭□、郭白、郭仪;女蝉纱、小女郭造。妻王氏，子郭望、郭开、郭竧。妻李氏，子郭志、郭踨，女润罗。姑姑，大姐，毕郎妇、李郎妇、□郎妇、当□之妻王氏。

己卯岁

元符二年八月辛未朔二十二日壬辰下手砌墓志铭记

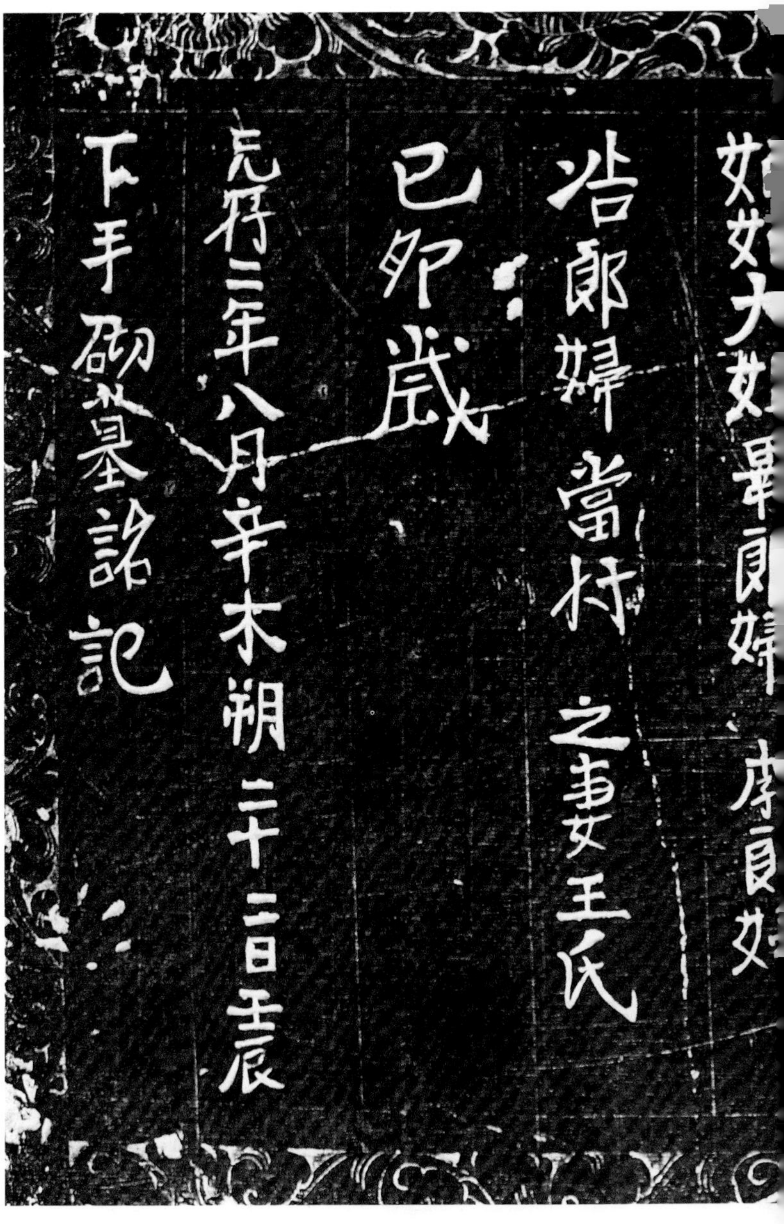

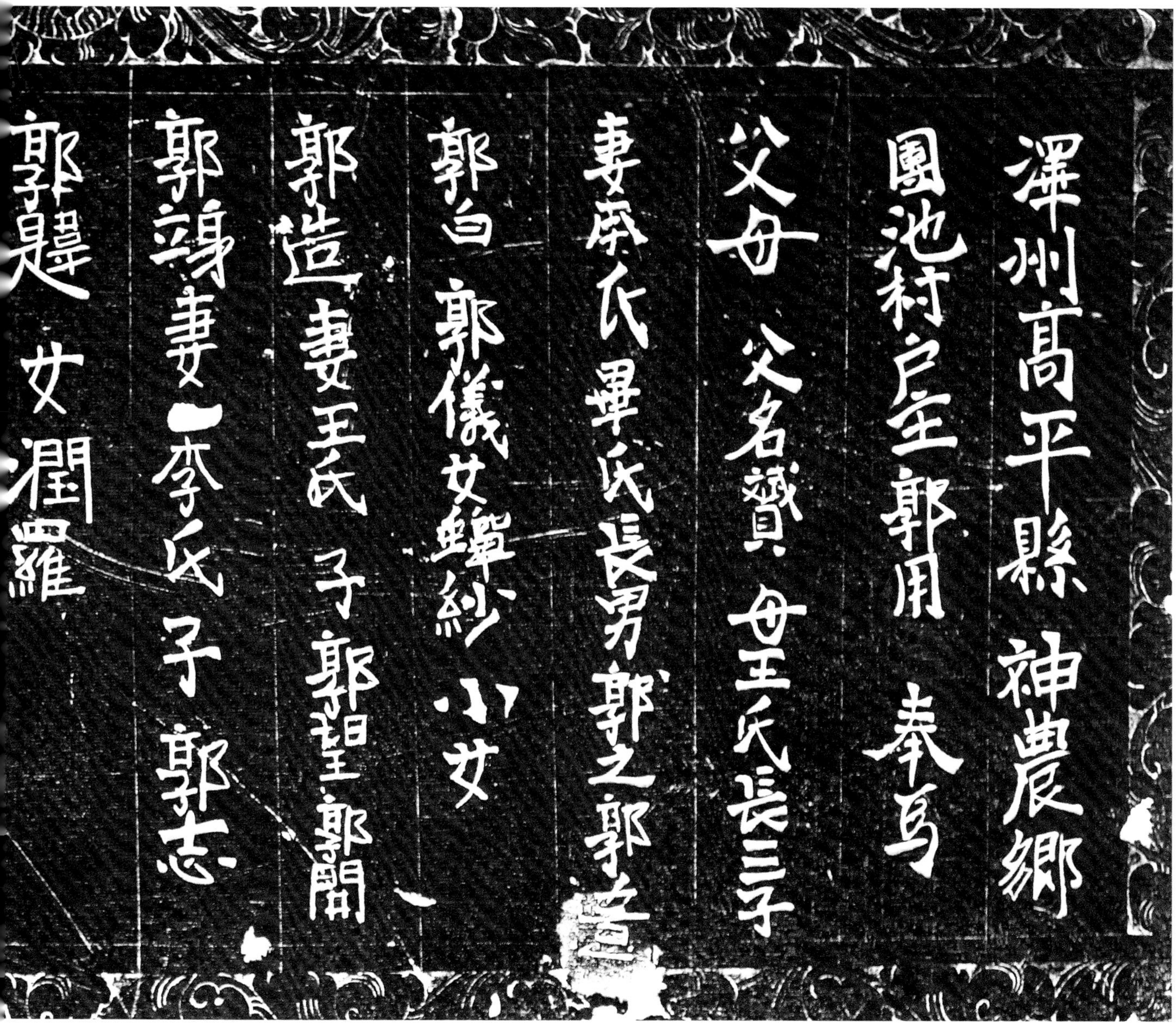

澤州高平縣 神農鄉
團池村居郭用 奉為
父母 父名贇 母王氏長三子
妻秦氏 畢氏長男郭之郭[illegible]
郭白 郭儀女蟬紗 小女
郭造 妻王氏 子 郭望郭閏
郭導 妻 李氏 子 郭志
郭韙 女潤羅

□□□□□□塔院记

【简介】现存神农镇羊头山。碑身首一体，石灰岩，高 191 厘米，宽 77 厘米，厚 22 厘米。碑文记叙了神农氏游履羊头山尝谷于此，僧法然等人建塔事。碑身周边刻缠枝花图案。张自强、赵雁祥、赵雁登立石。碑身周边残损。

【碑文】佛圣者住居灵鹫，修养□岩，睹巍峰而碧峭连天，觑瑞景而青松附地。是以上观殿宇与兜率无殊，下视基址与祇园何异？夫此坟者，前代□焉。坟之东倚秦高之岭，西连羊头之巅，北靠天台，南枕清化，皆我佛无凡之地。万神永护，诸佛扶持，得摄羊山，同成佛果。考之历代神僧居之者，神农氏游履于羊山，尝谷于此，夷齐饿卒于首阳，显迹其石。开皇初结茨于茅庐，始出神僧，法号曰道舜。圣历年创建于精蓝，后显神僧者大小师，毫光万八，威动三千。播五教而恒十善，宣三德而重一乘。恩隆有顶，化被无穷。汉明之代。竺兰教初播于□阳；梁帝之朝，达摩禅始传于少室。灯灯焰续，祖祖相传，叶叶联芳而列派，枝枝茁莠以归根。一时勒石而代代之不乏矣。后至正德二年，有僧法然、了铎、了禄、了聚、了昇等。切虑色身有限，幻体非坚，譬喻岸树并藤，岂能长久者哉？叹曰：生前□自造作，殁后肯不归茔。观其旧葬窄狭，门首截成大规。于时设席，会议众僧，同输已贿，聚落丐钱。命巧匠而运石兴工，成普通而同埋一穴。重行规矩，改旧增新。工完未竟，乡公贺之，无不忻叹者，翩然长逝。正德戊辰又建祠堂，五月中旬工斯毕矣。时大明正德三年□宾中旬。记自正德三年至万历二十八年岁次庚子应钟，又几百年矣。因坤、旭、乾三翁辞世，徒清海、清遇同众摘议。本寺僧胜、宠、性等，清、山等，见骸骨盈满，□心施资，净扫普通。上承祖师之传，下继缁众之后。立石以传之不朽。

三都永宁里丘村施主王奉祥、孟氏、男王小七

父王党金妆

王报中里石匠张自强、赵雁祥、赵雁登同立

大明正德三年□□八日

……院記

三殿東佛一尊
卧殿……
正佛殿正佛一尊
地藏殿佛一尊 佳□元男
七佛殿東佛一尊 住□
本縣儒林村施主張奉科 申氏 男張仕忠 張仕□ 張仕直
七佛殿東佛□尊
三部永寧里□□村施主蘇朝仕 李氏 兄蘇朝本
王殿西佛一尊 □□蘇鑾 弟蘇朝舉 母申氏 蘇希愛 閆氏 男蘇奇 郝氏 孫男蘇小搶
車□村施主張朝□ 李氏
□河村施主李希賓 李□ 高進朱
李春花 李德化
七佛殿東佛一尊 劉汝強 牛仕善 李代朝
西佛一尊 □□馬尚仁 范秋 楊孝
孟安賢 呂秉荷 李相
□□張□□ 李氏
[illegible]

佛聖者住居靈鷲修系西嵓嵬峯而碧峭連天覰瑞景而青松附地是以上觀殿宇与兆寧
下視基址与祇園何異夫此寶者前代之隝墳之東倚泰高之嶺西連羊頭之巔北靠天臺南□
化皆我 佛無凡之地蕩神永護諸 佛扶持得攝羊山同成佛果敬之歷代神僧居之者神農氏
遊歷於羊山嘗毅于此莫各餓卒於首陽顯跡其石開皇初結茨於茅廬始出神僧法號曰道舜
聖歷年創建於精藍後顯神僧者大小師毫光萬八威動三千播五教而恒于善宣三德而重一
衆恩隆有頂化被無窮漢明之代竺蘭教初播於 陽梁帝之朝達磨禪始傳於少室燈灯焰續祖
祖相傳葉葉聯芳而列派枝枝茁蕊以歸根一時勸石而代代之不之矣後至正德二年有道法
然了鐸了祥了乘了杲等切念色身有限幻体非堅譬喻斲樹并藤豈能長久者哉嘆曰生前□自
造作歿後肯不歸塋觀其旧葬窄狹門首截成大冢于時設席會議衆僧同輸己財聚落錢命巧
匠而運石與工成普通而同埋一穴重行規矩改旧增新工完未竟鄉公賀之無不忻嘆者翩然長
逝 正德戊辰又建祠堂五月中旬工斯畢矣 皆大明正德三年歲賓中旬記自正德三年至
萬曆二十八年歲次庚子應鍾又幾百年矣因坤旭乾三翁辞世徒清海清遇同衆謫議本寺僧
寵性等清山等見骸骨盈满發心施資淨掃普通上承祖師之傳下繼緇衆之後立石以傳之□朽
三部永寧里五村施 主王奉祥 孟氏
男王□
王□ □宽 金旋
王 郭中里石匠張自強 □□
同立

题记拓片

古柏树根

炎帝陵

庄里，亦名装殓，因始祖炎帝逝世后，在此装殓安葬而得村名，位于高平市城东北 17 公里处，属神农镇管辖。据传炎帝在高平尝百草时误食一种有毒的“百足虫”，逝世后埋葬于羊头山东南的五谷山，亦称艺谷圃。炎帝陵俗称皇坟。明《山西通志》载：炎帝神农庙在县北三十五里故关村羊头山上，元初徙建山下坟侧。《泽州府志》载：上古炎帝陵，相传在县北四十里换马镇。帝尝五谷于此，春秋供祀。北宋《太平寰宇记》载：山（指羊头山）东南相传为炎帝陵，石甃尚存。《路史》载，黄帝封炎帝的后裔参卢于潞守其先茔，以奉神农之祀。这说明有关始祖炎帝的陵寝以及祭祀炎帝的活动，在轩辕黄帝时就已形成。

炎帝陵侧有庙，谓之五谷庙。该庙创建年代不详。坐北面南，进深二院，周有城墙，占地面积 1500 余平方米。中轴线上分列为舞台、献台、山门、甬道、正殿，山门两侧有钟鼓二楼。院内原碑石林立，现存碑八通。正殿建于石砌台基之上，面阔五间，进深六椽，前出廊，悬山式屋顶，上施琉璃脊饰。正中脊刹上，正面刻有“炎帝神农殿”，背面刻有“大明嘉靖六年”（1752）的题记。该殿重修于元，明清两代多次进行维修。1973 年晋城市人民政府公布为市级文物保护单位。

据碑记载：历朝历代朝廷曾派祭官代表官府到炎帝陵祭祀。元成宗大德九年（1305），朝廷曾遣官祭祀，禁樵采。炎帝陵每年四月初八日，都举行隆重的祭祀活动，形成了蕴含深厚的祭祀文化。炎帝陵是始祖炎帝的陵寝之地，是炎黄子孙寻根问祖、谒陵扫墓的圣地。

正殿

续修炎帝后妃像增制暖宫记

【简介】勒石于明嘉靖五年（1536）十月，现存神农镇庄里村炎帝陵。残碑，石灰岩，残高92厘米，宽39厘米，厚29厘米。残存碑文记录了有关庄里村炎帝陵庙，载在祀典等情况。背阴存有部分捐资者姓名。

【碑文】高平县，本战国时泫氏之故地，赵之西鄙邑也。东渐太行，西阻沁水，南通河洛，北（缺）。炎帝神农氏陵庙，历代相传，载在祀典，其形势嵯峨，林木深阻久矣。吾邑封内之胜（缺）。坐之像，其俯仰趋跄，不能无孔子次乘之丑意以为渎，难以瞻礼。因除毁（缺）之也。固宜然而其居，民知，悦其像而不究其理，惟怀其旧而不（缺）。赵公友仁，父老焦公增、王公卿、焦公休、申公连等，合众建（缺）民设俾，吾民有咨嗟不满之心，非政之得也。今欲不（缺）民间水旱疾疫之祷，更为全字神主（缺）

申得□、□□□、□□宪、申迎□、□□□、申廷□、（缺）赵友□□□、赵友库、赵彦□、□□增、赵守节、赵守禄、（缺）长□□、申铎、□□庄、申智粟、申允□、申惟、申守其、申艮、申彦举、申□□

河口里赵积、赵通、赵瑀、赵仓、赵守库、赵仲乾、赵仲坤、赵仲臣、焦代运、申友让、申仲轻、陈修工、席毛锐

团池南闫希思

砂幡上席文学、席石春、□□季、许彦礼、许彦艮、郜廷良、郜廷甫、宋文□、席万□（缺）

大明嘉靖丙戌年拾月吉日重修炎帝神农氏

惟那施主赵□代、闫流、焦增、张廷玉、赵茂、申彦云、申智庄、申环□（缺）

續修炎帝后妃象增製人宮記

高平縣本戰國時韓氏之故地趙之西鄙邑也東瀕太行西阻沁水南通河洛北

炎帝神農氏陵廟歷代相傳載在祀典其形勢巖峩林木深阻久矣吾邑封內之勝

皇之象其俯仰趨蹌不能無孔子次乘之醜意以為褻瀆難以瞻禮因除毀妃

也固宜然而其居民知將其象而不究其理惟懷其舊而不

趙公友仁父老焦公增王公卿焦公休申公連等合衆建

民設俾吾民有咨嗟不滿之心非政之得也今欲不

以三民間水旱疾疫之禱更為金字神主然

炎帝陵碑

【简介】勒石于明万历三十九年（1611），现存神农镇庄里村炎帝陵。碑身首一体，石灰岩，高95厘米、宽66厘米，座长方形，高30厘米、宽90厘米，通高125厘米。碑身正中镌刻“炎帝陵”三个楷书大字。申道统立。碑保存完整。

【碑文】万历三十九年孟夏吉旦

炎帝陵

生员申道统立

萬曆二十九年孟夏吉旦
炎帝陵
生員申道統立

补修神农炎帝庙三嵕殿碑记

【简介】勒石于明天启七年（1627）六月初七日。现存神农镇庄里村炎帝陵。碑首残缺，现存长方形，残高 111 厘米，宽 47 厘米，厚 20 厘米。碑文记录了本里乡约申朝卿、信士郭岱等捐资修葺殿宇、彩绘神像的过程及捐施者、为首人等。碑身四周线刻缠枝花草纹。赵志新镌刻。除残缺碑首外，其他完好。

【碑文】高平县故关里换马镇迤南，神农炎帝庙内西北角，原系庄里村善人修盖三嵕神空殿三间。委因年深日久，风雨损坏，塌毁墙垣，木植砖瓦朽烂不堪。以致雨水入殿，但恐工程浩大难以修补。今有本里乡约申朝卿等、信士郭岱等，同心并力，喜施资财，置备合用物料工价，雇觅匠作、夫役，将殿重新折瓦上盖，加添木植、砖瓦、门窓、过石等用物件。泥沙墙垣、砌圐地基，创修砖石神台一座，塑绘金妆，勅封护国灵贶王三嵕尊神一堂五尊，并彩画满墙。出入圣像俱各修造通完，颇称新鲜。在碑之人，举家各求平安、福利，每岁田蚕茂盛，普降一方，风调雨顺。苦雨不生，人民康泰，五谷丰收。立此碑石，永远为记。今将为首施财人等姓名开后：

计开

为首人在城郭岱、赵英，每人各施银一两、各谷一石。李希孔施银五钱。乡约申朝卿、焦忠山、焦显每人各施银一两。申俊英施银一两五钱。信士焦光桂施银一两，裴子科施银四钱，申保、申状、许尚文，李尚枝每人各施银三钱，申化民、申所安、焦养志，申化麒、李孟庄、张守中、申贤英、王选每人各施银二钱，申尚淳、申自平、申毓醇、申惇典、赵希先、申献洗、申崇喜、焦楷每人各施银一钱五分，申宗才、李茂春、郜世崇、申洪蛟、申思成、申自选、申从诰、张一春、焦耀先、申孟文、赵希明、焦光显、焦国臣、焦鉴、焦加教、张治兴、裴守运、王可教、焦淳、席刚、赵希皋、王治皿、赵进夏、王宗教、焦自湖、申桂、申养性、申崇修、申孟颜、赵志新、张国旺、王自仪、王永福、郜光光、张进法、申崇安、席朝义、申旺兴每人各施银一钱

团池北里生员赵宗尧、赵宗禹各施银二钱，信士赵国卿、赵宗武各施银一钱

魏庄西里信士魏九高施银二钱、魏九萬银一钱

皇明天启七年六月初七日

为首人在城信士郭岱、赵英

本里乡约申俊英、申朝卿、焦忠山、焦显

信士李希孔

泥水匠席朝义

金妆画匠杜守志

造碑石匠赵志新

助工土作赵志真

选择阴阳王宗教

□□治义仝立

高平縣故関里換馬鎮迤南
神農炎帝廟内西北角原係庄東村善人修盖
三嵕神堂殿三間委因年深日久風雨損壊塌毁墻垣木植磚瓦朽爛不堪以致雨水入殿但恐工程浩大難以修補今有本里鄉約申朝卿等信士郭岱等同心併力喜
施資財置備合用物料工價雇覔匠作夫役将殿重新拆瓦上盖加添木植磚瓦門窗過石等用物件泥沙墻垣砌礓地基創修磚石　神基一座塑繪金粧
敕封護國靈貺王三嵕尊神一堂五尊并彩盈蒲墻出入
聖像俱各修造遍完煥稱新鮮在碑之人舉家各求平安福利每歲田蚕茂盛普降一方風調雨順普雨不生人民康泰五谷豐收立此碑石永遠為記今将為首施
財人等姓名開後

計開

為首人在城郭岱　趙英每人各施銀壹两各谷壹石　李希孔施銀伍錢
鄉約申朝卿　焦忠山　焦顕每人各施銀壹两　申俊英施銀壹两伍錢
信士焦光桂施銀壹两　裴子科施銀肆錢　申保　申壮　許尚文　李尚枝每人各施銀叁錢
申化民　申所安　焦養志　申化麒　李孟庄　張守中　申賞英　王選每人各施銀貳錢　申尚淳　申自卑
申毓醇　申惇典　趙希光　申献洸　申崇喜　焦楷每人各施銀壹錢伍分　申宗才　李茂春　郜世崇　申洪蛟
申思成　申自選　申從誥　張一春　焦耀光　申孟文　趙希明　焦光顕　焦国臣　焦鑑　焦加教　張治央
裴守運　王可教　焦淳　席刚　趙希阜　王治四　趙進夏　王宗教　焦自湖　申桂　申養性　申崇修
申孟顔　趙志新　張国旺　王自儀　王永福　郜光先　張進法　申崇安　席朝義　申旺央每人各施銀壹錢
園池北里生員趙宗尧　趙宗禹各施銀貳錢　信士趙国卿　趙宗武　申俊英各施銀壹錢　泥水匠席朝義　助工土作趙志貞
魏庄西里信士魏九高施銀貳錢　魏九萬銀一錢　本里鄉約申朝卿　金粧盈匠杜守志　選擇陰陽王宗教全立
皇明天启七年六月　初七　日為首人在城信士郭岱　趙英　焦忠山　焦顕　信士李希孔　造碑石匠趙志新　治義

重修炎帝庙太子殿碑记

【简介】勒石于明崇祯四年（1631）六月二十五日。现存神农镇庄里村炎帝陵。碑首残，残高112厘米，宽47厘米，厚18厘米。碑文纪录了申崇修等捐资修葺太子殿的过程及捐施、为首人等情况。碑首双钩镌刻“重修太子神殿记”，四周线刻缠枝卷草纹饰。窦复言撰文，申士杰书丹，赵志新镌刻。碑额部分残缺，其他完好。

【碑文】晋进士五一窦复言撰

邑庠生脱凡申士杰书

泫邑北越故关里换马东南，有炎帝庙古址也。其创建遐哉莫考，迄今祈报甚应。予虽沁人，窃尝闻之。正殿东，旧有夹室，太子栖焉，已从来矣。但年湮日远，庙貌渐倾，墙壁几颓，神像零落。于是，兹里乡约申崇修等，性善弗泯，目击愀然，乃向予唏嘘曰：“斯神也，禀天地正气，佑万祀生民。今夹殿若斯，神将何依？况吾侪密迩左右，倘不修，洁心何安乎？”予轻厉声应曰：“然”。因而善志愈鼓。遂即鸠工庀材，凡土木金塑之费，不期籍力于人第。嗜善同心，里人闻之，而输助乐从。所以，乃事克襄，景像焕然一新。庙视旧而增彩，神视旧而生色，自是灵爽赫奕，而一乡蒙福有赖矣。是举也，始于崇祯三年小春，终于次岁孟夏。诚心笃善如此，则凡输金者，可不志石传芳，以励后之为善欤？因后恳予为文，余故立言以记。今将施财人等姓名开后：

为首乡约申崇修、申俊英、赵希光、焦显各施银一两三钱，宦殿信士申朝卿、信士郭岱、申化民、申尚淳、申上用各施银三钱，焦光桂施白布二疋，王永福施白布一疋，赵希皋施银二钱，焦汝意、李尚枝各施银一钱五分，申尧、申时光、申道统、申尚福、焦居贤、王宗教各施银一钱，焦联魁施修石台，申代松施碑石，王自富罚钱一钱，修庙用。

大明崇祯四年六月廿五日

为首乡约赵希光，同男赵魏；申崇修，同男申焦锁、申俊英、同男申衍庆；焦显，同男焦荣则等

泥水匠席尚言

塑绘匠杜守志

刻字匠赵志新

助工漆匠申旺通

择选阴阳王宗教

□□□□义仝立

重修炎帝廟太子殿碑記

晋　進士　五二審復言譔

邑　庠生　脫凡申士杰書

泫邑北越故閔里換馬東南村炎帝廟古址也其剏建遐哉莫究迄今訴報甚應予雖泌人竊嘗聞之正殿東舊有炎室太子棲焉已從來矣但年湮日遠廟貌漸傾墻壁幾頹像零落於是慈里鄉約申崇修等性善弗泯目擊愀然乃向予欷歔曰斯神也禀地正氣佑萬禩生民今炎殿若斯神將何依况吾儕寄邇左右倘不脩潔心何安乎予[illegible]應白然因而善志愈鼓遂即鳩工庀材凡土木金塑之費不期藉力於人第首善同心里人聞之而輸助樂從所以乃事克襄畀像煥然一新廟視舊而增彩神視舊而生色自是靈爽赫奕而一鄉蒙福有賴矣是舉也始於崇禎三年春終於次歲孟夏誠心為善如此則其輸金者可不誌石傳芳以勵後之為善歟因孫懇予為文祭故立言以記

今將施財人等姓名開后

為首鄉約　申崇修　申俊英　趙希光　焦　顯　各施銀一兩三分　寵殿信士申[illegible]郷

信士郭岱　申化民　申尚淳　申上用　各施銀三分　焦光桂施白布二疋　王永福施白布一疋

趙希臯施銀二分　焦汝意　李尚枝各施銀一分五分　申　堯　申時光　申道統　申尚福　焦居賢

王宗教各施銀一分　焦聯魁施修台石　申代松施碑石　王自富罰銀一兩修廟用　鼎工漆匠申旺通

大明崇禎四年六月廿五日為首鄉約

趙希光　趙魏　泥水匠蔡尚言

申崇修　申焦鎖　塑繪匠杜守志

申俊英同男申衍慶等　擇選陰陽王宗教

焦　顯　焦茅則　刻字匠趙忠新

[illegible]義

创修子孙祠碑记

【简介】勒石于明崇祯十六年（1643），现存神农镇庄里村炎帝陵。碑身首一体，石灰岩，高 181 厘米，宽 77 厘米。碑文记叙了信士李希孔等修理子孙殿，彩画金妆神像事及布施人姓名，捐款银两、钱物等情况。碑首圆形，用双钩法刻“创修□□□□碑记”八个字，楷体。碑身周边刻缠枝花纹饰。碑破损，残缺，无碑座，碑面剥泐，文字短缺。

【碑文】粤自开辟以后，所以经纬天地，调燮古今者惟久，是赖人能修德，行住而奕叶光昌理固应耳。其或有不然者，不可不谓苗裔之难也。（缺）自祭焦光桂，倾心输财□子孙尊神，慈惠天赐，温良性植，荫子庇孙，保嗣佑息，是又代天地之生成，延古今之命脉者也。且有感必应，无触不灵，灵应若此可无（缺）□春秋祈报事诚，朝廷巨典似此炎帝西侧不资人力，创修子孙神祠三间，神台一座，已云有年矣。然徒有祠而无神，其于祀典忧未降也。后本乡信士李希孔（缺）新修理补葺椽瓦，粉饰墙壁□□不举甚非一乡美俗，于是会集多士，举而行之，较前日之祭享，倍加丰美焉。其在庙奉神，同居而共爨，非止朝夕善念愈兴，各师（缺）后功已一统告竣，此维一时，□□子孙神像共百子图，其彩画金妆既奕然可观。外造子孙献台并焚纸盆，其彫琢玉砌，又巍乎可仰。今于崇祯十六年四月初七日成（缺）可令千载，扬其休猗与盛哉。凡在福庇之下者，麒趾振振，螽羽诜诜，在斯举矣。日月悠长。视此贞石，将为首施财人等开列于后：

（以下为捐款捐物者部分，略）

时大明崇祯十六年四月初七日立

創修子孫祠碑記
大明崇禎拾六年四月

重修金妆神像补修殿宇兼创奇楼碑记

【简介】勒石于清顺治六年（1649），现存神农镇庄里村炎帝陵。碑仅存半截，碑首不存，石灰岩，残高76厘米，宽56厘米。碑损残，文字部分磨损。碑文中记叙有“前碑重修于明万历三十九年至于明崇祯十四年”，“神像具各五彩金妆”等字样，以及布施人姓名，捐资银两。碑首还残存有“修”、“楼记”等字样。碑损残严重。

【碑文】神农炎帝，功德馨香不朽。先哲铭之碑，已极其详且备，更无俟赘辞。但自古迄今，改王改者凡（缺）天之灵者尤亲切焉，况殿奉勤修，岂忍在其颓委而不加修筋哉。阅前碑重修于明万历三十九年至于明崇祯十四年，历（缺）心捐资修理，俾飞簷腾起，巍焉在望。厥后，清朝定鼎，于顺治四年，殿中神像久被尘埃污垢，无（缺）神像具各五彩金妆，在上在旁，焕然一新。然庙貌即肃，而乐作不□其所即钟鼓锵锵亦非所以（缺）斤其柳木、砖石、米食、工匠之费，众人随心布施，共成盛事。每岁于孟夏良辰，園宴三朝庆贺。圣（缺）

神恩庶几乎来格来飨，皆一修囫之力，有以感动之也。余居上党，去此未远，圂功告成，备余为（缺）

（以下为捐款者部分，略）

大清顺治六年己丑孟夏上旬吉旦建

为首孟继俊、申崇修、申上用

丹青王加斌

木匠郜应槐

石匠□□□

重修西陪房碑记

【简介】勒石于清咸丰八年（1858），现存神农镇庄里村炎帝陵。碑身首一体，石灰岩，高115厘米，宽44厘米。碑文记叙了庄里、口则等六村摊派捐资重修炎帝陵西陪房事，以及捐资村社、个人姓名、银两多少、维首人姓名、石木瓦工人姓名和收支等情况。申履中撰文，申履芳书丹。碑首残缺，碑座遗失。碑保存完整。

【碑文】本里故关村庠生申履中撰文

庠生申履芳书丹

且夫建神殿而必设陪房者，何也？或以为取乎相辅之义焉，取乎相助之义焉。要之实以藩篱神殿，似冀神之所式凭者也。泫氏城之北，古有炎帝陵庙在焉。峨巍者，神殿也。森列者，房廊也。岁逢享祀，民商云集一旷，□间即深，人以帝德广大之恩。无何历年久而西陪房六楹，渐睹摧倾之势矣。忽于丁巳岁废堕不堪，六村社首目击心忧，回邀众村以谋，众村均无异言。随分捐金复作建修之举，戊午季春二日，土木重兴。督理者乐事而劝功，力役者趋劳而忘倦。未几而墙堵如故，榱桷维新，焕然改观，非复前日之所见矣。于孟夏八日，功成告竣。是殆，神有所庇，而何以功之速成如是乎？社首以盛举同勷，不容湮没，属予作文记。予生养兹土，同沐神恩，词虽鄙陋，所不敢辞，惟据事直陈，勒诸碑石，庶由此以往，历千载而不敝，永蒙神佑于无疆。□则固合里所同愿，亦予所私祝者矣。是为记。

督理人换马村焦俭

管账人故关村申国瑞

监工人□村社首

邱村社施钱四千文、东沙院社施钱三千文、沙□村社施钱二千五百文、吴李贺家社施钱一千五百文、□□村社施钱一千文、许连举施钱八百文、部崑山施钱七百文、部崑聚施钱七百文、部致君施钱四百文，许世贤、许恩林、许进财、秦兴号、许长更、各施钱三百文，许滋福、许长甲、许廷弼、部树孩、部其龙、各施钱二百文

维首庄里村、口则村、故关村、长畛村、岭东村、换马村

木石工李水金、张德财、申许孩

总共收布施钱十七千六百文

住持来运

砖瓦土木石一切摊派，共花费钱一百廿五千一百文，六村共摊钱□八千文

大清咸丰八年岁次戊午四月初八日谷旦

重修西陪房碑記　本里□□村庠生申震中撰文　庠生申庭芳書丹

且夫建神殿而必設陪房者何也蓋以為非予相輔之義焉要之寔足以諧離神殿以冀
神之所式憑者也蓋我城之北古有炎帝廟在焉其號者祖殿之旁列者房廊也誠爲亭祀肅問靈集之
曠望聞弘濟人以帝德廣大之恩無何歷年久而西陪房亦經漸頹摧傾之勢矣忽於丁巳歲殘隨不堪矣村
社首目睹心憂因邀衆村以謀衆村均無異言遂分捐金復作建修之舉於戊午季春二日土木重興督理者樂事
而勸功爲後者趨事而恐後未幾而墻堵如故棟桷維新煥然改觀非復前日之所見矣於孟夏八日功成告竣
是殆神有所庇而何以功之速成如是乎社首以盛舉同勤不容湮沒屬予作文以記之予以生發衆生同沐
神恩詞雖鄙陋所不敢辭亦惟據事直陳勒諸碑石庶由此以往歷千載而不敝永蒙神佑於無窮是固合
里所同願亦予所私祝者矣是為記　督理人換馬村焦僑　書賬人故關村申國瑞　監工人□村社首

邱村社施錢四千文　邱崑豪施錢七百文　邱□芳施錢三百文　庄裏村
東院社施錢三千文　邱致君施錢四百文　許濟福　口則村
□沙村社施錢二千五百文　許世賢　許子敬　維首　故關村
□□寨社施錢一千五百文　許恩林　許長甲　長畛村
□□村社施錢一千文　許進財各施錢三百文　許廷□各施錢二百文　嶺東村　木工李水金
許連舉施錢八百文　泰興號　邱樹孩　換馬村　石工張德財　許德孩
邱崑山施錢七百文　許長庚　邱其龍　總共收佈施錢十七千六百文　住持來璉
□建土木石一切補派共花費錢一百卅五千一百文六村每村攤錢十八千文
大清咸豐八年歲次戊午四月初八日穀旦

重修炎帝庙各神殿禅房并补修桥梁扩大舞楼彩绘工竣及叙述款项来源碑记

【简介】勒石于中华民国三十年（1941），现存神农镇庄里村炎帝陵。碑身首一体，石灰岩，高 210 厘米，宽 59 厘米。碑文记叙了永惠桥沟里植树，树成充县署，县长龙公判归本里，变买修庙宇、彩绘殿宇事，以及记述炎帝陵、上下中庙等情况。碑破损，文字残缺，用减地平剔法镌刻双龙花卉图案，中间楷书，竖刻“纪前□□”四个字，碑身两边刻暗八仙和几何纹图案。齐克振撰文，王金玉书丹，申丕显题额。

【碑文】从来事必得人而后可办，功必储者财而后可成，此古今中外之定理，而无可变易者。明乎此，则可以知我里庙积款修工之事之由来矣。吾里属换马村，北有永惠桥一座，俗名大桥，乃清同治年间县长龙公所创建，有碑可考。功成以后，桥沟植树，为将来树成已备修铺桥梁之材料。及民国十一年，此树皆成梁材，于六月间县公款局竟将此树伐砍数株，充县署内公用，经当时里属村长申君相亭，村副赵君壘江、春芳等，竭力向县府庞公据情交涉。庞公明鉴实情，始充准将此树归本里伐砍，修桥公用，以作了事。当时大树廿余株，由六村各举一人领袖担任，将树出卖钱三百六十千文，每年出放生息，钱谷两便，以备公用。今已积有多资。始竭力经管，将庙宇尽皆重新（修），桥梁亦修补外，并将舞楼扩大其规模而彩绘之。工已告竣，尚有余资。如果再推选贤能，缵前人以继述者之复兴，建筑更不可限量；诚可谓，事必得人而后可办，功必储财而后可成，询不可诬矣。是庙也，环境皆山，而西北之羊头山，成为第一高峰，见吟咏于古人者，有界连三邑，成天险势，拔千寻，居上游，即首阳山炎帝庙所在高庙是也。查炎帝庙，吾高平共有四处，羊头山顶为高庙，有神农井、五谷畦遗址（缺）高平、长治、长子三县交界。谚语所传前后屋簷滴二邑三县者也。换马岭炎帝庙为上庙，有炎帝冢在焉，后人建五谷庙于此。在元大德九年，以充（缺）民食。尝百草，疗民疾，为万世医药之祖。粒食之源而尤关重大，即首阳秬黍一郛（缺）中黍一粒为一龠，（缺）黍二十四株为两，乃律度量衡所自始。下台村炎帝庙为中庙，在下庙未创建前，县官溯望行香，春秋祭祀大典，必须亲诣，换马岭五谷庙，炎帝陵墓（缺）不敢废弛。换马岭、炎帝陵种种遗迹，昭昭可考，此皆邑志所载，昭垂万古，其功德不可泯没也。知此因追本溯源，以纪始末，故里诸公，嘱予为文，勒石以记其事。予本谫陋，奈事关故里诸公恳嘱再三，义不容辞，只得据事直书，以垂不朽云尔。是为叙。

山西省教育厅奖给二等褒状、前任育中高级小学教员、清邑痒生旧齐克振撰文

县立第二高级小学毕业、历任初级小学教员、相如王金玉书丹，县立第二高级小学校毕业、历任初级小学校教员、子谟申丕显题

六村经理人故关村赵垒江、长畛村申廷辅、口则村赵德恭、岭东村焦国奂、庄里村王有富、换马村且天昌

主持春喜

玉工申胡成、申聚堂

中华民国三十年岁在重光大荒落月蹢鹑火之次闰六浣谷旦立

○五　炎帝行宫

石门额

外景

戏楼

正殿外枋额——西游记木雕

炎帝行宫

炎帝行宫位于高平市城北15公里处故关村，属神农镇管辖。故关村，亦称古关、谷关，地处交通要塞。炎帝行宫建于村南，座北面南，进深一院，占地面积535平方米。创建年代不详，明清时多有修葺，现存建筑有：正殿、东西耳殿、舞楼、耳房、圣贤殿等，为清代遗构。院内存有青石香台和石碑。大门门楣上浮雕“炎帝行宫”四字。2007年晋城市人民政府公布为市级文物保护单位。

正殿建在高1.5米的台基上，面阔三间，进深六椽，悬山式屋顶，筒板布瓦盖顶，前出廊，柱头科五踩单昂，平身科出45° 斜栱。前檐下木雕精美，雕刻精细，内容为西游记人物。据明成化十一年（1475）《重修炎帝行宫碑》记载：“神农炎帝行宫，磐基在故关里村前，肇基太古，无文考验，祠在换马村东南，现存坟塚，木栏绕护然祠与宫其相去几柒百余步矣。”

炎帝行宫供奉的是炎帝三太子，故关村为四月初八日炎帝陵祭祀的首社之一。每年的祭祀活动，故关村要送太子前往，太子不到场，戏不能开演。

正殿

重修神农炎帝行宫

【简介】勒石于明成化十一年（1475），现存神农镇故关村炎帝行宫。碑身首一体，现只存碑身，石灰岩，高112厘米，宽60厘米，厚21厘米。碑文记叙了庄里村炎帝陵的地理位置，小张沟堂申景同妻冯氏创建正殿、大门事。碑身周边线刻花卉图案。括阳公器撰文并篆额书丹，王敩刊，僧明镜立石。碑保存完整。

【碑文】长平登丰贡士括阳公器撰并篆额书丹

长平乡王报村王敩（效）刊

神农炎帝行宫，盘基在故关里村前，肇建太古，无文考验。祠在换马村东南，见现存坟冢，木栏绕护，然祠与宫，其相去几柒（七）百余步矣。地势厚饶，民居繁富于斯。在乡先哲，创建宫殿五间，南北长二十步，东西扩十六步。前有沟渠，隶（离）县三十五里。宫后小路通村，为居民之所。规摹（模）雄壮，制度恢弘。此所以神斯宁止而保护一方，固非一日之可纪也。厥后，风雨摧毁，垣墉漫漶，形迹渐泯，诚可慨也。孰肯留心刮目，葺修是宫于既涣之余者乎！仰惟国朝，圣学缉熙，乐善行道，俾天下庙观，各严祀典，以嘉惠苍生。时本乡善友，小张沟堂申景彰普德，同妻冯氏妙果，暨弟申方等，同心协意，会集一乡耆老，各捐己资，创修正殿五间。户牖垣墉一新伟丽，璧（壁）画、圣像各分名氏。起工于天顺四年孟夏，告成于成化五年孟冬。既而善人申朗，于正东又构小门三间，以通幽明之往来，庶几神有所栖，民有所赖。凡一乡春祈秋报者在此，转凶迪吉者在此。然后一方之民，淳厚朴实，变浇漓之俗，为礼义之乡。无非神农炎帝之德泽，有利于斯土也，大矣！后人之所以修庙砻碑，以久功德于无穷者，岂不宜哉！净福院僧人明镜，因父功业未就，涅盘于成化辛卯孟冬，故继志述事，又造神担一抬在庙，以就其未就之业。故请余为文以记，辞不果。以为神农氏作耒耜，教民稼穑，万世之所仰赖者也，而宫庙之设，则未之闻焉。观其血食玆土，升降莫测。静则依祠，动则游宫。其精神威灵之显耀，赫然在人心目，千万载犹一日。所谓生而聪明，没而神灵者也。遂书此以纪岁月云。

时成化十一年岁舍乙未孟秋谷旦

蓂生八叶净福院僧明镜立石

门子申庆史[illegible]

耆老赵岳、赵子明（等四十人，略）

重脩神農炎帝行宮　長平登豐貢士栝陽公器撰并篆額書丹　長平鄉王報村主敎利

神農炎帝行宮盤基在故關里村前肇建太古無文考驗祠在換馬村東南見存墳塚未攔繞護然祠與宮其相去幾柒百餘步矣地勢厚饒民居繁富於斯在鄉先哲剏建宮殿五間南北長貳拾步東西擴拾陸步前有壽渠隸縣叁拾五里宮後爪路通村為居民之所規摹雄壯制度恢弘此所以神斯寧止而保護一方固非一日之可紀也厥後風雨摧毀垣墉漫漶形跡漸泯誠可慨也孰肯留心刮目葺脩是宮捨旣涣之餘者乎仰惟

國朝聖學緝熙樂善行道俾天下廟觀各嚴祀典以嘉惠蒼生時本鄉善友小張壽堂申景彰普德同妻馮氏妙果暨弟申方等同心協意會集一鄉耆老各捐己貲創脩正殿五間户牖垣墉一新僝儸壁畫塑像各分名氏起工於天順四年孟夏告成於成化五年孟冬既而善人申朗於正東又構小門叁間以通幽明之往來庶幾神有所栖民有所賴凡一鄉春祈秋報者在此轉凶迪吉者在此然後一方之民淳厚朴實變澆漓之俗為禮義之鄉無非

神農炎帝之德澤有利於斯土也大矣後人之所以脩砌礲碑以久功德於無窮者豈不宜哉爭福院僧人明鏡因父功業未就湼盤於成化辛卯孟冬故繼志述事又造神㡧一擡在廟以就其未就之業故請余為文以記辭不果以為神農氏作耒耜教民稼穡萬世之所仰賴者也而宮廟之設則未之聞焉觀其血食茲土升降莫測靜則依祠動則遊宮其精神感靈之顯耀赫然在人心目千萬載猶一日所謂生而聰明沒而神靈者也遂書此以紀歲月云

峕成化拾壹年歲舍乙未孟秋穀旦　葉生八葉淨福院僧明鏡立石　門子申慶史聰　焦旺　焦柰　張川　張原

耆老　趙岳　趙子明　老人王璉　報王　趙八道　欽　才　趙子夫　申子周　申昂　申　趙子深　焦六　趙琪　李鎰　李信　成昇

申鐸　申彪　里長趙子榮　趙榮　申子昂　許才　申中　申子嵩　王文者　申鎬　申喬　申松　焦敞　焦文　趙純　秦虎　尚玖　呂晨

重修炎帝行宫碑记

【**简介**】勒石于明崇祯十六年（1643），现存神农镇故关村炎帝行宫。碑身首一体，石灰岩，高134厘米，宽59厘米。碑文记叙了申孟得等人于天启三年（1623）重修炎帝行宫正殿五间，二十年后，崇祯十六年（1643）郭自旺等人修西楼事。碑首用双钩法刻“重修炎帝行宫碑”七个字，碑身周边刻缠枝花图案。申懋勋撰文，申上卿书丹。碑保存完整。

【**碑文**】邑庠生锡蕃申懋勋撰文

信士文庭申上卿书丹

玉工席□□

尝闻包牺氏没，神农氏作斫木为耜，揉木为耒，耒耨之利，以教天下，日中为市，交易各得。后之人，菽、粟、布、帛，优游于乐，利之天者，皆神农之所遗也。姜姓以火德王，而炎帝之称斯，从而起是宫。重修之日，载在碑石者，班班可考，迄于今，百有余岁。其间，风雨霜露，不知几为摧残，木朽瓦解，不堪神之所栖。虽春祈秋报，时举明禋之典，而坛遗不修，甚非所以奉神也。本村信士申孟得、申所安、申保、申壮、申自吉、申俊英、赵继杭、申崇全、申崇贵、申敬德，目击心伤，尝怀修饬之思，恨无土木之费，乃于天启三年，因重修观音堂毕，遗有余金，再资藉众人之力，而四方同志者，各输己财，纵间有多寡不一，要皆称其贫富而出于中心之所愿也。得等释身家之图，专意督理，将正殿五间，残缺者补，失坠者续；正东小门，改为圣贤殿三间，小房一间；东南改为出入之门；院内立青石香台一座，以便焚香有地。予宅居西土，素被其德泽者，尤亲。斯地磽瘠，不堪栽植。予祖讳壮，曾经前人屡植树木，皆未能生。内植柏树二株，香椿四株，沃以泉流，护以垣墉，其生犹未可必，乃寿享七十而卒。予父讳上用，继志述事，其培养灌溉之功，更为殷勤。但见斯树也，苍苍青翠，森森意者，精诚感动天地，厚为滋息，神灵偏为呵护耶？不然，何以不生而生也？功未竟而天灾流行，饥馑荐至，斗米千钱，饿殍载道。几见有一家之中，父子、兄弟、夫妇相为割肉而食，折骸以爨者矣。人生不辰，莫此为甚。此惟救死恐不赡，奚暇修宫观哉。阅二十年，运会渐转，向之千者，今止百也。又有本村信士郭自旺、申御、申上用、申俊美、申上仁、申御秀、申桂香、申五典、申进产、申上高、申永寿、赵永祥，承前余事，又修西楼八间。庶乎奏格可以不忒，祈禳可以无愆。崇祯十六年秋功始告成。伏望宜中默佑，俾一方庆丰登，歌大有，永不遭饥馑饿殍之苦。固以见是宫之神威，显应有灵，亦以见重修之功德，食报不爽。后世慕善者，凡遇损坏，即当补葺。予援此勒石，非徒饬一时之观，直可为千载之劝。

重脩炎帝行宮碑記

邑庠生錫蕃申懋勳撰

信士文庭申上卿書

嘗聞
包犧氏沒
神農氏作斲木爲耜揉木爲耒耒耨之利以教天下日中爲市交易各得後之人敘粟布帛優游於樂利之天者皆
神農之所遺也姜姓以火德王而
炎帝之稱斯從而起是宮重脩之由載在碑石者班班可攷迄於今百有餘歲其間風雨霜露不知幾爲摧殘矣
鮮不堪神之所棲雖春祈秋報時舉明禋之典而壇壝不飭甚非所以奉神也本村信士申孟得申孫安申
申自吉申俊英趙繼抗申崇全申崇貴申敘德目擊心傷嘗懷脩葺之思恨無土木之費延至
天啓三年因重脩
觀音堂畢遺有餘金再資藉衆人之力而四方同志者各輸己財緣聞有[illegible]累不一要皆[illegible]其[illegible]而[illegible]於中心之
殿也得等釋身家之累專意督理將正殿五間殘缺者補其堅者續二架小門[illegible]
聖賢殿三間小房一間東南改爲出入之門院內立青石香臺一座以[illegible]有[illegible]予宇西土表彼其[illegible]者左右
斯地磽瘠不堪栽植予祖諱壯曾經前人栽植樹木皆未能生內植柏樹[illegible]四株次以泉流繞以垣[illegible]其
脩未可必乃壽享七十而卒予父諱上用繼志述事其培養灌溉之功更爲勤恒見斯樹也蒼蒼青翠[illegible]
意者精誠感動天地厚爲滋息神靈倘爲呵護耶不然何以下生而生[illegible]未竟已而天災流行饑饉薦至千[illegible]
幾餓殍載道幾見有一家之中父子兄弟夫婦相爲割肉而食析骸而爨者矣人生不辰莫此爲甚此惟救死[illegible]
遑奚暇脩宮觀哉閱二千年運會漸轉向之千者今止百也又有本村信士申[illegible]申御申上卿申俊英申上[illegible]
御秀申桂香申五典申進產申上高申永壽趙永祥承前餘事又脩西[illegible]間房子[illegible]捨可以[illegible]咸祈禳可以[illegible]
崇禎拾六年功始告成伏望冥中默佑俾一方慶豐登歌大有永不遭饑饉疾疫之苦固以見是宮之神威顯應有[illegible]
亦以見重脩之功德食報不爽後世慕善者凡遇損壞即當補葺予是以勒石非徒誌一時之觀且可爲千載之勸

创修演奇楼碑记

【简介】勒石于明崇祯十六年（1643），现存神农镇故关村炎帝行宫。碑身首一体，石灰岩，高71厘米，宽38厘米。碑文记叙了申上用等人捐资修南楼舞台事及布施人姓名。碑首圆形，中间用双钩法，刻“创修演奇楼碑记”。碑保存完整。

【碑文】盖格上下，和神人，有取于演奇者，大矣。信士申上用，当本宫西楼告成之日，欲纠众创修南楼三间，以为演奇地。奈社内钱粮不及，无人施舍用，独发虔心，捐金经营，毫不借人之力，间有志于善者，或施财，或犒匠，遂不日而楼成之。今将姓名勒于炎帝行宫南楼西壁。

申上用，同男申懋勋、懋烈、懋杰、懋熙，孙申□、申延、申创修

申上高施银四钱外，犒匠一饭

申国才、赵继友，各犒匠一饭

申崇进、申俊美、申上化、郭守馀，共犒匠一饭

申自存、赵一敬、申永寿、赵其福，共犒匠一饭

申其志，犒匠酒钱三百文

木匠申自兴

时大明崇祯十六年岁次癸未仲冬吉旦立

創脩樓碑記

蓋格上下和神人有取於遠奇者大笑信士申東上用寬
本宮西樓告成寄日欲耕無創脩南樓三間以為[illegible]
地奈社內錢粮不支無人施捨用捐發更心捐金經[illegible]
毫不借人之力間有志於[illegible]者或施財或搞匠逆[illegible]不日
而樓成之余將姓名勒[illegible]
[illegible]常行宮南樓西壁
申上用同男申標[illegible]樓[illegible]
[illegible]上[illegible]施銀四錢外搞匠一般
申同才　道生　各人搞匠一般
申常進　申後　申上化郭守餘共搞匠一般
申自存　趙一敬　申永春　趙共福共搞匠一般
申共志搞匠捐錢三百文
皆大明崇禎十六年歲次癸未仲冬吉旦　木匠　申自[illegible]

创炼大石坡碑记

【简介】勒石于清康熙十年（1671），现存神农镇故关村炎帝行宫。碑身首一体，石灰岩，高 108 厘米，宽 60 厘米。碑文记叙了申上高等人出资修炎帝行宫前石坡，保护庙院事及捐资人姓名。用双钩法刻“创炼大石坡碑记”七个字。碑身两边刻缠枝花图案。申懋煦书，玉工席加乐刊。碑保存完整。

【碑文】益闻之布善者昌。作善不关缮葺庙宇也，然而亦关缮葺庙宇也，何也？缮葺淫祠，谓之谄神。邀苐邀苐而苐不至缮葺，正神之庙，谓之崇德报功，至于福之降不，不遑问也，不必问也。吾庄之东，有故关村焉，其所由来者远矣。村之南有炎帝庙焉，奕祈由来□亦远矣。庙之前有深溪焉，缘阖村之水均注于此，所以，日深一日也。诗云：高岸为谷，殆谓此欤。值己丑兵燹之变，村独遭其屠酷之祸，几无噍类，惨何忍言？仅遗居民申上高等数人，非存心之忠厚，素行之醇良，焉能为神所鉴佑而保性命于今日也。爰是集而谋曰：庙之溪渐为水所溃，将不利于庙况，神艺五谷作方书有功于奕祀者也。吾侪忍坐视乎？曷计田亩，出资财以助，工佥曰：善！遂鸠众炼石而锢其壑焉。一则固庙貌之根底，一则使行人之往来，可不谓善欤！福履绥之，理自应耳。为首者谁？善人申上高等也；出资者谁？亦申上高等。有地之家也。修之于何时？康熙癸卯年也。今告峻（竣）矣，作序以志之者谁？西庄处士赵炎也。

康熙十年岁次辛亥冬月谷旦

信士锡轩申懋煦书

计开助工之款于左：

申奇芳施一亩五分

信士申上高施银二两五钱（等五十九人姓名及钱数，略）

催工人申聚友

为首申上仁（等十二人，略）仝立石

玉工席加乐刊

蓋聞之所謂者，昌作善不開侍章廟宇也，然而亦關繕葺廟宇也。何也？緣章注祠謂之語神[illegible]

正神之廟謂之崇德報功，至于祈禱之際，不得違問也，不必問也。吾莊之東有效關村焉，其[illegible]者，[illegible]矣。村之[illegible]

[illegible]廟[illegible]由來[illegible]亦遠矣。前有深[illegible]緣關村之水坊汪于此，祈以[illegible]一日也。詩云[illegible]洋[illegible]各[illegible]謂此[illegible]

[illegible]之福錢無[illegible]類[illegible]何[illegible]言，僅遺君民申士高等數人[illegible]之[illegible]厚素行之[illegible]良[illegible]能

為神[illegible]佑而保性命于今日也。爰是集而謀曰：廟之[illegible]漸為水所潰，將不利于廟。況神[illegible]五穀作方，書有功于

[illegible]者也。[illegible]忍坐視乎？昌計田畝出貲財以助工，[illegible]曰善。遂[illegible]最[illegible]石而翻其[illegible]一則固廟貌之拱辰，一則使行

人之往來可不謂善[illegible]興福履綏之理自應耳。為首者誰？善人申上高等也。出貲者誰？亦申上高等有地之家也。倚之[illegible]

何時？康熙拾年也。今[illegible]竣矣，作序以誌之。撰者誰？西莊處士趙[illegible]也。

信士楊[illegible]申[illegible]書

康熙十年歲次辛亥[illegible]月[illegible]日立

計開助工之[illegible]于左：

信士申上[illegible]施銀貳兩伍錢

申[illegible]施銀壹兩[illegible]錢壹分

申五行施銀壹兩柒錢

申[illegible]施銀壹兩柒錢

申上仁施銀壹兩肆錢

申之孝施銀壹兩叁錢

申上璽施銀壹兩貳錢貳分

申[illegible]施銀玖錢壹分[illegible]

申奇芳施銀陸錢肆釐[illegible]

申[illegible]施銀壹錢[illegible]叁石

申之[illegible]施銀壹兩

趙[illegible]施銀捌錢

趙[illegible]施銀捌錢

趙永昌施銀捌錢

申之璉施銀捌錢

申上仁

申上為首

申世[illegible]

申[illegible]

申上[illegible]

申[illegible]施地壹畝伍分

申[illegible]施銀柒錢

趙[illegible]施銀柒錢

申之[illegible]施銀柒錢

郭[illegible]施銀陸錢

申世[illegible]施銀陸錢

趙[illegible]施銀陸錢

申上[illegible]施銀伍錢貳

郭成[illegible]施銀伍錢

申[illegible]施銀伍錢

申[illegible]施銀肆錢

申[illegible]施銀肆錢

申之[illegible]施銀肆錢

申[illegible]施銀叁錢[illegible]分

申上高

申五行

申上[illegible]

郭成[illegible]

申[illegible]

申[illegible]

申聚[illegible]施銀叁錢[illegible]

趙[illegible]施銀叁錢[illegible]分

趙世[illegible]施銀叁錢伍分

申上[illegible]施銀叁錢貳分

申[illegible]施銀叁錢

申上林施銀叁錢

申之[illegible]施銀叁錢

申[illegible]施銀貳錢

申世[illegible]施銀貳錢柒分

申[illegible]施銀貳錢柒分

趙[illegible]施銀貳錢伍分

申[illegible]施銀貳錢伍分

申[illegible]施銀貳錢[illegible]

申之[illegible]施銀貳錢[illegible]

申[illegible]

申之[illegible]

趙[illegible]

申[illegible]施銀[illegible]

趙[illegible]施銀[illegible]

申[illegible]施銀[illegible]

申上玉施銀[illegible]

趙[illegible]施銀[illegible]

申[illegible]施銀壹錢

申[illegible]施銀壹錢

趙王施銀壹錢

張[illegible]施銀壹錢

汪[illegible]施銀壹錢

申[illegible]施銀壹錢

[illegible]施銀壹錢

申[illegible]

[illegible]

[illegible]工人申[illegible]

[illegible]工[illegible]

神命整理祀事志

【简介】勒石于清嘉庆十八年（1813），现存神农镇故关村炎帝行宫。碑身首一体，石灰岩。碑文记叙了治理炎帝行宫周围环境事。碑首圆形，用双钩法镌刻“整理祀事”四个字。碑身两边镌刻八仙图案。王吉士撰文，申从先书丹，玉工张天恒刊。碑保存完整。

【碑文】上党古黎王吉士撰

本村信士申从先书

曷志乎，尔志神功也。炎帝上庙之西北，相距二里许古关村，有黄花观，为帝行宫，历年久远。其祀事物件，残缺不备，或为人所不及知，或为人所不能为。今兹五月十三日，忽传神马详示：增补庙前有黄砂印一处，大关风脉，命置为社田。历立灰锥为界，共发银十四两零，改名七星冈，只许修理，勿得损坏。复于村之东、西、北，锡以灵名曰：“贵旺冈”、“挡风陵”、“黄罗镇”。凡神所命，诚为一村之福祉，万世所庇赖。余适舌耕于兹乡，众嘱为序。余不辞鄙陋，云鬼神之为德，其盛矣乎，安敢妄增一言哉！略为指陈，以志不朽云。增补者之姓名，列于碑阴。

大清嘉庆十八年岁次癸酉七月朔三日立石

玉工张天恒刊

碑阴内容（略）

神命整理祀事誌　上黨古黎庄古士撰　本村信士申從先書以

曷誌乎爾誌神功也

玄帝上廟之西北相距二里許古閣村有黃花觀為　帝行宮歷年久遠其祀事

物件殘缺不備或為人所不及知或為人所不能為今前五月十三日忽傳

神馬詳示增補廟前有黃砂仰式廢大閣風脉命置為社田歷土一尺雖無異

發銀拾肆兩零改名七星岡只許脩理勿得損壞復於村之東西北錫以靈

名曰貴旺岡蛻風陵黃羅鎮凡神所命誠為式村之福祉萬世所庇賴余

遵者耕於前鄉衆囑為序余不辭鄙陋云鬼神之為德其盛矣乎安敢妄增

一言哉略為指陳以誌不朽云增補者之姓名刻於碑陰

大清嘉慶拾捌年歲次癸酉七月　朔五日　立石　玉工張天福刊

申吾成　青袍一件　申国棟　綠袍一件　申致財　黃袍一件　申永年　[illegible]

申治国　綢衣十件　申廣業　綢衣一件　申致棟　綢衣一件　郭元貞　金蓋[illegible]

申學弼　龍背三幅　申国宝　棉衣三件　李運世　紬裙二條　趙俊章　金[illegible]

趙茂章　金帶三條　趙逢吉　黃傘一柄　申永山　綉鎧一件　申昭　綉鎧一件

申国昌　扁額一懸　申永清　衣箱一對　申国英　紗灯二對　趙魁章　紗灯一對

申增業　坐椅四對　申兆業　藍布二疋　趙龍章　喜布五疋　申承先　紗灯[illegible]

申清邦　布簾三掛　申國興　竹簾三掛　趙鎮廣　施銀十兩　申致祥　袍銀五兩

申治国　施銀五兩　趙逢時　施銀五兩　申學傑　施銀三兩　申追　施銀一兩

首總理　各　申永清　申永年　生員申增業　申昭　申国英　趙茂章　申起[illegible]

申學弼　趙顯珮　申學孔　趙宗太　申一德　申學晉　趙勤年　三合義　申治国

趙魁章　申學術　申居敬　申廣業　郭普　申貴王　申起棟　申趙普　申[illegible]

申致和　申資業　申治邦　申學鄧　申璧　程吉成　郭天慶　申起棟　趙金聚

趙顯珮　申貴王　申學晉　申致鈞　趙龍章　生員申增業　申承全　申尚業　王永[illegible]

神馬一名　申起太今　七星岡潤下楊樹一株永遠禁止不得私伐任[illegible]

补修神殿暨陪房碑记

【简介】勒石于清道光年间，现存神农镇故关炎帝行宫。碑身首一体，石灰岩，残高 90 厘米，宽 48 厘米。碑文中存炎帝“树艺五谷，德配三皇”字样，楷体竖书。碑首圆形，上刻草书“万古流芳”四个字。碑身两边刻缠枝花图案。

【碑文】后学申履中撰文

后学申益谦参阅

粤稽神农氏，王天下以来，树艺五谷，德配三皇，造三农，兴万世，治民之本。（缺）述厥后遗迹。东南有陵碑可考，庙貌奕奕，载在县志。而吾村有已久矣。想其创始之始无迹，莫识其时，补修之功，有文列在碑。（缺）西楼与西南耳楼几为倾坠。庙左神堂与村北神庙亦为（缺）维首集谷捐金，共勷盛事。鸠工庀材，重加补葺，事兴于道光（缺）焕然改观，妥神灵于永固。更以蒙庇佑于无疆云。所有费（缺）

碑阴内容（略）

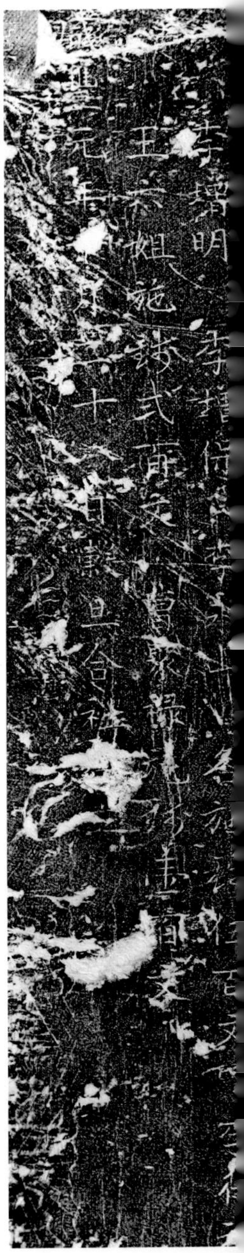

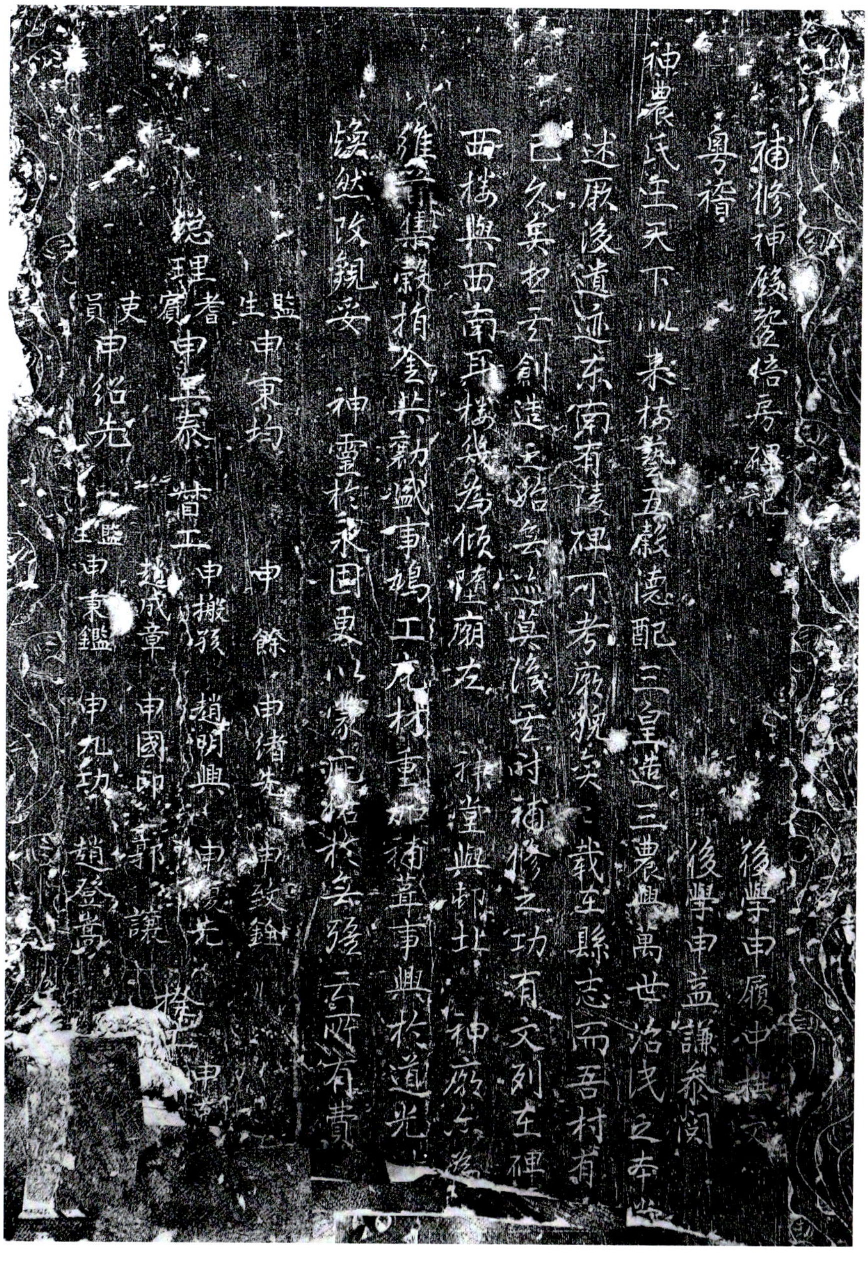
補修神殿
後學申履中撰文
粵稽
後學申益謙參閱
神農氏王天下以耒耜藝五穀德配三皇造三農興萬世治民之本
述厥後道迹東南有陵碑可考廟貌奕奕哉至縣志而吾村有
已久矣
西樓與西南耳樓
煥然改觀矣
監生申東均
總理首事申正泰
吏員申紹先
監生申東鑑
申九功
趙登嵩

改修炎帝行宫碑记

【简介】勒石于清光绪十年（1884）九月二十六日。现存神农镇故关村炎帝行宫。碑身首一体，石灰岩，高163厘米，宽53厘米。碑文记叙了故关村光绪八年（1882）捐资改修炎帝行宫事，以及督工、监工、维首等姓名。碑身两边刻几何图案。申履中撰文，申九德书丹。碑保存完整。

【碑文】尝思上古穴居而野处，后世圣人易之宫室，上栋下宇，以待风雨。余村炎帝行宫，由来久矣。考其古迹，余村东南三里之遥有帝陵焉，陵之上即艺谷圃也。则余村则有帝行宫不有可稽与，历年久远，风雨飘摇，殿宇几乎颓堕，意欲重新，无奈工程浩大，殷实鲜少，虽有欲新之心，实无能新之力也。合社公议，整修缘簿，四外捐金若干，按户捐金若干，早年捐金若干，早年存项若干，又按地亩起钱若干，恭喜社布施若干，共积一处，其金无多。改修正殿三楹，东西角殿六间。工动于光绪八年四月初六日，工成于光绪九年十一月十五日。去旧营新，诚有甚难者矣。在昔，古殿敦厖，不若时殿壮丽；古殿深幽，不若时殿明亮。虽未是创始建之，亦不异乎创建之也。斯工不成于夙昔，而成于今兹。夙昔之人，才智有余，区画尽善，而工程究未垂成，无他，其心不一；今兹之人，才智不足，谋犹亦绌，而工程一旦告竣，亦无他，其心则同。当告竣之日，焕然改观，孰不睹为极盛也哉！斯时也，旧址既革，庙宇一新，光辉曜日。无方无体之神，于焉妥之；既浇既漓之俗，于焉正之。至于春祈秋报，存祀典于不坠；演戏酬神，勒石志美，庶几永垂不朽也云尔。

管账（帐）监督工事申起来

监工申九章、赵德海

维首申九经、申九德、申堃、申秋保、申根保、师根丑、赵安乐、申富山、郭文蔚、申保金

林邑石、木瓦工秦运

木工李张保

瓦工王泰

生员申履中撰文

□儒申九德书丹

画工杨金则

大清光绪十年九月二十六日合社仝勒

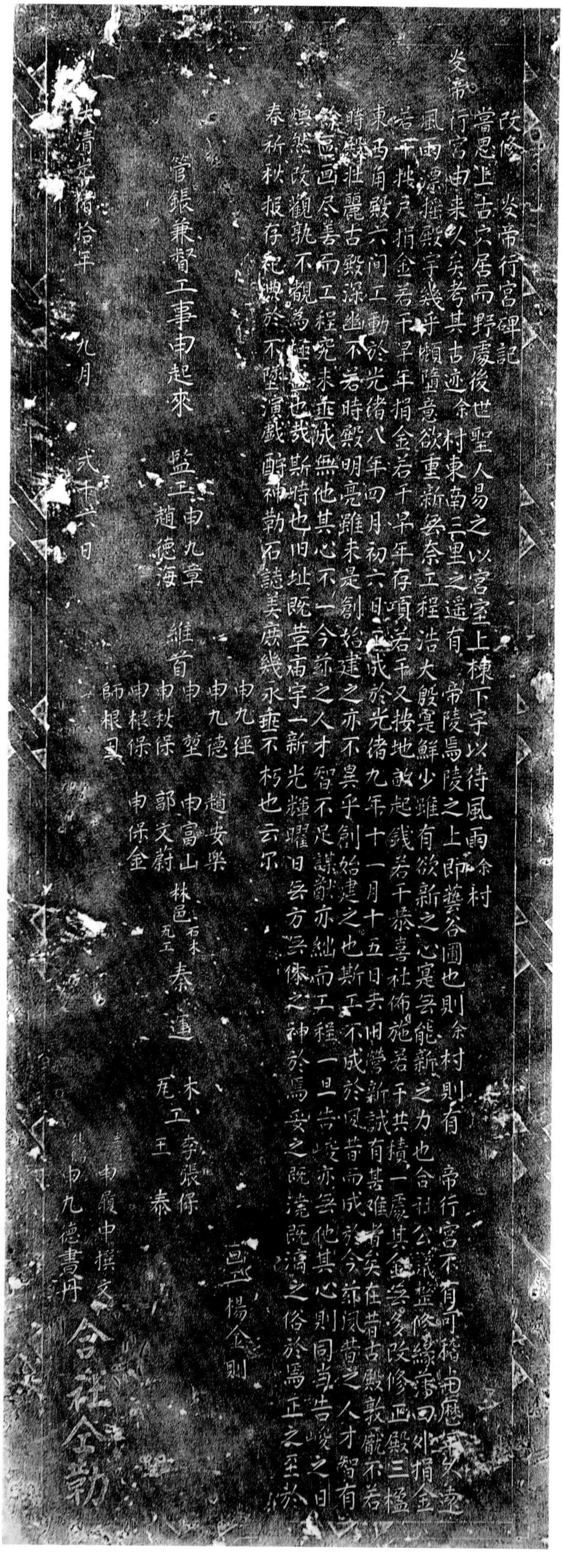
改修 关帝行宫碑記

嘗思上古穴居而野處後世聖人易之以宫室上棟下宇以待風雨余村

关帝行宫由來久矣考其古迹余村東南三里之遥有 帝陵馮陵之上即藝谷圖也則余村則有 帝行宫不有可稽由歷年久遠

風雨漂摇殿宇幾乎頹墮意欲重新奈工程浩大般寔鮮少雖有欲新之心寔無能新之力也合社公議整修緣落四外捐金

若干挨戶捐金若干畢年捐金若干畢年存項若干又按地畝起錢若干恭喜社佈施若干共積一處其金無多改修正殿三楹

東西角殿六间工動於光緒八年四月初六日工成於光緒九年十一月十五日去舊營新誠有甚難者矣在昔古殿敦厖不若

時殿壯麗古殿深幽不若時殿明亮雖未是創始建之亦不異乎創始建之也斯工不成於夙昔而成於今斯夙昔之人才智有

餘區畫盡善而工程究未告竣誠無他其心不一今亦之人才智不足謀猷亦絀而工程一旦告竣亦無他其心則同當告竣之日

煥然改觀孰不觀為極盛也哉斯時也舊址既革廟宇一新光輝曜日無方無像之神於焉妥之既澆既漓之俗於焉正之至於

春祈秋報存祀典於不墜演戲酧神勒石誌美庶幾永垂不朽也云尔

申九經　趙安樂

申九德　申富山

申望　部文蔚

申秋保　申保金

申根保

師根且

管賬兼督工事申起來

監工申九章　趙德海

維首

林邑石木　瓦工秦運　木李張保

瓦工王泰

畫工楊金則

申履中撰文

申九德書丹

大清光緒拾年　九月　式十六日

合社仝勒

重修演奇楼碑记

【简介】勒石于清光绪三十四年（1908），现存神农镇故关村炎帝行宫。碑身首一体，石灰岩，高140厘米，宽45厘米。碑文记叙了故关村于光绪三十四年(1908)补修东楼、东南耳楼、东大门、钟楼等事，以及总理、维首人姓名等。碑首圆形，上刻“重修演奇楼碑记”七个字，楷体。申养气撰文，申秉均书丹。碑保存完整。

【碑文】尝闻事因人成，道以礼隆，物有本末，事有终始。神农氏树艺五谷，治民之本，立万世医方，神功浩荡，功莫大焉。昔嘉庆十八年，三太子功德前立有碑可考。今于庚子年回宫，付马观风，祥（详）示增补，吾村东修贵旺岗，西补挡风岭，南修七星岗，北补黄罗镇。庙前水口，名曰“二龙合海”，东南高补，文明盛也。圣贤移请东北角殿，将东殿改做库房。每逢春秋祭祀，办公事维首，各有设所。古云，明德以天下者，皆也。四方请神驾，观风脉，治医方，真是神威有护耶！不然，荷（何）以不生而生也。四方善信，香柏酒礼，伞袍帐裙，进香齐肃，神威灵应，显耀赫然，风调雨顺，年丰大有，一方人民，逢凶化吉。神明整理社事，祭祀齐肃，人心大悦。渐今，乐楼年久，风雨漂摇，坦（坍）塌损坏，村人日夜忧心。合社公议，捐金积谷，共勷盛事，重修乐楼三间，东南耳楼两间，补修西南耳楼两间，东大门、钟楼三间。工动于光绪戊申年仲春，开工于孟秋，不日告峻（竣）。焕然一新，未极盛也，春祈秋报，为祀典，永垂不朽也。施财姓氏列于碑阴。

总理赵垒江、申双全

监工申根全、赵炳金、郭信、申更喜

维首赵根江、赵鸿福、赵根英、赵三江、申泰串、申丙宴、申庭蔚、申泰顺

林邑石、木、瓦工秦守义

玉工王根山

木工郭枝仁

瓦工王随山

申养气撰文

监生申秉均书丹

大清光绪三十四年九月初二日合社仝勒

嘗聞事因人成道以禮隆物有本末事有終始

神農氏樹藝五穀治民之本立萬世醫方 神功浩蕩功莫大焉 昔嘉慶拾捌年三大子功德前立有碑可考今於

庚子年同宮付馬觀鳳祥示增補合村東修貴旺崗西補攏風嶺南修七星崗北補黃羅鎮廟前水口名曰二龍

合海東南高補文明盛也 聖賢移請東北角殿將東殿改做庫房每逢春秋祭祀辦公事維首各有設所昔云

明德以天下者皆也四方請 神駕觀風脉治醫方莫是 神威有護耶不然荷以不生而生也四方善信香栢

酒禮傘袍帳帮進香齋肅 神威靈應顯耀赫然風調雨順年豐大有一方人民逢凶化吉 神明整理社事祭

祀齋肅人心大悅漸今樂樓年久風雨漂搖坍塌損壞村人日夜憂心合社公議捐金積穀共勷盛事重修樂樓

三間東南耳樓兩間補修西南耳樓兩間東大門鐘樓三間工動於光緒戊申年仲春開工於孟秋不日告竣煥

然一新未經盛也春祈秋報為祀典永垂不朽也施財姓氏列于碑陰

總理 趙壘江 申雙全

監工 申根全 趙炳金 郭信 申更喜

維首 趙根江 申泰串 趙鴻福 申丙寅 趙根英 申庭蔚 趙三江 申泰順

林邑

石木 秦守義

木 玉

工 王松山 郭枝仁

瓦工 王隨山

申蒼氣撰文

監生申秉均書丹

大清光緒叁拾肆年九月初貳日

合社全勒

〇六 炎帝中庙

无梁殿

石匾额拓片

无梁殿内藻井

柱础石雕

炎帝中庙

炎帝中庙，亦名古中庙，位于高平市城北 10.5 公里处中庙村，属神农镇管辖。中庙村，亦名下台、夏泰、下太。高平炎帝庙有上中下之分，上庙指庄里村的五谷庙，下庙为城东关的炎帝庙，中庙即是此。炎帝中庙建于村西北的高地上，座北面南，三进院落，建筑规模宏大，占地面积 2676 余平方米。创建年代不详，元、明、清各代均有修葺。在其中轴线分列为山门、太子殿、正殿。两侧建有厢房、配殿、耳殿等。该庙上院门洞正中拱券上有“炎帝中庙”石刻字，为明天启二年（1622）所制。其中太子殿最为古老，是我国目前炎帝庙宇保存最早的古建筑，为元代遗构。2006 年 5 月，国务院公布为全国重点文物保护单位。

太子殿，亦称无梁殿，建于高 1.5 米的台基上。面阔一间，进深四椽，单檐歇山顶，周檐施用粗大的额枋，柱为木质，粗壮硕大，斗栱五铺作。殿内无梁架，只有柱枋、斗栱，殿内施以八角形覆斗式藻井，整个建筑结构精巧，别树一帜。

正殿建在高 1.2 米的台基上，面阔三间，进深六椽，单檐悬山式屋顶，筒板布瓦盖顶，琉璃脊饰，柱头斗栱五踩双昂。炎帝中庙为皇帝敕建之庙，具有重要的文物研究价值。

正殿

创建神农太子祠并子孙殿志

【**简介**】勒石于元至正二十一年（1363）二月，现存神农镇中庙村炎帝中庙。碑长方形，石灰岩，长117厘米，宽58厘米。碑文记叙了下太村王德诚于至正十五年（1355）创建太子祠并子孙殿事。碑身左右镌刻云龙纹图案。宋士常撰文并书丹。王通刊。碑保存完整。

【**碑文**】长平乡贡进士宋士常撰并书

羊头山故有神农氏祠，环山居民，岁时奉祀，有祈即应。山之南里曰下太，直乾方之爽垲，自昔乃立原庙。里人王德诚，于至正乙未岁僦工兴役，仍构两室于正殿西偏之隙地，像设于中，从俗尚也。初德诚年艾而无嗣，考室之后，相继举二子。及德诚殁，妻杜氏慨然曰："吾夫曩以有愿为神立祠，神之降祐，亦既多矣，继所天志，以答神祐，功曷敢后。"遂于室内，叠甓为供台，并甃其地，外则伐石为基。其子孙殿之像，德诚独设。其太子祠神像，则里人赞力。而魏仲达者，功居半焉。厥功告成，实辛丑岁之春也。欲纪其岁月于石，乃属笔于余。呜呼，完哉！继自今敢告里人，承祭有常时，毋远毋亵，克诚克敬，永终不替，则神之聪明正直，依我民以扬其灵。信乎！如在其上，如在其左右矣。其毋作神羞，自取天孽。长平宋士常，因摭实为书，用念来者。

至正廿一年二月八日立石

妻杜氏、次崔氏、次宋氏、养子王景岩

石工永宁王通

待诏长平杨企、杨先

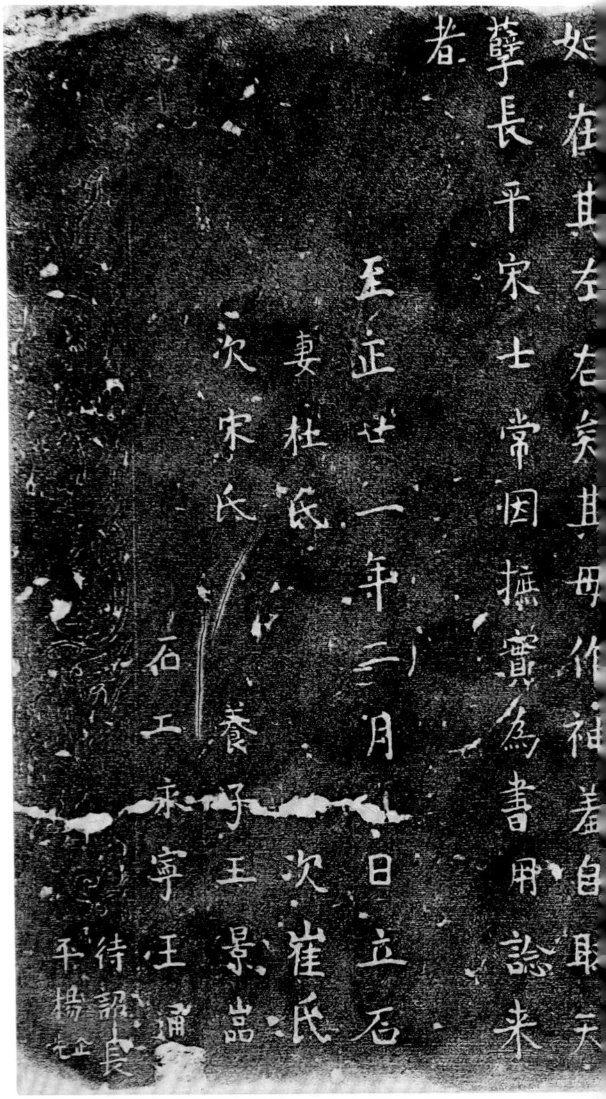
如在其左右矣其毋作神羞自取天
孽長平宋士常因摭實為書用念來
者
至正廿一年二月八日立石
妻杜氏 次崔氏
次宋氏 養子王景嵓
石工永寧王通
待詔長平楊企

創建神農太子祠并子孫殿誌
長平鄉貢進士宋士常撰并書
羊頭山故有神農氏祠環山居民歲
時奉祀有祈即應山之南里曰下大
直乾方之爽塏自晉乃立原廟里人
王德誠於至正乙未歲鳩工興役仍
構兩室於正殿西偏之隙地像設於
中從俗尚也初德誠年艾而無嗣考
室之後相繼舉二子及德誠歿妻杜
氏慨然曰吾夫曩以有願為神立祠
神之降祐亦既多矣繼所天志以啓
神祐功曷敢後遂於室內疊壁為傑
臺并甃其地外則伐石為基其子孫
殿之像德誠獨設其太子祠神像則
里人贊力而魏仲達者功居半焉厥
功告成寔辛丑歲之春也欲紀其歲
月于石乃屬筆於余嗚呼完哉繼自
今敢告里人承祭有常時毋遠毋褻
克誠克敬永終不替則神之聰明正

无题碑记

【简介】勒石于明万历十二年（1584）九月，现存神农镇中庙村炎帝中庙。碑长方形，石灰岩，高 72 厘米，宽 44 厘米。碑文记录了下台村王希孟等四十多人打造石桌事及维首捐资人姓名。背身周边镌刻缠枝花图案。碑保存完整。

【碑文】维大明国山西泽州高平县丰溢乡下太村，古有敕封神农炎帝庙缺少献台。今本村王希孟，纠同王万全、张天赐、李希会请四十余人，打造石桌七张，重轻易举，此为碑记。

计开出钱人名（略）

万历十二年仲秋吉日永为碑记

石匠李荒

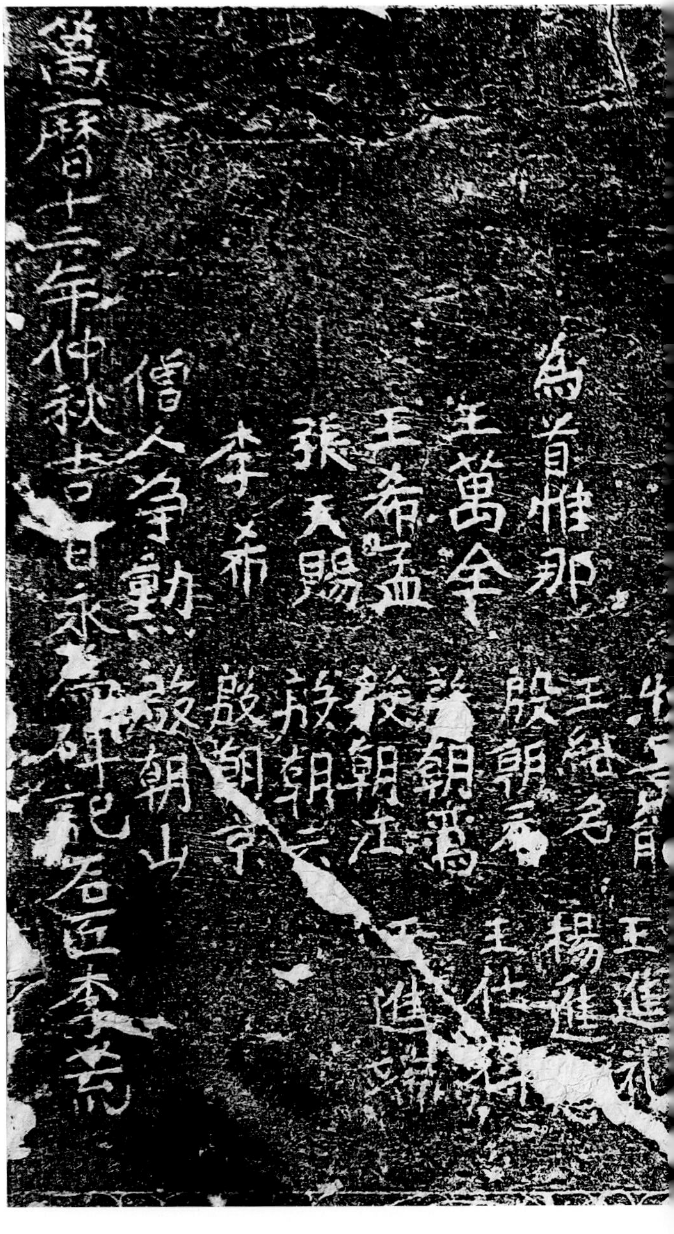

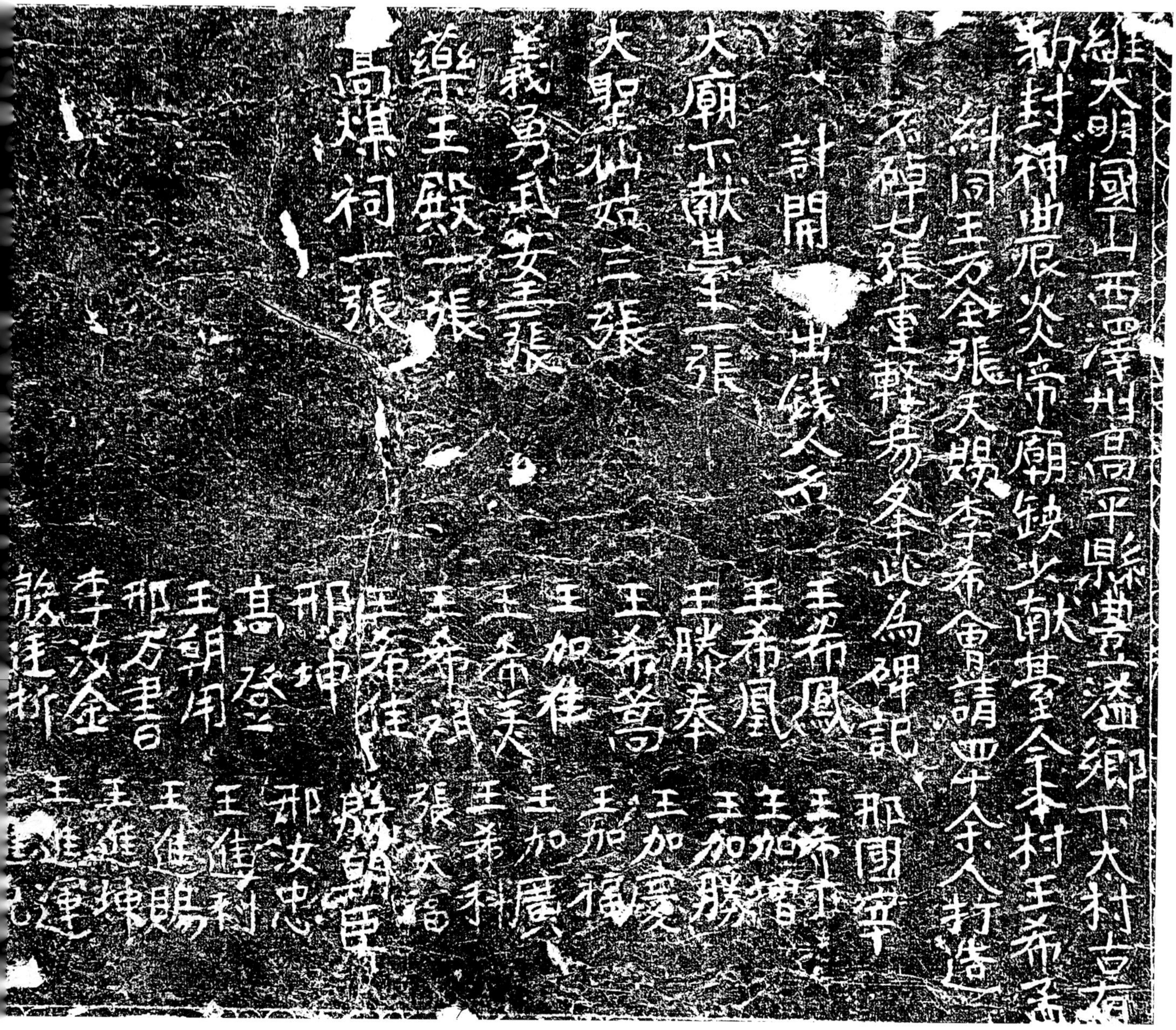

維大明國山西澤州高平縣豐瀆鄉下大村古有
勅封神農炎帝廟缺少献臺今本村王希孟
糾同王万金張天賜李希會請四十余人打造
石碑七張重軒易冬此為碑記
計開　出錢人名
大廟下献臺一張
大聖仙姑二張
義勇武安王一張
藥王殿一張
高禖祠一張
王希鳳　王希鳳　王勝奉　王希喬　王加椎　王希美　王希禎　王希佳　邢坤　高登　王朝用　邢万書　李汝金　殷廷析
邢國寧　王希下　王加增　王加勝　王加慶　王加福　王加廣　王希利　張安福　殷朝寧　邢汝忠　王進利　王進賜　王進坤　王進運

重修高禖祠并太尉殿碑记

【简介】勒石于清康熙五年(1666),现存神农镇中庙村炎帝中庙。碑为长方形,石灰岩,长80厘米,宽60厘米。碑文记叙了因炎帝庙高禖祠狭隘,社首殷基隆等捐金重修事及布施人姓名。碑身四边镌刻缠枝花图案。余蜀慕撰文并书丹。玉工姬自元、郭朝运镌刻。碑保存完整。

【碑文】炎帝庙高禖祠,仅五楹,跪不容膝,即二人亦肩相摩焉。有住持僧普修慨然曰:"高禖神之祠,可以如是隘乎?"爰化社首殷基隆等暨一乡,善士捐金鸠工,扩两楹为三楹,并将神像金妆。又重振太尉殿二所,亦将二神之像而金妆焉。由是祠殿焕然一新。见一乡之人,好善乐施之足多也。略为记。

高郡庠生余蜀慕沐手撰书

庠生殷基隆施银三两五钱、江南徽州府通判殷基昌施银二两五钱、王俞银三两、张樊德银一两、张化民八钱半、殷玹银七钱(略)

本庙住持经理、僧人普修(略)

玉工姬自元、郭朝运镌

木匠冯光秀

瓦匠李养廉

丹青郜国明

时大清康熙五年岁次丙午十一月十五日立

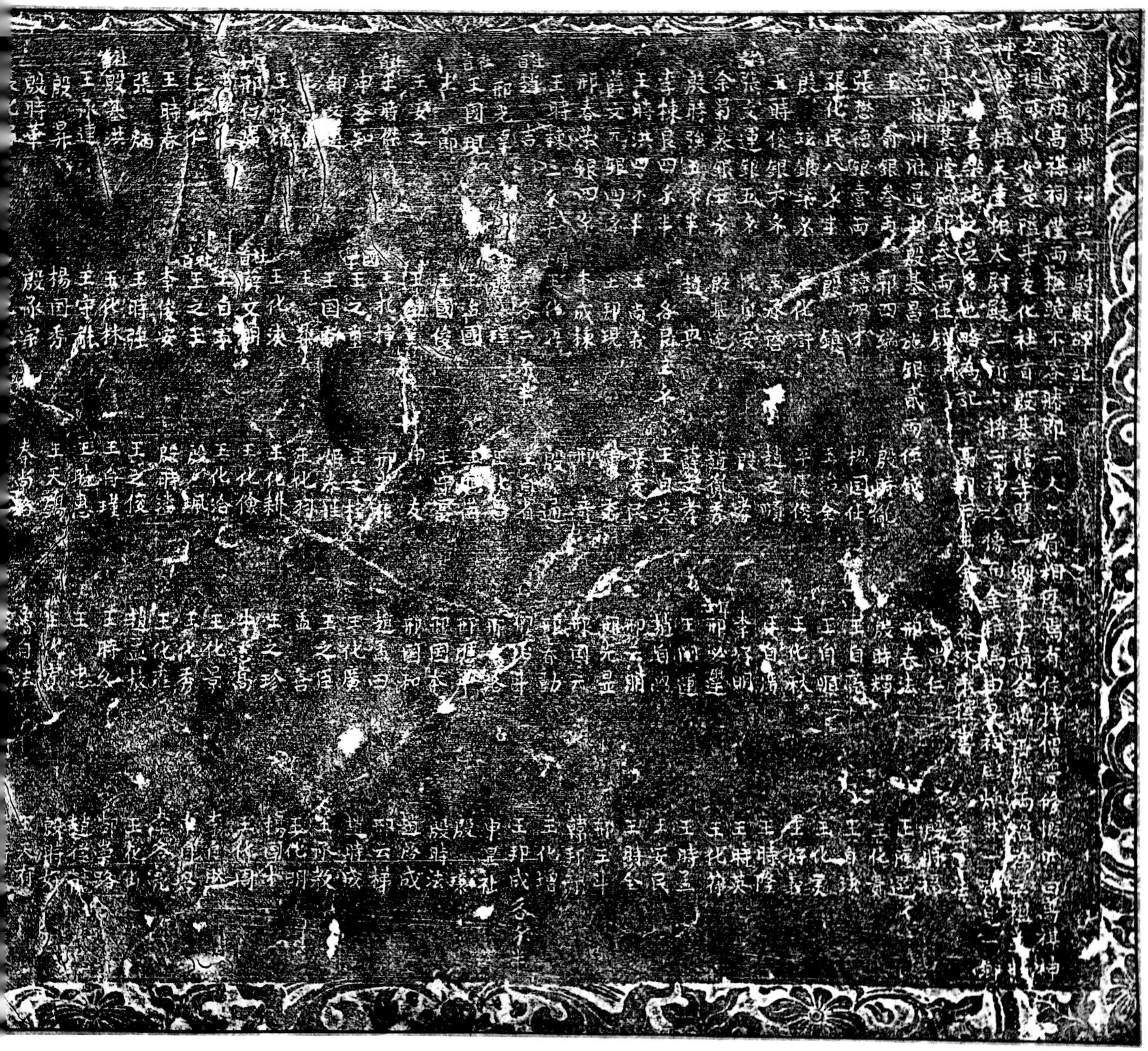

重修炎帝庙并各祠殿碑记

【简介】勒石于清康熙九年（1670），现存神农镇中庙村炎帝中庙。碑为长方形，石灰岩，长 90 厘米，宽 60 厘米。碑文记叙了炎帝庙于至元三年重修，至今已三百余年，因天旱祷雨有应，庙院狭小，予以重修，并补葺蚕神、药王、舞楼等殿事。碑身周边刻缠枝花图案。殷基隆撰并书。碑保存完整。

【碑文】稽古圣人，继天立极，各有造于世，而丰功伟绩，利赖无穷，莫有逾于炎帝之农事开先者矣。《语》云："食者民之天。"盖民非食，无以为生；食非谷，无以为藉。当帝之时，茹毛饮血。黍、稷、稻、粱之属，虽天植之，以颐养斯人，而隐而弗辨，孰知有稼穑之维宝哉。帝亲尝百草，乃得其味。于天造晦冥之初，是帝之德，在养生立命，而帝之初，在亿万斯年也。其神要矣，其祀正矣。吾泫有上、中、下三庙。在换马者为上；在县治东关者为下；而余乡则其中也。奉勅建立，其来远矣，而创兴之始，杳不可考。重修则于至元之年，及余之身三百余载，不独风雨倾圮，彩泽弗耀。而根基墙壁，俱系乱石土坯。目击其状者，皆有狭小前人之意。更新之举，每议不果。岁值戊申六、七月之间，雨泽愆期。乡人向余而言曰："今者旱魃为虐，亢旸滋甚，远近居民之祷雨者，几遍山川、坛社而弗应，秋成其无望乎？吾侪士民，曷不就本庙而虔告焉？"爰同耆众，斋肃从事，不崇朝而滂沱，沾足越旬日。复祷复应。又越旬日亦然。自夏徂秋，祷者三而应者三。余曰：天下有感而遂通，如此其速者乎！庙为神之所栖，重新之议不决于畴昔者，不可不断之于此日也。佥曰唯唯，因量力捐资，鸠工庀材，墙壁栋宇，一概更易。而蚕神、药王二殿并舞楼，相继补葺，焕彩争辉，不徒肃一时之报享，实以壮奕世之观瞻。其工始于戊申十月初六日，竣于庚戌四月初八日。余因援笔，而为之记，使后之人，览而指之，曰：某也革故，某也鼎新，则其事传而其人之姓氏亦与俱传矣，遂列其名于壁之右。

邑庠生殷基隆薰沐撰书

时大清康熙九年岁次庚戌夏四月朔八日立

本庙住持经理、僧人普修

重修炎帝廟並各祠殿碑記

稽古聖人繼天立極各有造於世而豐功偉績利賴無窮莫有逾於炎帝之農事開先者矣語云食者民之天蓋民非食無以為生食非穀無以為藉當帝之時茹毛飲血黍稷稻粱之屬雖天植之以顧養斯人而隱而弗辨孰知有稼穡之維寶哉帝親嘗百草迺得其味於天造晦冥之初是帝之德在養生立命而帝之功在億萬斯年也其神要矣其祀正矣吾泫有上中下三廟在換馬者為上在縣治東関者為下而余鄉則其中也奉勅建立其來遠矣而剏興之始杳不可考重修則於至元之年及余之身三百餘載不獨風雨傾圮彩澤弗耀而根基墻壁傑係亂石土坯目擊其狀者皆有狹小前人之意更新之舉每議不果歲值戊申六七月之間雨澤愆期鄉人向余而言曰今者旱魃為虐亢暘滋甚遠近居民之禱雨者幾遍山川壇社而弗應秋成其無望乎吾儕士民曷不詣本廟而虔告焉爰同耆衆齋肅從事不崇朝而滂沱占足越旬日後禱復應又越旬日亦然自夏徂秋禱者三而應者三余曰天下有感而遂通如此其速者乎廟為神之所棲重新之議不決於疇昔者不可不斷之于此日也僉曰唯唯因量力捐貲鳩工庀材墻壁棟宇一槩更易而蠶神藥王二殿併舞樓相繼補葺煥彩争輝不徒肅一時之報享寔以壯奕世之觀瞻其工始于戊申十月初六日竣于庚戌四月初八日余因援筆而為之記使後之人覽而指之曰某也葺故某也剏新則其事傳而其人之姓氏亦與俱

募化外域布施功德碑

【简介】勒石于清道光年间，现存神农镇中庙村炎帝中庙。碑身首一体，石灰岩，高 227 厘米，宽 75 厘米。碑文记叙了各字号捐资银两，有陕西西安府、河南府、亳州等域外捐资的字号。碑首圆形，用减地平剔法镌刻龙凤图案，中间刻太乙真人图像。碑保存完整。

【碑文】邢文魁，繁城镇西安府，捐银一百六十二两五钱，湧泰典、永丰茂（略）。

监生王子玺，龙王庙，捐银八十五两五分，永盛号、人和店、泰和号（略）。

张书铭，会亭集，捐银七十两六分，郭嘉宾、郭秉懿、顺兴号（略）。

孟永，亳州，捐银伍十一两二分，冯谦、兴隆公（略）。

邢文学，河南府，捐银五十两，锦兴号、义和隆（略）。

赵容，建宁镇，捐银三十三两五分，南当行（略）。

王子璧，胡庄，集捐银十两，永泰店、保安店、普成号（略）。

王永禄，柳下屯，捐银三十八两五分，大成号、来顺号、义成号（略）。

张洪，戴家庙，捐银二十五两，恒聚号（略）。

王荣，云萝县，捐银三十九两，逢源号、义和号、锦成号（略）。

王广泰，清河砂，捐银三十六两五分公议号、泰来号（略）。

张荣，周东村，捐银三十一两六分，郭明道、广泰公（略）。

郭德仪，中牟县，捐银二十四两，萧立盛、协成号（略）。

碑阴内容（略）

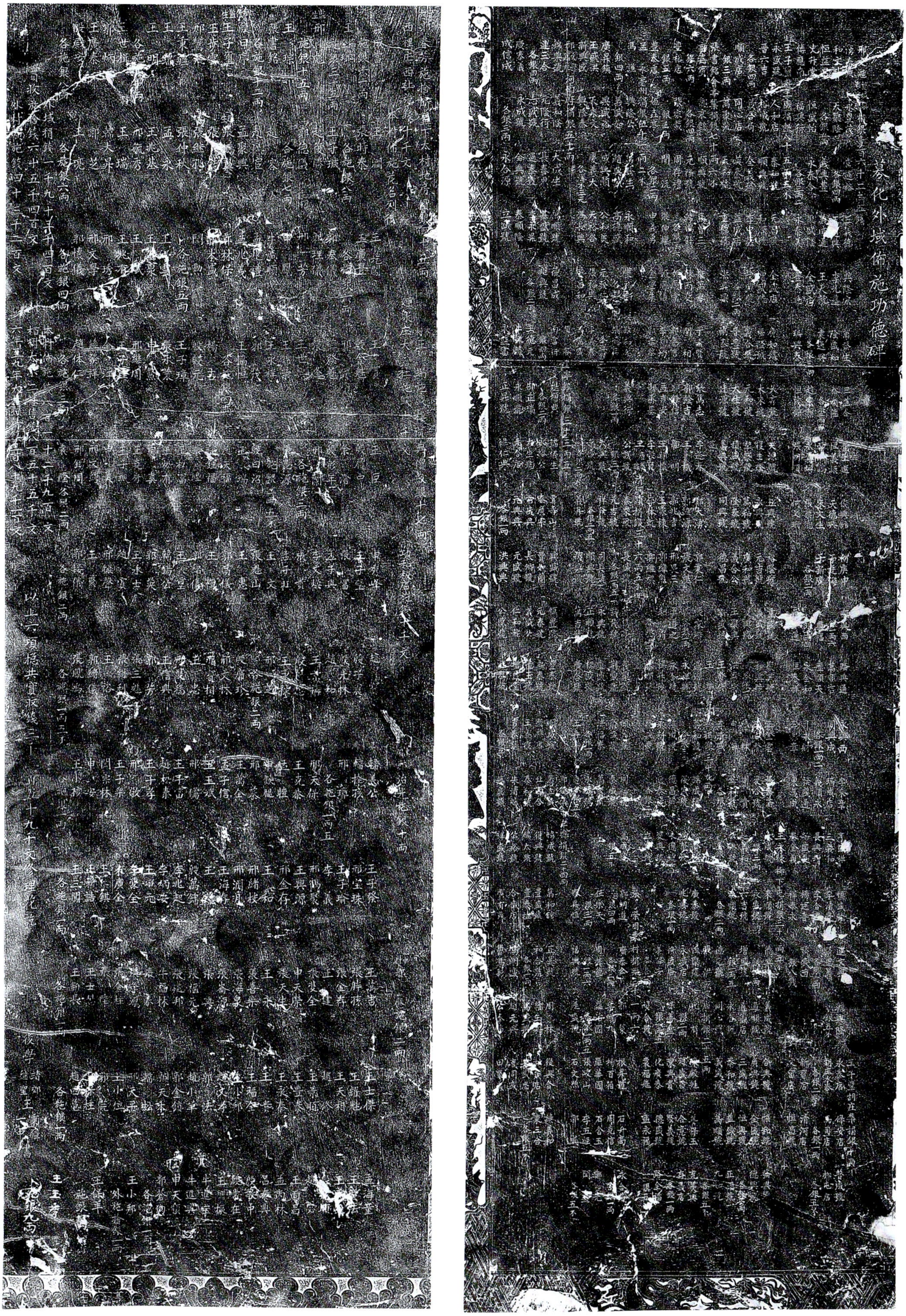

募化外城修施功德碑

重修炎帝庙暨村中诸神殿碑记

【简介】勒石于清宣统三年（1911），现存神农镇中庙村炎帝中庙。碑身首一体，石灰岩，高 195 厘米、宽 65 厘米、厚 20 厘米。座长方形，高 33 厘米，长 87 厘米，宽 44 厘米。碑文记录了村民捐资、募化重修诸庙宇及经理维首、募化维首、住持人姓名等情况。碑首圆形，用减地平剔手法刻龙凤图案，中间刻楷书“永垂不朽”四字，碑身两边刻八仙人物图案和几何形纹饰。孟伯谦撰文并书丹，李跟全镌刻。碑体完整，碑面有裂纹。

【碑文】神农炎帝，为万民生成之主，开百代稼穑之源，凡在井里，皆蒙其恩，悉属农氓，均沾其泽。与夫日中为市，交易各得，福世利民，厥德懋哉。是以本邑北界羊头山有高庙，城东关有下庙，下台村建庙未知创自何代，称为中庙。况东西殿诸神，皆有功于世道者，第年远代湮，迭经先维首重为修整，非止一次，兼营造外院文昌楼、西禅房以及东、西游廊、戏台各几楹。想其间鸠工庀材非易易也。又越数十年，风雨倾圮，坍塌累坏，不惟本庙殿宇禅室不堪入目，凡村中诸神殿，皆触目心恻，坐视难忍。当经维首等，皆集大庙，公同商议，蓄积工资，立意兴筑补葺，述其先事。奈工程浩大，经费不继，除在村里属劝输外，有村人诸位在外省贸易，各处募化资财若干两，始充此工费用，若非神功之广大无远，弗届何人心之乐输不约而同哉。视其旧制，非徒耀宏图以壮观瞻，睹其新模，聊堪妥神位以崇祀典矣。是役也，于光绪三十一年孟夏月兴工，宣统三年孟秋月告竣。余系邻里近村，亲见众维首等，夙夜经营，不辞劳瘁，勤苦之情，岂忍湮没？所以不揣固陋，爰弁数语，载在琐珉，以襄盛事不朽云尔。

优增生乡饮介宾孟伯谦撰并书丹

经理维首（略）

募化维首（略）

泥木秦发□

丹青杨进喜

玉工李跟全刊

乡约王新发

住持王□米

时宣统三年季秋之月谷旦仝勒石

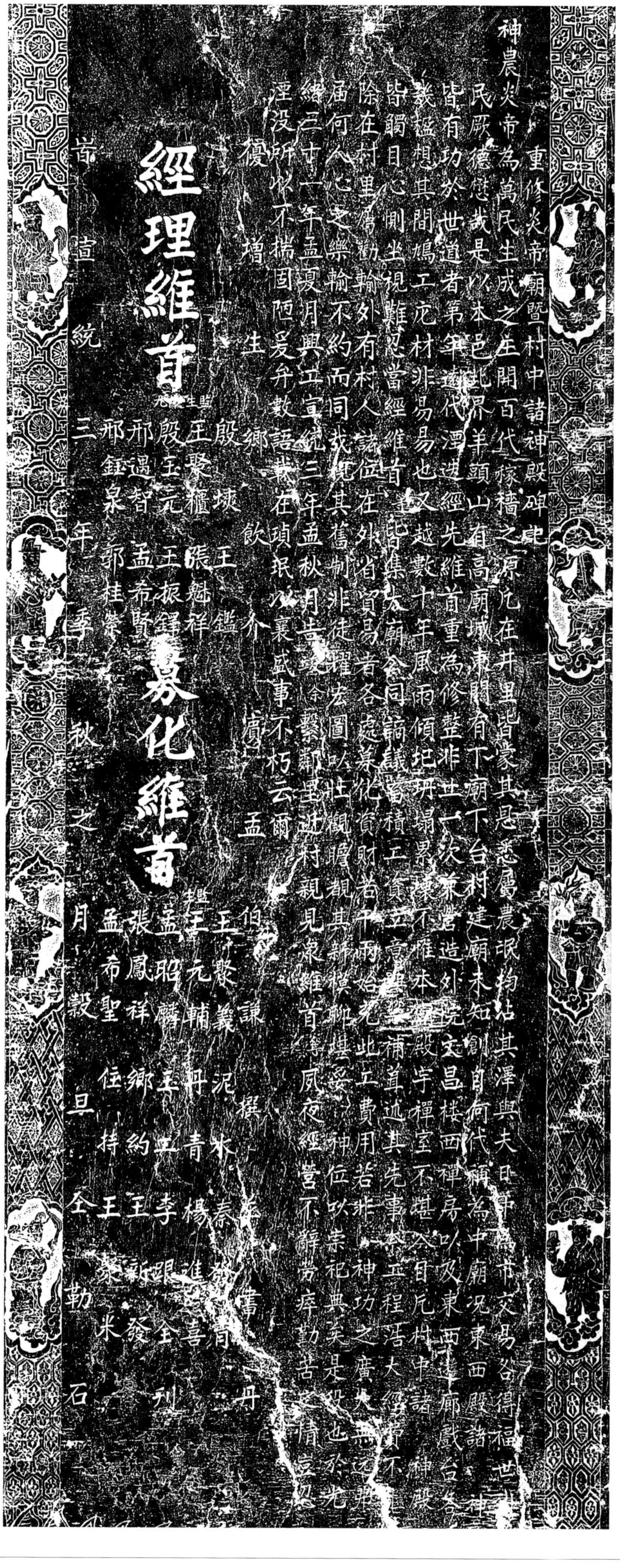

重修炎帝廟暨村中諸神殿碑記

神農炎帝為萬民生成之主，開百代稼穡之原，凡在井里，皆蒙其恩。悉屬農氓，均沾其澤，與夫日中為市，交易各得，福世世
民，厥德懋哉！是以本邑北界羊頭山有高廟，城東關有下廟，下台村建廟，未知創自何代，稱為中廟。況東西殿諸神
皆有功於世道者。第年遠代湮，遞經先維首重為修整，非止一次，兼營造外院文昌楼、西禪房，以及東西遊廊、戲台，各
義極，想其間鳩工庀材，非易易也。又越數十年，風雨傾圮，坍塌累棟，不惟本殿宇禪室不堪入目，凡村中諸神殿
皆觸目心惻，坐視難忍。當經維首□皆集於廟，僉同議，籌積工資，立意[illegible]補葺，迄其先事，於工程浩大，經費不足，
除在村里勸輸外，有村人諸位在外省貿易者，各處募化資財若干兩，始克此工。費用若非神功之廣大，無遠弗
屆，何人心之樂輸不約而同哉！現其舊制，非徒維宏圖以壯觀瞻；觀其新模，堪妥神位以崇祀典矣。是役也，於光
緒三十一年孟夏月興工，宣統三年孟秋月告竣。余繫鄉里，近在村，親見衆維首夙夜經營，不辭勞瘁，勤苦之情，豈忍
湮沒，所以不揣固陋，爰弁數語，載在貞珉，以襄盛事不朽云爾。

優增生鄉飲介賓孟伯謙撰 書丹

經理維首

殷埭 王鑑
監生 王聚權 張魁祥
殷玉元 王振鐸
邢遇智 孟希賢
邢鈺泉 郭桂榮

募化維首

王聚義
監生 王元輔
孟昭麟
張鳳祥
孟希聖

泥水 楊春發
丹青 楊進喜
石工 李跟全 刊
鄉約 王新發
住持 王榮米

峕宣統三年季秋之月穀旦 仝勒石

重修大庙并合村堂阁殿宇表颂碑记

【简介】勒石于清道光十年（1830），现存神农镇中庙村炎帝中庙。碑身首一体，石灰岩，高218厘米，宽75厘米。碑文记叙了炎帝庙正殿瓦坏渗漏，左右神殿、东西禅房俱为损坏，殷曰序等会同社首予以维修，并改修大门、戏台等事。碑首圆形，用减地平剔法镌刻寿星仙鹤图案。碑身两边镌刻神仙人物、缠枝花图案。张鹏翼撰文，殷曰序书丹。碑保存完整。

【碑文】闻尝，检阅夫真经，首曰敬天地，次言礼神明。盖以天覆地载，生成万物，其所当敬者，不待言矣。厥惟神明，丰功伟绩，庇阴苍生，敢不竭诚尽礼以祀乎？村北大庙，乃合村龙脉托落之地，群神会聚之所。凡在村中者，家不拘贫富，人无论穷通，其兴衰祸福，吉凶灾祥，嗣续繁衍，寿命延长，均赖神灵之保佑焉。庙之创建，已远难稽。其屡次重修，以迄于今。上而炎帝正殿，瓦坏渗漏，左右神殿以及东西禅仓库厨，俱为损坏。若不及时重修补葺，必至尽行倾圮。乡耆殷曰序等，触目惊心，夙夜踌躇，因而会同合社维首，公议修理，不使废坠。无奈村小力微，量难成事。邀请在外贸易者，各给缘簿一本，四方劝舍募化，多寡不等。既而又因庙之门水不合，局度不展，曾经高明堪舆指示，言将大门移修于中，而开正门，不但星宫合格，而且体统壮观。将戏台移修于南，不独局度宽，而且观瞻肃。庙地不足，增置赵姓中地二亩五分，以成方圆。又创修西厅房五间、戏房六楹、游廊十间。前后修理工费浩大，外域乐输之项，并村人捐敛之资，同盘合算，不能完工，故将庙中古柏一株伐卖，方可毕事。举斯事也，固众社首同心协力，鸠工庀材，殚思毕虑，勇跃向前。然而经管帐目，区处银钱，不惜心力，乃底厥成。监生王子玺、王秉疆，功独甚焉。兴工始于乙酉岁二月二十日，告竣于庚寅岁七月二十一日。因而勒碑记事。自今之后，凡我村中、外域乐输资财之仁人善士，同享丰恒裕足，福寿康宁，其功德可垂万世不没矣。是以为表颂云尔。

邑庠生普庵张鹏翼撰文

乡饮耆宾文圃殷曰序书丹

经理社首张皇、殷曰序、张鹏翼、王世、邢文魁、王兆有、王琮（等三十三人，略）

时道光十年岁次庚寅孟秋之月谷旦

铁笔郭顺

重修大廟竝合村堂閣殿宇六領碑記

門嘗聞夫真經首曰敬天地次言禮神明蓋以天覆地載生成萬物其所當敬者不待言矣厥惟神明豐功偉績庇蔭蒼生敢不竭誠盡禮以祀乎村莊大廟乃合村龍脈托落之地群神會聚之所凡在村中者家不拘貧富人無論窮通其興衰禍福吉凶災祥嗣續繁衍壽命延長均賴神之保佑焉廟之創建已遠難稽其屢次重修以迄於今上而炎帝正殿瓦壞漆漓左右神殿以及東西禪舍庫房俱為損壞若不及時重修補葺必至盡行傾圮鄉耆殷曰序等觸目警心夙夜遑遑因而會同合社維首公議修理不使廢墜無奈村小力微量難成事遂請在外貿易者各給緣簿一本四方勸[illegible]募化多寡不等竣而又因廟之門來不合局度不展曾經高明堪輿指示言將大門移修於中而開正門不但星宮合格而且體統壯觀將盛臺移修於南不獨局度寬而且瞻肅廟地不足增置趙姓中地二畝五分以成方圓又創修西廳房五間戲房六楹遊廊十間前後修理工費浩大外域樂輸之項並村人捐歛之資同盤合算不能完工欲將廟中古柏一株伐賣方可畢華舉斯事也固衆社首同心協力鳩工庀材殫思畢慮防蹈而前然而經管賬目區處銀錢不惜心力乃底厥成監生王子重王秉疆功獨甚焉興工始於乙酉歲二月二十日告竣於庚寅歲七月二十一日因而勒碑記事自今之後凡我村中外域樂輸資財之仁人善士同享豐恒裕足福壽康寧其功德可垂萬世不沒矣是以為表頌云爾

邑庠生晉菴張鵬翼撰文

鄉飲耆賓文園殷曰序書丹

經理社首 殷曰虎

王世楫 王琮 邢瑛 邢學 王[illegible] 孟子興 趙天福 趙寬 張時泰 王[illegible]祥

邢文魁 張魁 王子重 邢俊 趙和 王秉疆 王協道 王瑞 王子城

王兆有 申鳳 殷金魁 邢飛 王明 王鴻吉 王興元 王斌 孟晉

住持僧[illegible]善徒通全 仝勒石

丹青秦 劉天賀 木匠魏 泥水匠 石匠 鈞鐵筆郭順

皆道光十年歲次庚寅孟秋之月穀旦

〇七 团西村炎帝庙

戏楼

寝宫

团西村炎帝庙

团西村位于高平市城北 10 公里处，属神农镇所辖。这里地处丘陵，西、北、南地势较高，东面较为低平。团西炎帝庙，亦称大庙，建于村西高地上。该庙创建年代不详，坐北面南，进深三院，占地面积 1524 余平方米，从东南方拾阶而上方能进入庙内。中轴线上建有山门、戏台、正殿、后殿，两侧建有东西配殿、耳殿、厢房、廊房、库房等，左右均衡对称，建筑规模宏大，布局严谨。

正殿建在高 0.9 米的台基上，面阔三间，进深八椽，悬山式屋顶，筒板布瓦盖顶，琉璃脊饰，前出廊，方形抹棱砂岩石柱。通长施以大额枋，额枋上置斗栱，五铺作，双昂双跳，柱础园形，砂岩石，伏莲花瓣式。殿前建置有须弥座，上下为仰伏莲瓣，束腰处有石狮，缠枝花等雕刻，做工精美。该殿在建筑上，许多地方仍存有金元时的建筑手法，明清时曾进行过较大的维修。

团西村炎帝庙历史悠久，虽无确切的创建年代，但从建筑遗存来看，至迟在金代时已有。元、明、清各代屡有修葺。是上党地区典型的"前堂后寝"的建筑格局，其建筑规模宏大，正殿宏伟壮观，是高平保存最为古老的祭祀炎帝的庙院之一。

正殿

柱础

重修两廊碑记

【简介】勒石于清康熙十一年（1672），现存神农镇团西村炎帝庙。碑身首一体，碑首圆形。碑高120厘米，宽45厘米，厚20厘米。碑文记叙了神农镇团西村集资重修两廊及维首人姓名等情况。中间镌刻“两廊碑”篆字，两边牡丹花卉图案。牛允口撰文并书丹。碑保存完整。

【碑文】其两廊塌毁已尽，止留基址，并角门俱无，虽云重修，实有创建之意焉，故勒石碑，永为记耳。

城中尚汝桂德施银一两，焦景明施银五钱，孟县布客张振果施银四钱、长受村程还施银五钱，秦庄秦进荣施银五钱，太义村宋自法施银三钱，申家庄申所知银□□□□，东沙庄郜国成施银六钱，郜邦贵施银五钱，郜辛槐施银五钱，郜希明施银五钱，郜希彦施银三钱，三角李自宽施银三钱，石沙庄韩家才施方砖四百，赵家山赵之栋三□。

邑庠生牛瑄施银三钱，牛显荣、闫法支三人施槐树一□二棵。庙修理使用自书□□□因侵占官街打伤□□□□□□□□□□□□□□□□□石□。

游击牛□施银二两二钱，郜国明施银三两，闫国宰施银三两，李养民施银二两五钱，牛新交施银一两二钱，本庙僧如增助煤□车，本庙道杨举才施银一两。

郜守田、李进贤、牛新民、王明遠、牛允恒、牛林、郜时英、王志清、苏惟升、郭臻，以上俱施银一两。

牛允中、郜□兄、牛麟、暴时敬、苏任林、闫时刚、矗治达、郜瑄、郭新甫、苏惟乾、申大美、李泽、郜自明、李自成、张登云，以上俱施银八钱。

申国升、□□□、杜文奎、牛允节、牛允昌、郜化明、郭新友、牛支、闫自让、郜守吉、郜二花、申海龙、李进产、郜洪、郜嵩、孟希孔、郜中、闫自彦、申治明、李□□、□□□、靳忠义，以上俱施银六钱。

闫国玺、王加盛、郜国林、郜尚川、郭时法、牛明、李自法、闫之美，以上俱施银五〇。

郭时路、闫国旺、牛珍、申龙门、郭好成、□□□，以上俱四〇。

牛隆交、牛天卯、郭赵存，以上各银三〇五〇。

闫时稳、郜永清、闫守法、郜壁、毕有库、闫自荣、田充贵、牛光实、王进忠、闫自富、申光先、申一廷、暴时明、郜□、田光实、牛国□、闫自厚、牛显□、郭守旺、牛允高、闫自花、秦怀德、张克旺、申孝、牛才、牛天林、牛得水，以上俱银三〇。

王继洪、靳升、闫正字、申可义（略），以上各施银二〇。

申进有、闫白起、郭好全、田广、郜良忠、闫福寿、郜时元、郜时实、〇温，以上各银一〇 一〇。

郜芳一〇 二 〇。

闫福伦、李旺春、闫〇□、闫时道（略），以上各银〇。

时康熙十一年岁次壬子仲春谷旦

维首、督工、管帐牛允口篆并书

经管钱粮郜国明

住持杨净才

门徒王贞全

玉工王都刊

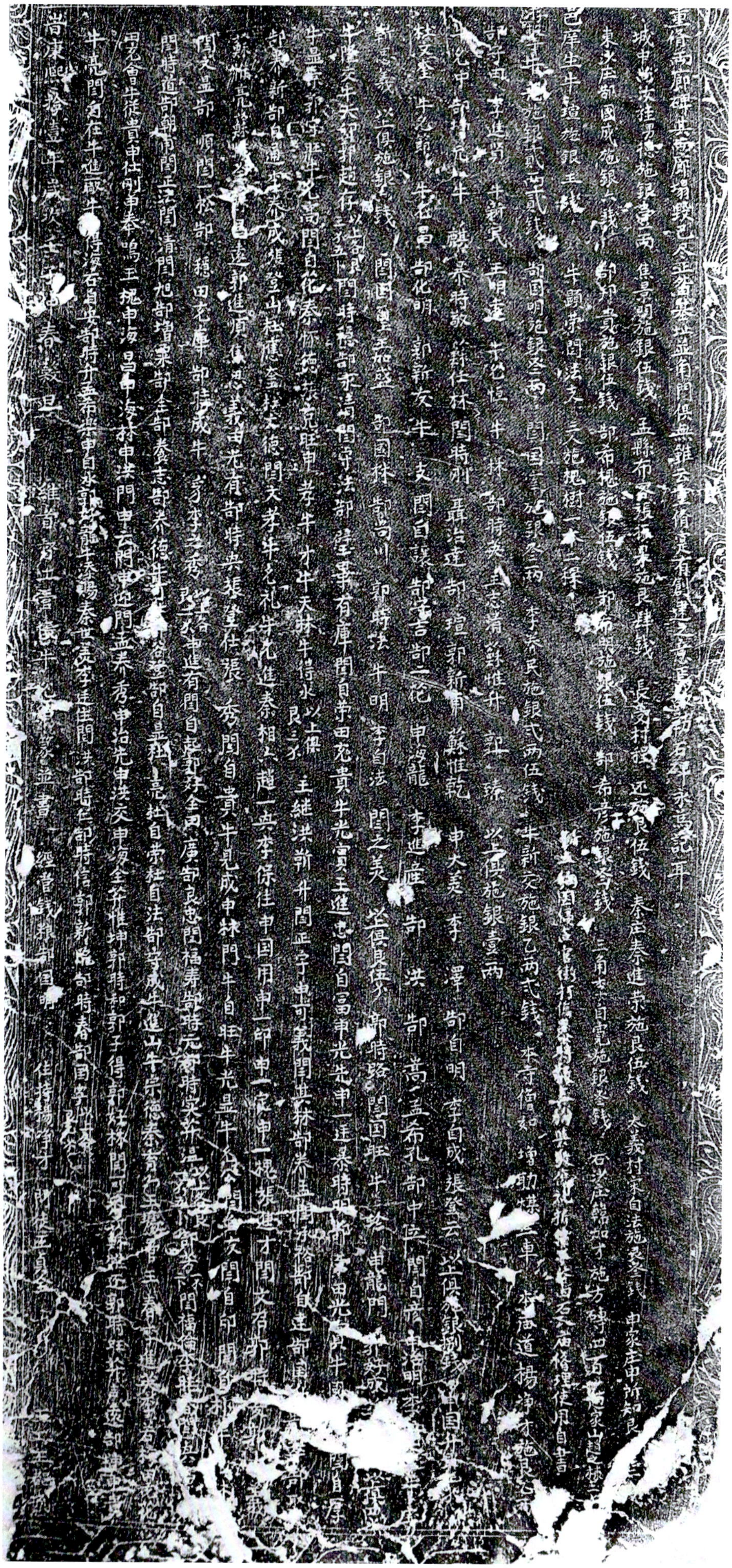
重脩西廊碑其西廊塌毁已久正殿基址並角門俱無雖云重脩寔有創建之意

团池村待朴村祷雨人等饭食碑记

【简介】勒石于清乾隆五十六年（1791），现存于神农镇团西村炎帝庙。碑长方形。长 65 厘米，宽 30 厘米。碑文记录了团池村招待朴村祷雨人等饭食事。全碑身四周万字走边。碑保存完整。

【碑文】高邑风俗，天旱祷雨，名曰旱水，又曰官水。旱水者，因旱祷雨也；官水者，奉官祷雨也。邑内旱水有五，朴村其一。大旱之岁，遵邑令文票，往羊头山祷雨，路过团池乡，旧有待饭之规。乃是父老传言，实无考据。五十六年岁则大旱，适朴村祷雨于羊头山，七月初十日夜宿三角村，十一日早晨到团池炎帝庙。村中公议，待以水、米粥饭一顿。社首、乡地恐年远日久，再有此举。伊或任意求索物件，吾村中亦不知有待饭之规，易欲滋事，故勒石以告来者。若伊自为祷雨，非奉邑官文票，路经此地，并无待饭之规。是为记。

乾隆五十六年团池村公立

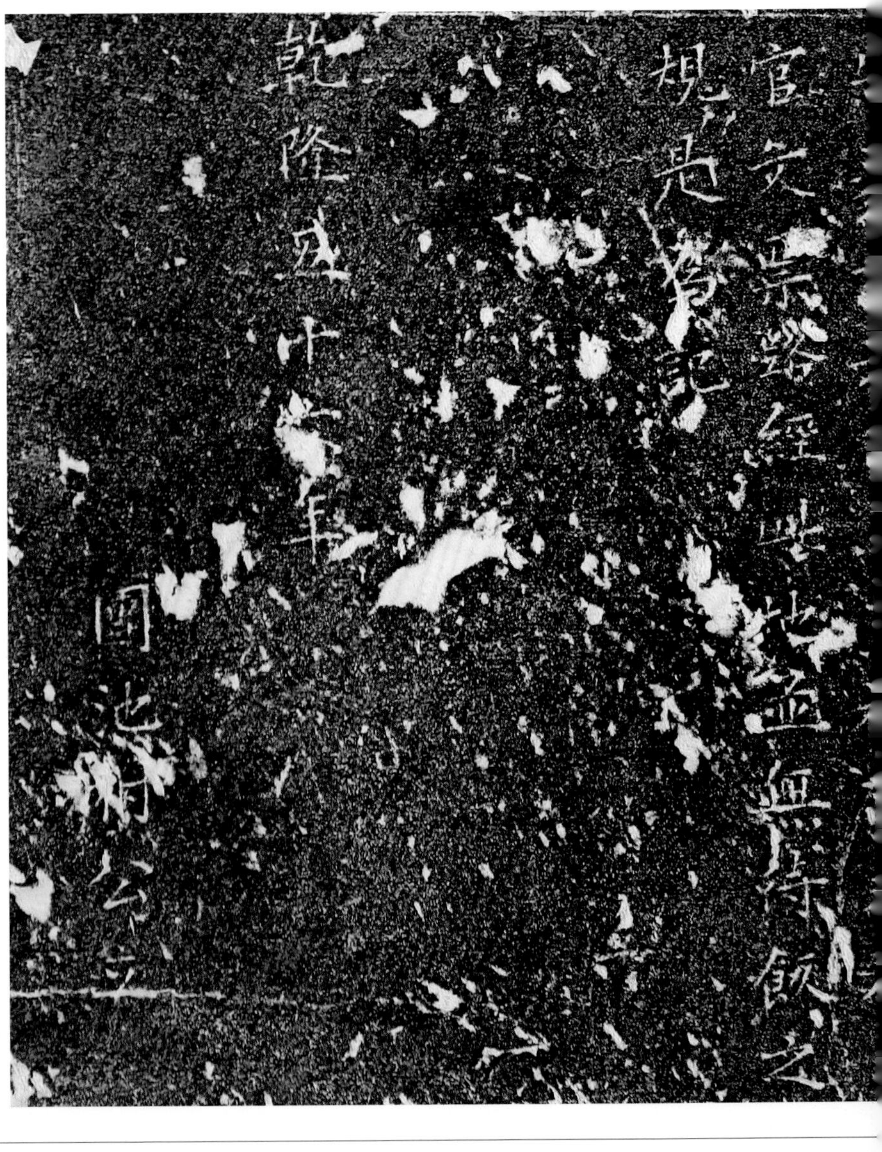

圖池村待朴村[illegible]禱雨[illegible]等修[illegible]碑記
高邑風俗大旱禱雨名曰旱水
又曰官求旱水者因旱禱雨也
官求者奏[illegible]禱雨也邑內旱水
有五村共[illegible]旱之歲遵邑
令之天票往羊頭山禱雨路[illegible]圖
池村舊有待飯之規迺是先老
傳言實無考據五十六年歲則
大旱适朴村禱雨於羊頭山七
月初十日夜宿三角村十一日
早晨到圖池於帝廟村中公議
待以米粥飯壹頓社首鄉地
恐年[illegible]日久[illegible]有[illegible]舉伊或任
意求索物件吾村中亦不知有

重修炎帝庙歌舞楼碑记

【简介】勒石于民国四年（1915），现存高平市神农镇团西村炎帝庙内。碑身首一体。碑首圆形，镌刻有牡丹等花卉图案。通高170厘米，宽46厘米，厚20厘米. 碑文记录了矗增福、闫永潮、吴继周等人捐资重修炎帝庙歌舞楼事。碑面文字不完整，部分文字被磨损。

【碑文】尝闻指后学之津梁，创百代医方之祖，辨嘉禾于草木，浚□□□□□之源，陈俎□□□□年□古为□演□□酬□□□□始然于以知庙之有歌舞楼也由来久矣。斯楼也，不知经□□□□□□代□□□□□□□□□□□□□□□以□□壁顷圮□□□□□且形質土茅，局势卑狭。目前清光绪丁丑间业已去其旧□□□□□□□□□□□□□□□□□□□□多□□□遂□□于战水□石寒晏子裘卅年不动，安得钟警锣振，扬州梦一觉方回不□□□□维首等，前志重□热心□□□□新模仍循旧址兼之寝殿□星群庑筛，月草蔓荒，□□穿破壁，伤心惨目如憬疾首，□□□□谋俭同，遂成接踵之义。所虑者，空囊无斧白手辜负赤心。殊不知众志成城，虽题翻为□事，于是石辞□□力□□□□□□富籍力农□然，后鸠二庀材，经营尽致。端于甲辰之春，峻事于戊申之秋。历时五载，费钱千缗，犹所谓为山九仞□□□□□□□诸□□有日□若湮没而弗彰。恐后起而无稽□適遊，略述其□□□善者之名姓表督事□□辛勤□□□□□□□□□□□□□□□不朽，沥为记。

师范□□国民学校教员前清邑庠生□□□祥臣民撰并书

督工维首：矗增福捐钱十千文、闫永潮捐钱二千文、吴继周捐钱二千文、部兰蘅捐钱二千文、闫 榜捐钱一千文、李国捐钱一千文、申福□□□一千文、闫□捐钱一千文、部 修捐钱一千文、闫 枏捐钱一千文、闫勤修捐钱一千文、张忠捐钱□□文、部正孝□□□□文、部枝云□□□□文、闫全顺□□□□□、部丕武□□□□□、部得山□□□□□

监理维首：杜学诗□□□□□、部楼孩□□□□□、闫□心□□□□□、杜英则捐钱五百文、温连生捐钱五百文、郭祯山捐钱叁百文、□起成捐钱五百文、苏同安捐钱五百文、郭五石头捐钱五百文

玉工暴福昌

木工苏永昌

大中华民国四年岁在旃蒙单阏次小阳月下浣谷旦仝刊

重修炎帝廟歌舞樓碑記

嘗聞指後學之津梁[illegible]首[illegible]醫方之祖辨嘉禾於草木[illegible]

始然於汾知瀾之有歌舞樓也由來久矣斯樓也不知經[illegible]

且形勢土[illegible]局勢卑狹前清光緒[illegible]丑開業已去其舊[illegible]

石基[illegible]井不動[illegible]衍[illegible]醫[illegible]揚[illegible]一覽有[illegible]

殿[illegible]星[illegible]師月草[illegible]荒[illegible]穿破壁傷心[illegible]目如[illegible]

殊不知衆[illegible]城難題翻[illegible]事[illegible]不[illegible]

竣事於戊[illegible]五[illegible]猶所[illegible]為山九仞[illegible]

適來遊暑述[illegible]者之名姓表明事[illegible]手助[illegible]

師範[illegible]國民學校教員[illegible]清

[illegible]請[illegible]余同遂成接[illegible]之[illegible]所居者空[illegible]無斧白手幸賴赤心

[illegible]錯分農[illegible]然後雄[illegible]材經營盡致肇端於甲辰之春

[illegible]著[illegible]有[illegible]若湮沒而弗彰恐後起而無稽

[illegible]不朽湔石為記

[illegible]祥臣氏撰并書

糾首

聶增福 捐錢拾千文

閆永潮 捐錢貳千文

吳繼周 捐錢貳千文

郜蘭蘅 捐錢貳千文

閆榜 捐錢壹千文

李國[illegible] 壹千文

申福[illegible] 壹千文

閆[illegible] 捐錢[illegible]千文

郜[illegible] 捐錢壹千文

閆[illegible] 捐錢[illegible]千文

閆勤修 捐錢壹千文

張[illegible]忠

郜正學

郜枝雲

閆全順

郜丕道

郜得[illegible]

杜學[illegible]

郜錫孫

閆克孝

杜英則 捐錢五[illegible]

溫連生 捐錢五百文

郭祿山 捐錢叁百文

郭[illegible]起成 捐錢五百文

[illegible]同好 捐錢伍百文

郭五石頭 捐錢五百文

石工[illegible]

木工[illegible]永[illegible]

大中華民國四年歲在旃蒙[illegible]次小陽月下浣穀旦仝刊

彩绘炎帝庙后院寝宫并玄武先蚕高禖诸配殿及东仓房碑记

【简介】勒石于民国十四年（1925）五月十五日，现存神农镇团西村炎帝庙。碑首缺。残高160厘米，宽50厘米，厚20厘米。碑文记录了郜奎元、郭仁、孙桢、牛仁等人为首捐资修葺玄武、先蚕、高禖诸配殿及东仓房彩绘炎帝庙后院寝宫之事。李克振撰文。聂安民书丹。碑身两边刻缠枝花图案。碑文保存完整。

【碑文】今夫神圣之施功德于人民也，降福消灾，庇佑之恩，无不相同。人民之致报酬于神圣也，岁祀建庙，尊崇之意，岂可或异。团池村西岗之上，建有炎帝庙，内外三院，中院为正殿与诸神配殿、库房；前院为舞台、禅房；后院为寝宫与玄武、先蚕、高禖诸神殿并仓房在焉；中院、前院各神殿与禅房。去年社首等，业已修葺，彩绘金碧辉煌，扶碑勒石矣。惟后院寝宫各殿，因一时财力不能并举，尚未及焉。然为人民之财力计，举事不可无先后。而以神圣之功德论尊崇，不可有异同。兹者，各社首邀同村长、副闾长等，募化资财，经理工程，继续前事。将后院正北炎帝寝宫三楹，绘像增彩；东北玄武殿三楹，西北先蚕殿三楹，正西高禖祠三楹并东仓房三间，均加绘增彩，焕然一新，与中院、前院无异，以表人民对于诸神圣同一尊崇之意。虽有先后之殊，而无异同之别也。去年，社首等中院、前院工竣勒石也，伊村聂先生敬堂者，曾嘱余为序以纪之。兹者执班维首等，复竣后院之工，又将勒石，复嘱序于余，余因再为志之。

前清邑庠生、师范毕业、现充公立育中高等小学校教员李克振撰文

省立四中学校毕业、前充县立第八高等小学校教员聂安民书丹

（以下为捐款者姓名部分，略）

中华民国十四年五月十五日刊

彩繪炎帝廟後院寢宮並玄武先蚕高禖諸配殿及東倉房碑記

余夫神聖之施功德於人民也降福消災庇佑之恩無不相洞人民之致報酧於神聖也歲祀建廟尊崇之意豈有或異圜□村西崗之上建有炎帝廟内外三院中院為正殿與諸神配殿庫房前院為舞臺禪房後院為寢宮與玄武先蚕高禖諸神殿並倉房在焉中院前院各神殿與禪房去年社首等業已修葺彩繪金碧輝煌□按碑勒石矣惟後院寢宮各殿因一時財力不能並舉尚未及焉然為人民之財力計舉事不可無先後而以神聖之功德論尊崇不可有異同茲者各社首邀同村長副閭長等募化資財經理工程繼續前事將後院正北炎帝寢宮三楹繪像增彩東北玄武殿三楹西北先蚕殿三楹正西高禖祠一楹並東倉房三間均加繪增彩煥然一新與中院前院無異以表人民對於諸神聖同一尊崇之意雖有先後之殊而無異同之別也去年社首等中院前院工竣勒石也伊村聶先生敬堂者曾囑余為序以紀之茲者執班維首等復竣後院之工將□□復囑序於余余因再為誌之

前清邑庠生師範畢業現充□□立育中高等小學校教員李克振撰文

省立第四中學校畢業前充縣立第八高等小學校教員聶安□書丹

經理募化人……

中華民國十四年五月廿五日刊

琉璃屋脊

琉璃屋檐

中村炎帝庙

中村位于高平市城北11公里处，属神农镇管辖。该庙坐北面南，创建于元大德年间（1297－1307）。庙院建筑规模较大，进深三院，占地面积747平方米。中轴线上有山门、舞楼、中殿、后殿，两侧有钟鼓楼、角楼、配殿、厢房、春秋楼、桓侯楼、耳殿等。现仅存中殿、春秋楼、桓侯楼，其它无存。

中殿建于高0.9米的台基上，面阔三间，进深七椽，前出廊，单椽悬山顶。殿内木樑架上绘有明代精美的沥粉贴金龙纹、麒麟纹等彩绘图案。

正殿

中村西社修舞楼碑记

【简介】勒石于清康熙元年（1662），现存神农镇中村炎帝庙。碑身首一体，石灰岩。高 132 厘米，宽 66 厘米，厚 21 厘米。碑文记叙了王国俊、郭从训共议重修舞楼事及布施人姓名、捐金数量等。碑首圆形，中间楷体镌刻“舞楼碑记”四字，两边线刻龙凤图案。郭御朝书，余蜀慕篆额，雕字匠郜尚良。碑保存完整。

【碑文】壬寅夏，予游中村炎帝庙，见庙貌巍焕，诸庙俱兴，乃重修南舞楼叁间，钟鼓楼二间，东西角楼四间，门楼三座，石梯数十层，增其旧制。乡之人嘱予作文以记之。予观中村胜状，对南山、临河汀、朝晖夕阴、烟火数百家，可谓和乐者矣！予问庙之旧制，仅有基址数间，其门道往来，规模湫隘，卑甚小甚。有西社首事王国俊，有东社郭从训，狭小前人之制，而为一廓之谋，倡率西社，共为义举。男捐金，女施珥。梓材丹雘，充栋而足。人乐起事，不逾年而告竣。自建之后，规模宏敞，较之旧制，而增数倍。因其基址若舞楼、钟鼓楼，皆从前之所未有，虽曰重修，实有创建之义焉。使人登斯庙也，则有心旷神怡，凭眺临风，其喜洋洋者矣！乐施好善，微西社人，吾谁与归。

前廪膳正贡生员高都余蜀慕篆额

北庄村郭御朝书

计开

（以下为捐款者姓名与钱数，略）

雕刻匠冯光秀

木匠郭应玺、郭应民

石匠秦自安

雕字匠郜尚良

先住持僧人性慧

后住持僧人照慧

大清国康熙元年岁在壬寅孟秋谷旦

中村西社三修舞樓碑記

壬寅夏予遊中村炎帝廟見廟貌巍煥諸[illegible]乃[illegible]修南舞樓叁間戲樓貳間東西兩樓肆間創建[illegible]樓[illegible]座石增數十層增其舊制[illegible]

予作文以記之予觀中村勝狀對南山臨河[illegible]百[illegible]奇[illegible]者矣[illegible]制在存基址數尺其門道雖[illegible]模狹隘卑甚小甚有[illegible]

社首事王國俊有東社郭從詡從[illegible]之[illegible]西社共[illegible]義舉男[illegible]而足人[illegible]甚速不踰年而[illegible]

規模宏[illegible]較之舊制而增數倍因其[illegible]址[illegible]未有[illegible]人[illegible]則有[illegible]神[illegible]振[illegible]風[illegible]洋洋光矣

樂施姓[illegible]西社 吾誰與歸

[illegible]

刻匠高光秀施銀五分

木匠郭[illegible]施銀五分

[illegible]匠[illegible]

住持僧人[illegible]性慧

後社住持僧人照慧

大清國康熙元年歲在壬[illegible]旦

合社全立

创修春秋楼桓侯楼迁移牛王神像补修各殿宇碑记

【简介】勒石于清乾隆四十一年(1776)，现存神农镇中村炎帝庙。碑身首一体，石灰岩，高218厘米，宽61厘米，厚19厘米。碑文记叙了在炎帝庙后院东西空基地创建春秋楼、桓侯楼和补修殿宇，于村南观音坡创修舞楼、戏房事，以及维首、布施人姓名等。碑首圆形，用减地平剔法镌刻二龙戏珠图案，碑身周边刻缠枝花图案。康世德撰．郭文炳书丹。碑保存完整。

【碑文】盛衰关乎气运，兴废视乎人事。盖天运循环，盛衰不常而修举齐□，则人事大可为也。村旧有炎帝庙，创于元大德年间。厥后，每有补修，悉勒碑志事，以示考焉。然皆因陋就简，旋修旋蔽，以至相沿既久，垣颓簷坠，瓦裂□崩，其颓圮荒凉，不堪入目。村之善信，见而生感曰：是不可不有以重葺之也。然重修之举□，皆因前事而无所加，尤当酌前事而善其制。兹庙之工，于前制之未尽善者，悉有以更正之则虽曰：因而未尝无所创也。庙旧有关圣帝君殿，居大殿之东隅，为殿三楹，规模狭隘，前人因之，未尝改也。夫帝之威灵昭万古，庙貌盈天下而祀之，不得其地非所以重神明也。因庙工之兴，首及是务，募于村众。共得金若干，鸠工庀材，经始规度，庙之后院东西有空基二所，于东营春秋楼三楹，旁翼以耳楼二楹，移帝像于其上，而以前所祀帝之庙，迁牛王神像于其内。其西楼亦相继增建，如东楼制。而以桓侯配之。盖以当年与帝一德同心，辅佐炎汉，其享祀宜与帝同也。独是帝像既移棲，神得所也。而环顾群庙，可听其残缺漫漶哉。由是于前所捐输布施外，复照数加增以助工费，挨次修补。上自墙垣，下及堦砌，其间斜者正之，倾者易之；剥落者彩绘之，不独此也。村之南山有观音坡，昔人屡有增修。而舞楼未建，殊属遗憾。爰建舞楼三楹，戏房三间、厂棚二间，盖一举而无不举也。工始于乾隆三十五年冬十月，于乾隆四十一年春三月告竣。是役也，首事诸公，因募不敏，皇从事而晨夕，督役众工，指示兴作，数年来无一刻稍懈者，则秀庵郭公一人之力居多。夫董事者，积岁勤劳，而无所私。村之人输将恐后，而无或怨，使无所托以传诸后则无以为作善者，劝余适馆于兹，郭公子竣与秀阁公恳余为记，余思庙社之建，春祈秋报，为民禦灾；捍患计也。今悉为修理而栋宇巍焕，垣墉峻整，祀神有所□容、有所丹碧金漆之光，照耀耳目。村之人，岁时祭享，永荷神庥，岂非一大快事哉！爰为述其颠末如此。

长子县儒学廪膳生员康世德撰

邑庠生郭文炳书

众首事捐施银两列后：

总理监生郭有成施银一百八十两、经理监生郭三俊二十两、监生郭勉四十两、各社分理监生□创业四十两、王琳四十两、王连禄一两、郭正伦十四两、王振辅四两、王永发六两、郭三重十两、郜世昌四两、郭有仁六两、郭三信二两、郭进润四两、郭发起四两、李生信四两、郭运隆二十两、孟显发十六两、杨正江六两、王念恒六两、王冬苓二两、周荣起一两、王锁二两、王自盛一两、王国荣二两

壶关县王景福施银五钱、城中李延镜一两、永禄村王克有一两、观音坡住持□□丘寂观五钱、邢村李育民五钱

大清乾隆四十一年岁次丙申孟秋谷旦合村善信仝立

碑阴内容（略）

創修春秋樓
大清乾隆四十一年

中村炎帝大社整理观音坡地界及主权碑记

【简介】勒石于民国八年（1919）十月，现存神农镇中村炎帝庙。碑身首一体，石灰岩，高 212 厘米，宽 68 厘米，厚 20 厘米。碑文记录了中村宁静观炎帝庙有关寺庙的主权条规。碑首圆形，用减地平剔法刻有童子、旗、标语、房屋、花卉纹等图案，碑身两边刻神仙、花卉、花瓶、等纹饰几何图案。申筵撰文，王绍通书丹。玉工王林章、王双成。碑保存完整。

【碑文】中村宁静观，即炎帝庙，为一村主庙。鹿野园，即观音坡，为一村主山。统属阖村十小社及西沟一小社。凡主庙、主山之事，十一社共相辅助，而观音坡山中之木，惟主庙、主山之工得砍伐使用，十一小社不得妄动。即在山种地之户，亦只许耕田，不许轻动树株。所以，培林木而杜争端，古人用意至深远也！西沟去中村最近，仅一河之间，相距不及百步之遥。昔时，原无西沟之村，因中村西偏，居民屡受河患，遂移河西建房居住，名曰西沟，渐成聚落。故凡西沟之地，属主庙统管。西沟之民，遵主庙约束。主庙主山，一切事务，十一小社，踊跃从公。盖所谓守望相助，而出入相友也。及前清光绪初年，大祲频仍，人物凋谢，社务废弛耳。后重立社约，整理地亩，西沟民户不愿附属，议论自立新社，不受主庙统辖，凡主庙、主山公务，西沟概不辅助。主庙首事诸人，竭力劝阻，无法挽回。惟中村十小社中，凡遇主庙、主山之事，向属西沟助役者，至今概不承办。必使主庙主山自觅工徒，虽资仍出自阖村，而事必属之主庙、主山，指去一截，连山及树，自立新契，随其地亩，一并售出。八年春日，西沟社赴山修理树株，中村始悉情由，阖村民众，共起干涉，致兴大讼，邑中绅董数位，不忍坐视，出为调处。公同议论，守旧日之成规，整先民之矩范，务息事而宁人，睦乡田之同井，仍令卖主将山退清，并婉劝西沟社，将所买地亩，让归中村。鹿野园，西沟社得原买地价而去。凡主庙主山权利，西沟社仍照旧，概不过问。从此安睦，永免膠葛。遂勒规条，以垂永久。是为记。

一本山树木，仍照古规，只许主庙主山修功德用，不许各小社私用一株。

一无论本村、外村花户，凡在本山有地之家，仍照古规，只在山耕地，不许砍伐树株。

一各小社如有公项在山买地者，亦只许耕田，不许妄动树株。

一各小社在主庙主山尽有义务者，许享主庙主山权利。不尽义务者，不许享主庙主山权利。

以上四条，各小社及花户须永远遵守。

县立第一高等小学校教员邑南崔庄申筵撰文

师范最优等毕业生王绍通书丹

绅董清例授徵仕郎候选直隶州州判恩贡生田凝旭、清例授修职郎候选儒学训导岁贡生何汝愚、清例授修职郎候选儒学训导附贡生孟邦基、清例授登士郎河南即补县丞庞钧

经理维首王全宝、王绍通、郭其祥、王根昌、郭临川、郭来生、王宝顺、王元和、郭奠邦

管帐暴丹桂

宁静观住持李山月

鹿野园住持李福有

玉工王林章、王双成仝勒石

中华民国八年岁次乙未孟秋上澣谷旦

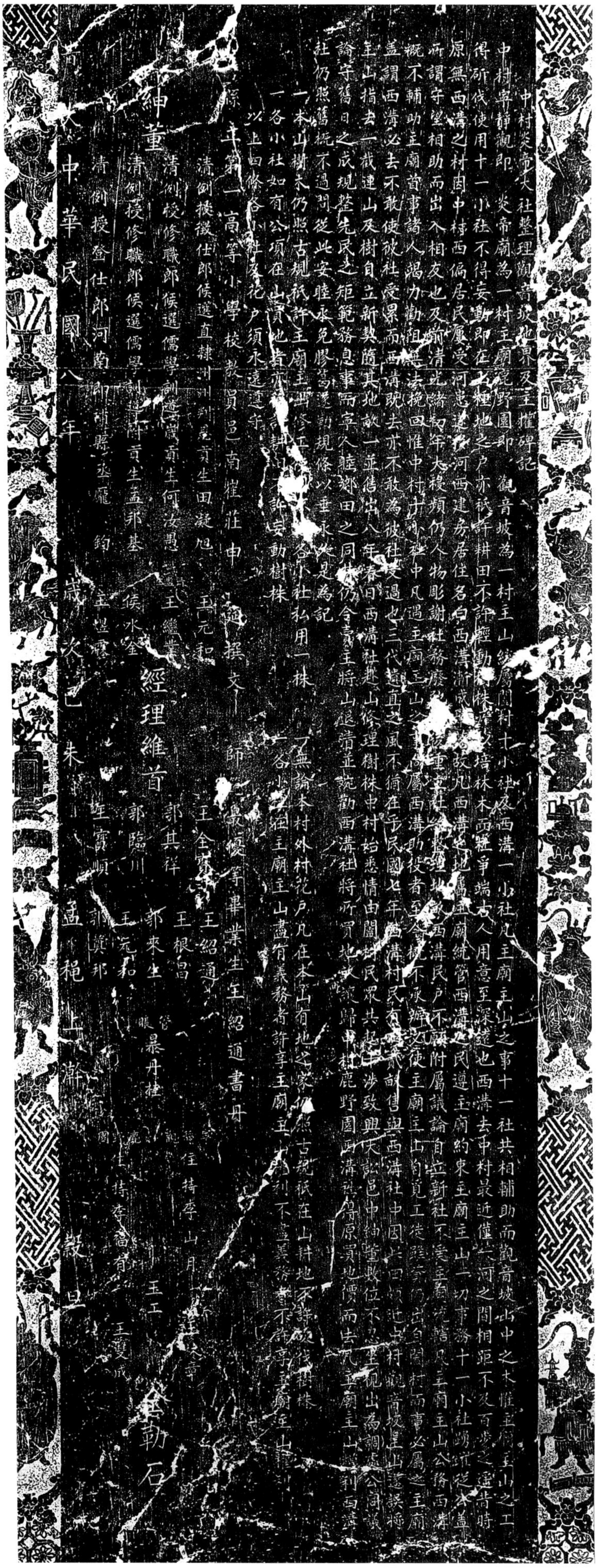
中村炎帝大社整理觀音坡地界及主權碑記
中村寧靜觀即炎帝廟為一村主廟花野園即觀音坡為一村主山統屬閤村十一小社及西溝一小社凡主廟主山之事十一社共相輔助而觀音坡山中之木雖主廟
得所伐使用十一小社不得妄動即在主權地之戶亦祇許耕田不許輕動樹株以培林木而杜爭端古人用意至深遠也西溝去中村最近僅一河之間相距不及百步
原無西溝之村因中村西偏居民屢受河患遂移河西建房居住名曰西溝漸成村落故凡西溝之地屬主廟統管西溝之民遵主廟約束主廟主山一切事務十一小社踴
所謂守望相助而出入相友也及前清光緒初年大祲頻仍人物彫謝社務廢弛重立社整理地畝西溝民戶不願附屬議論自立新社不受主廟統轄凡主廟主山
概不輔助主廟首事諸人竭力勸阻無法挽回惟中村十一小社中凡遇主廟主山之事屬西溝助役者至今概不承辦以致使主廟主山自覓工徒經營仍出自閤村而事必
蓋謂西溝必去不敢使彼社受累而西溝既去亦不敢為彼社受過也三代遺直之風不猶在乎民國七年西溝村民有地貳畝售與西溝社中因此地近中村觀音坡主山遂
主山指去一截連山及樹自立新契隨其地畝一並售出八年春由西溝社趙山從理樹株中村始悉情由閤村民眾共起干涉致興大訟邑中紳董數位不忍坐視出為調
論守舊日之成規整先民之矩範務息事而寧人睦鄉田之同井仍令出主將山退清並婉勸西溝社將所買地畝讓歸中村花野園西溝社得原買地價而去凡主廟主山
社仍照舊概不過問從此安睦永免膠葛遂勒規條以垂永久是為記
一本山樹木仍照古規祇許主廟主山修工用各小社私用一株
一無論本村外村花戶凡在本山有地之家仍照古規祇在山耕地不許砍伐樹株
一各小社如有公項在山買地者亦許耕不許妄動樹株
一各小社准主廟主山盡有義務者許享主廟主山利不盡義務者不得享主廟主山
以上四條各小社及花戶須永遠遵守
邑庠生第一高等小學校教員邑南崔莊申鴻撰文
師範最優等畢業生王紹通書丹
紳董
清例授徵仕郎候選直隸州州判恩貢生田凝旭
清例授修職郎候選儒學訓導歲貢生何汝愚
清例授修職郎候選儒學訓導附貢生孟邦基
清例授登仕郎河南即補縣丞扈鈞
經理維首
王元和 王全寶 王紹通 王根昌
王繼業 郭其祥 郭來生 暴丹桂
侯水全 郭臨川 王元君
王煜霆 王寶順 郭冀邦
住持李山月
李福有
玉工
王雙成
勒石
中華民國八年歲次己未孟秋上澣穀旦

木雕

门饰

西沙院村炎帝庙

西沙院，亦名凤凰村，位于高平市城北 13 公里处，属神农镇管辖。这里地处丘陵，村子坐落于羊头山脚下，炎帝庙创建年代不详，坐北面南，二进院落，占地面积 1000 余平方米。中轴线上有舞台、过厅、正殿等主体建筑，两侧有配殿、耳殿、看楼。

正殿居于庙院的后部，面阔三间，进深四椽，硬山式屋顶，灰脊，阴阳合瓦。清道光三十年（1850）《创修戏室碑记》曰："吾乡吾县之北，村之南，旧有炎帝庙，春祈秋报。神灵既妥，陈俎设豆，民情亦伸。"

戏楼

重修关帝庙高禖祠碑记

【简介】勒石于清乾隆二十四年（1759）八月十五日，现存神农镇西沙院炎帝庙。碑身首一体，碑首圆形，石灰岩。碑高173厘米，宽50厘米，厚20厘米，碑文记录了西沙院村重修关帝庙、高禖祠事，以及维首人姓名等。楷体竖书。碑首用减地平别法刻龙、祥云图案，碑身两边刻花卉、几何纹图案。王瀛南撰文。碑保存完整。

【碑文】尝闻，莫为之前，虽美弗彰，莫为之后，虽盛弗传。以是知建功立业，固贵有创造者之振作于始，又贵有继起者之奋兴于终也。凡事皆然，况建庙崇神之大乎！余偶客斯地，见有炎帝庙正殿一座，巍巍荡荡，由来久矣。勒之碑石，知为重修。更有东西殿二座，焕然维新。观其外，跂斯翼而矢斯，棘斯而翚斯飞。观其内，金光凝而碧波映，素质贲而彩色鲜，肝衡者久之。邑民语余曰："此重修古关帝庙、高禖祠是也。"余喟然叹曰："是庙也，值四壁倾颓之秋，为踵事增华之举，土木之费，砖石之资，施金施珥，鸠工庀材，不知凡几而后成此巨观。猗欤休哉，真盛祀也。里人之构造若此，可无学士之表章乎？"邑人父老，咸嘱余作文以志之。余不辞固陋，为之记曰：环区皆山也，其西北诸峰，林壑尤美。望之蔚然深秀者，首羊山也。山行二三里，渐闻水声潺潺，夹出于两峰之间者，源泉水也。高岸棘起，临水而面山，云雾山岫，松柏丸丸，殿宇巍峨，诸神辐辏者，诚风气聚会之隆址也。所以免累□之危，措泰山之安，使古庙之灵爽不至废坏，后人之祈祷长发其祥者，实闾里之拮据。善信之捐资重修使然也。重修之所系，岂浅鲜哉！聊陈俚言，以志不朽云。

古黎国邑庠生王瀛南谨撰

维首杜美、杜肇珩、杜肇基、杜弘展、杜江、杜芳、杜奇美、周文德、杜学佺、杜贵麒、暴万昇、暴伦、暴重

乾隆二十四年八月十五日勒石

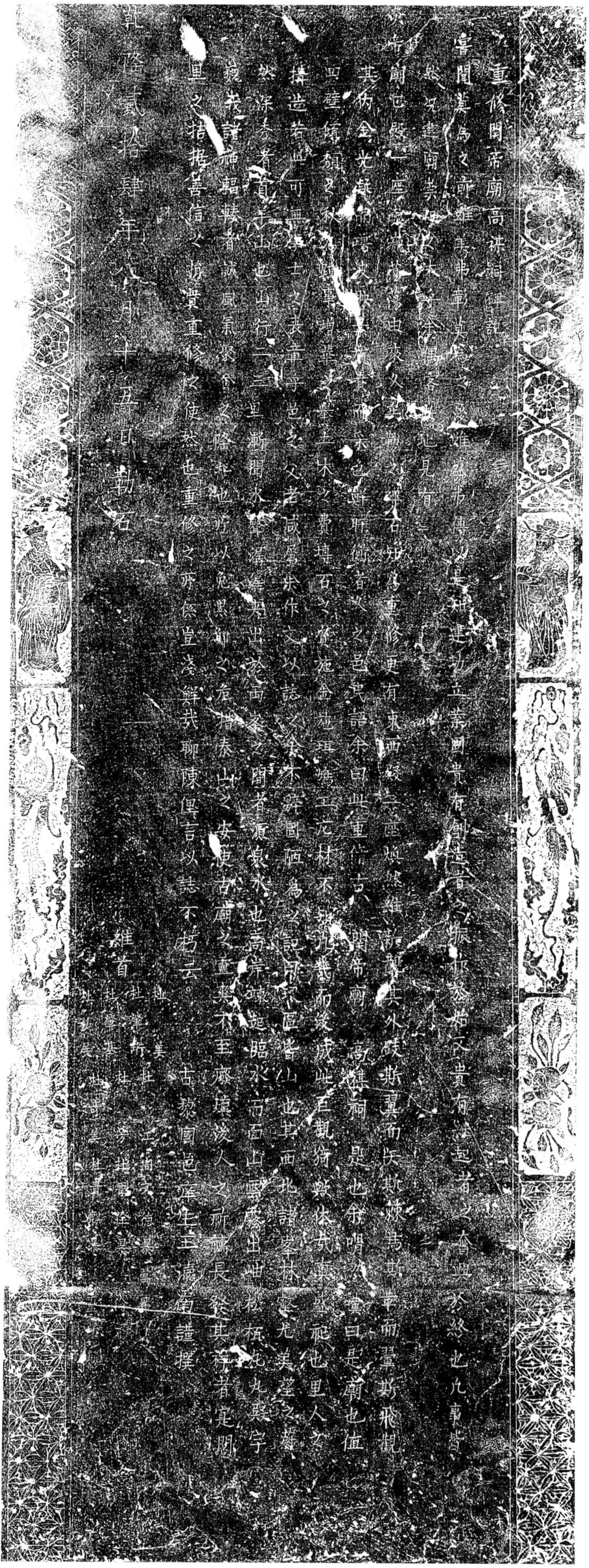
重修關帝廟高禖祠碑記
乾隆貳拾肆年八月十五日勒石

创修戏楼并两廊以及重瓦大殿记

【简介】勒石于清乾隆五十四年（1789）十一月二十日，现存神农镇西沙院炎帝庙。碑身首一体，碑首圆形，石灰岩。碑高162厘米，宽50.5厘米，厚22厘米。碑文记录了社首暴耀宗、杜清泉等二十余人修戏楼、两廊并重瓦大殿事以及维首人姓名等。碑首用减地平剔法刻二龙戏珠图案，碑身两边刻花卉、几何纹图案。王梅松友氏撰文。碑保存完整。

【碑文】己酉岁，余馆于杜宅。冬，与太学生和菴公游于炎帝之庙。见其外院戏楼并两廊，金碧辉煌，灿然可观。余注目以之，和菴公曰："此皆近年新造也。"（缺）有□余而言者曰："先生之游乐乎？曷少憩焉。"遂邀坐于廊室。余□□其姓字，乃知其为邑之（缺）乎。而暴公曰："余何人也，敢擅斯美遡其始。"自昔人重修关帝庙与高禖祠时，已有其志。（缺）邑人苦□祀献戏，每遭风雨之变，造楼之念，勃然而兴。有□士杜性元者，□其机会□□□（缺）杜公也，勷其事者□□杜公也。其次，则妆资者有人，督工者有人。大社施银二百余两，喜吉社（缺）者，亦各以其姓出而效力。遂因昔人之基，造为戏楼三间，角楼四间，东西廊房各三间，迨其□（缺）公者。首倡请会之举，以备修葺之费。奈大功未成，而公与前之诸公，皆相继作古矣。迄于今（缺）之，慷慨乐施者，略请数家，然后丹青施彩，两院维新矣！是功也，起于庚子之秋，竣于己酉之夏。（缺）曰："天下事，靡不有初，鲜克有终。非前人，无以著若斯至绩，非公等，岂能成前人之志哉？"固宜（缺）所闻于暴公者，以祀其始末云尔。

黎邑增生王梅松友氏撰文

大清乾隆五十四年岁次己酉十一月二十日

维首暴振先、杜□茂、杜大吉、杜乾、杜式训、杜大士、杜镛、杜建奇、杜暄、杜俊、杜式英、杜嗣昌、李□□、周□□、杜□□

創脩戲樓并兩廊以及重修大殿記

己酉歲余館於杜宅冬與太學生和卷公遊於
炎帝之廟見其外院戲樓并兩廊金碧輝煌燦然可觀余詳問之和卷公曰此乃近年新造也
有僧余而言者曰先生之遊樂乎曷少憩焉遂邀坐於廊下余問其[illegible]此[illegible]之
乎而吴公曰余何人也敢任斯哉迺共始自昔人重脩
關帝廟殿宇高禖司殿也自其[illegible]
邑人每於祀以戲[illegible]風而之變豈非之人所然而亦有首士杜姓元者其札合[illegible]
杜公也勤其事者皆其杜公也其次則收[illegible]有人皆仿[illegible]有人大社施與一百[illegible]
者亦多以其性甚而劾力經因昔人之基造為戲樓三間角樓四間東西廊房各三間並其[illegible]
公者首倡請會之舉以脩脩葺之費奈大功未成而公先前之故公皆相繼作古矣迄於今
之慷慨樂施者畧有數家然後丹青施彩兩院維新矣是役也迎入其子之執[illegible]於己之
曰天下事靡不有初鮮克有終非前人無以啓若斯之規非後公等豈能成前人之志哉固宜
所聞於吴公者以誌其始末云尔

[illegible]邑增生王掄松友氏撰文

吴振先　杜乾　杜[illegible]　杜[illegible]　杜[illegible]

大清乾隆五十四年歲次己酉十一月二十日維首杜[illegible]茂　杜元訓　杜建吉　杜式英　杜周

杜大[illegible]　杜大士　杜　杜[illegible]　杜尚昌　杜

创修戏室碑记

【简介】勒石于清道光三十年(1850),现存神农镇西沙院炎帝庙。碑身首一体,碑首圆形。碑高202厘米,宽60.5厘米,厚20厘米。碑文记录了西沙院村集资修戏室及维首人姓名等情况。碑首用减地平剔法,中间镌刻寿星,两边童子仙鹤、祥云图,碑身周边刻八仙、花卉、几何图案。王廷俊撰文并书丹。碑保存完整。

【碑文】且天下无难为之事,而有不易集之财。惟财不易集,斯事因以难为焉。吾乡吾县之北村之南,旧有炎帝庙,春祈秋报。神灵既妥,陈俎设豆,民情亦伸。而当每岁献戏时,其如屋宇狭隘,何言念及此,父老咸为嗟叹。集众于庙,相与议之曰:庙貌虽巍,止以供祀,屋宇不增,优人奚容。于是夙夜踌躇,皆怀奋迅之意。朝夕图画,各具振兴之心。因择村中乐善之家,捐资输粟,以备造作。积财未久,众人相谓曰:资已蓄矣,粟已裕矣,戏室之工可,于是而兴矣。由是同心协力,鸠工庀材,增置暴姓堂房五间,地基一所,创修东房三间,西房三间,南房五间。是功也,起于乙巳之夏,不数旬内,骤然告竣。此其中人为之耶,抑神助之耶。斯时也,则见夫美哉轮焉,美哉兴焉。朝晖夕阴,气象万千,幽闲辽蔓,不可胜言,诚足以壮一村之观瞻,俾后世之颂美也哉。爰属余作文以记其事。余非能文者,不揣固陋,敢竭鄙诚。勒诸石以垂不朽云。

下太后学良辅王廷俊撰并书

经理维首杜英、杜滑、杜永德、杜嗣隆、杜恩荣、杜昶、暴致远、暴修工、暴贤源、暴福全、杜明、暴玉、周钧、杜贤

住持道人王来秀

玉工秦福德仝勒石

大清道光三十年岁次庚戌季冬之月谷旦

創修戲室碑記

且天下無難爲之事而有不易積之財惟財不易積斯事因以難爲焉吾鄉[illegible]縣之北村之南舊有

炎帝廟春祈秋報神靈既妥陳俎設豆民情亦伸而當每歲獻戲時其如屋宇狹隘何言念及此父老咸爲嗟嘆集衆於廟相與議之

曰廟貌雖巍止以供祀屋宇未增優人奚容於是夙夜躊躇皆懷奮迅之意朝夕圖畫各具振興之心因擇村中樂善之家捐貲輸

粟以備造作積財未久衆又相謂曰貲已蓄矣粟已裕矣戲室之工可於是而興矣由是同心協力鳩工庀材增買暴姓堂房伍間

地基壹所創修東房叁間西房叁間南房伍間是功也起於乙巳之夏不數旬內驟然告竣此其中人爲之耶抑神助之耶斯時

也則見夫美哉輪焉美哉奐焉朝暉夕陰氣象萬千幽閒遼敻不可勝言誠足以壯一村之觀瞻俾後世之頌美也哉爰屬余作文

以記其事余非能文者不揣固陋敢爲鄙誠勒諸石以垂不朽云

下太後學良輔王廷俊撰並書

杜英　杜嗣隆　暴致遠　暴福全　周鈞

經理維首　杜濬　杜恩榮　暴修工　杜明　杜賢

杜永德　杜昶　暴賢源　暴玉

住持道人王广来秀

玉工秦福德　仝勒石

大清道光叁拾年歲次庚戌季冬之月穀旦

一〇 邢村炎帝庙

庙门

屋檐斗拱

梁架彩绘

邢村炎帝庙

邢村位于高平市城东北 4.5 公里处，属三甲镇管辖。炎帝庙建于村西北高地上，创建年代不详。该庙坐北面南，进深一院，占地面积 988 平方米。现存正殿一座，其他建筑或改建或不存。庙院存碑碣二通。

正殿建在高 1.2 米的台基上，庄重稳健。台基的束腰处，雕刻有兽头、花卉等石雕制品。面阔三间，进深六椽，悬山式屋顶，筒板布瓦盖顶，灰脊。前檐廊深一间，檐柱为砂岩石，方形抹棱。通长施有大额枋，额枋上有斗栱六垛，无柱头斗栱，斗栱五踩双昂，平身科出 45° 斜栱。明间辟板门，两次间置直棂窗。从整个建筑形制特点来看为元代遗构，当属古刹，是炎帝文化重要的古建筑遗存。

正殿

无题碑

【简介】勒石于明宣德元年(1426)，现存三甲镇邢村炎帝庙。碑为长方形，石灰岩，长43厘米，宽25厘米。碑文记叙了北庄村民郭钦为父祷祝病痊，自建太子祠□座事。碑身周边镌刻缠枝花图案。碑保存完整。

【碑文】高平县邢村居人郭钦，伊父景昭遘疾日沉，朝不保夕，钦思罔极之恩，何以补报？仰天叩地，无所控告。于炎帝神农之祠，焚香祷祝，愿父病瘥，于自建太子祠□座。既而神昭灵贶，如祷病痊，父寿七十余岁而天年考终，皆神之保佑之惠也。今建祠既完，恭酬前愿。如此则神有所栖，人有所瞻也。

时宣德元年三月吉日

北庄施主郭钦、郭贵侄郭敢创建

石匠王□、王斌

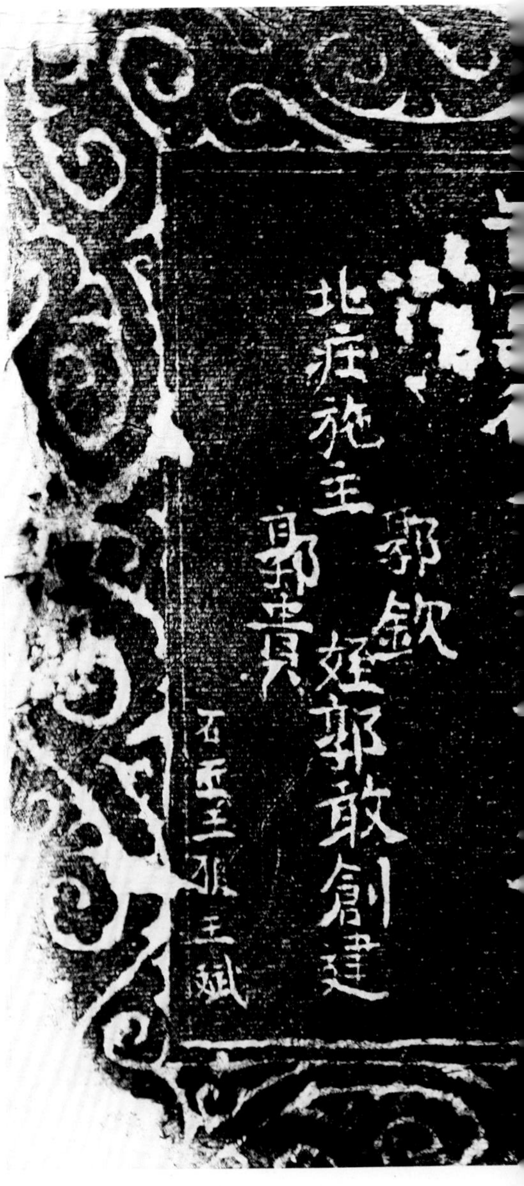

高平縣邢村居人郭
因伊父景昭遺疾日
沉輒不保夕欽思罔
極之恩何以補報仰
天叩地無所控告於
炎帝神農之祠焚香禱
祝願父病瘥於自建
太子祠[illegible]座既而神明
靈貺如禱病痊父壽
七十餘歲而天年考
終皆神之保祐之惠
也今建祠既完恭酧
前願如此則神有所
妻[illegible]

建立公输子神像碑记

【简介】勒石于中华民国二十一年（1932），现存三甲镇邢村炎帝庙。碑身首一体，石灰岩，高170厘米，宽50厘米。碑文记叙创立公输子神像事，以及布施人姓名。碑首圆形，镌刻牡丹花卉图案，中间竖刻“流芳百世”四个字，楷体。碑身两边刻缠枝花图案。邢培铎撰文并书丹。碑保持完整，碑面文字略有剥蚀。

【碑文】尝思从来莫为之前，虽美弗彰，莫为之后，虽盛弗传。余以知昔人创之于前，庙宇神堂广而盛，诚唯公输子神像缺而乏之，吾辈亦恐忘失，继乎其后也。吾村目前泥木良师繁纷，是前数年，诸公即有列立神像之意，众意未协，难以如意。切念至今，是有举而莫敢或废，及至今春，诸口口同乡附闾邻长会议言及创立公输子神像，众口一词，多，无不鼓掌赞成。庙居邑村之西北隅，古有炎帝圣庙一所，土地乎旷，远方旦周目观数里之奎，内有禅室三擅。诸公团体诚心在内创立神像，彩绘丹青，焕然一新，为三期之祭祀，振全体之精神，壮一村之瞻观，为村民之虔心，岂止妥神灵而已哉。所有兴工之费，诸公历年累积铜圆一百四十六千八百三十文，倘有不备，诸公各有荣施。为用是详实，列姓名如左，以志不朽，勒碑刻石，是为永远之记耳。

县立第三高级学校毕业现任长受乡副乡长邢培铎沐首撰并书

民国二十一年二月初五日吉立

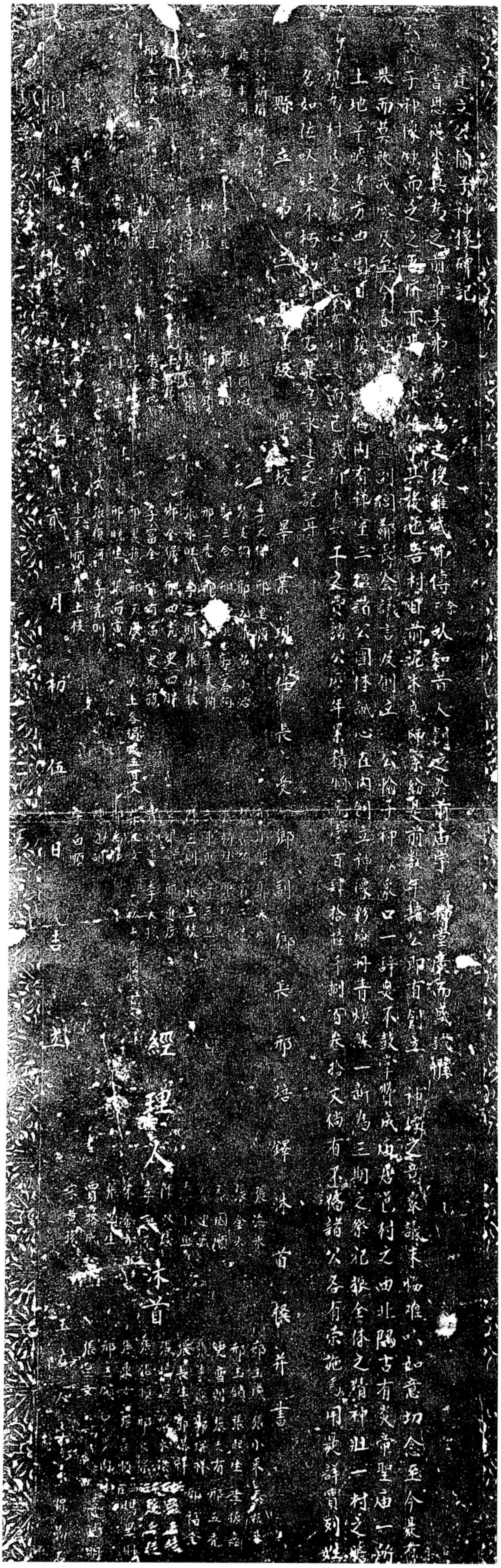

建立公輸子神像碑記

嘗思從來莫為之前雖美弗彰莫為之後雖盛弗傳余以知昔人創之於前古堂[illegible]榜堂廣而盛哉[illegible]

公輸子神像缺而[illegible]之之[illegible]亦[illegible]其後[illegible]吾村自前泥木[illegible]業紛是前數年諸公即有創立神像之竟衆議未協难以如意切念至今是存

典而莫敢或[illegible]及至今春[illegible]村[illegible]鄰長会議言及創立公輸子神[illegible]衆口一辞莫不鼓掌贊成庙居邑村之西北隅古有炎帝聖庙一所

上地平曠道方四周[illegible]内有禪室三楹諸公團体誠心在内創立神像彩繪丹青煥然一新為三期之祭祀狼全体之精神壯一村之瞻

視為村人之[illegible]心[illegible]而已哉[illegible]千之費諸公[illegible]年累積[illegible]百肆拾[illegible]千樹百叁拾文倘有丟遺諸公各有宗施為用誌詳貫刻姓

名如[illegible]以誌不朽[illegible]是為永遠之記耳

縣立[illegible]三[illegible]經學校畢業[illegible]鄉長[illegible]受[illegible]鄉[illegible]劉[illegible]鄉長邢培鐸沐首[illegible]撰并書

經理人[illegible]沐首

[illegible]國貳拾[illegible]年貳月初伍日[illegible]吉立

一一 三甲北村炎帝庙

外景

三甲北村炎帝庙

三甲北村，亦名三角村，位于高平市城东北 7 公里处，属三甲镇管辖。这里地处丘陵，小东仓河纵贯其境。炎帝庙建于三甲北村西北的高地上，创建年代不详，坐北面南，一进院落，占地面积 705 平方米，是三甲北村之古刹。明清两代均有修缮，现存建筑有正殿、戏台、配殿、耳殿、厢房、钟鼓二楼等，山门位于东南隅。

正殿建于高 0.4 米的台基上，面阔三间，进深六椽，悬山式屋顶，筒板布瓦盖顶。明万历三十一年（1603），《重修炎帝庙记》碑载：“炎帝之神，古来旧矣。其真灵，在泫氏之北，换马镇之南。”

正殿

无题碑

【简介】勒石于明万历二十八年(1600)，现存三甲镇三甲北村炎帝庙。碑为长方形，石灰岩，长48厘米，宽35厘米。碑文记录了三甲村王朝父子孙自己出资建阁事。碑保存完整。

【碑文】高平县徘徊西里三角村，新创宝阁，名曰“祖师”。夫神曰：乃镇北方玄武之位。职幽冥善恶之柄，司造化祸福之权，此神之至尊至正者也。本村王君朝谓其男义官守[业]并□曰：“吾村北王□山南登狼山，西有炎帝神庙□东地毕无依。尝则往矣，岂人君子？秉若修补高□四面有王村不口然称富足乎。吾素庇祖师神佑，宜建阁供养，以补风水。”之父子孙辈，遂欣然施财，不吝瓦、地基、土木之赞，尽皆出于自己，与乡人毫无籍焉。不交月余，而观厥成。诚有神欲助，往者不惟谓一家安宁，且谓一村获福，其后富足生，孰非神之显祐。□□□□□□□□施财，为首补修庙宇者，其功大矣，故功不可没，其村因请词篆石，永意为志耳。

万历二十八年四月十八日立阁

施主见堂父王朝、妻闫氏

男义官王守业、妻李氏

见堂姪母孟氏、孙王国栋、王国卿施地基王守村北一块

石匠王交宁

泥水匠李朝卿

木匠郭朝兴

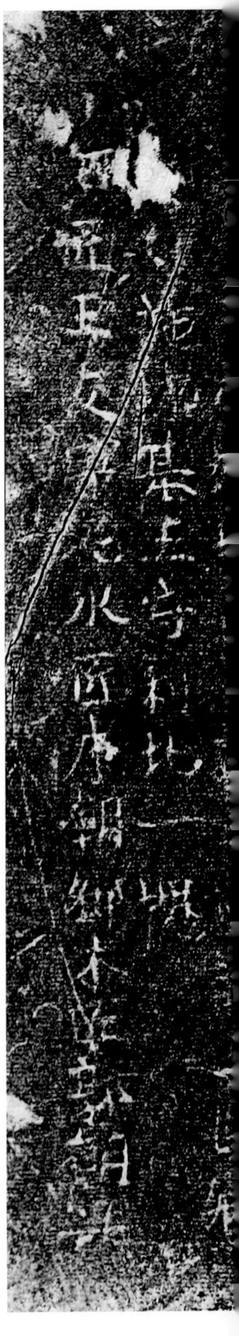

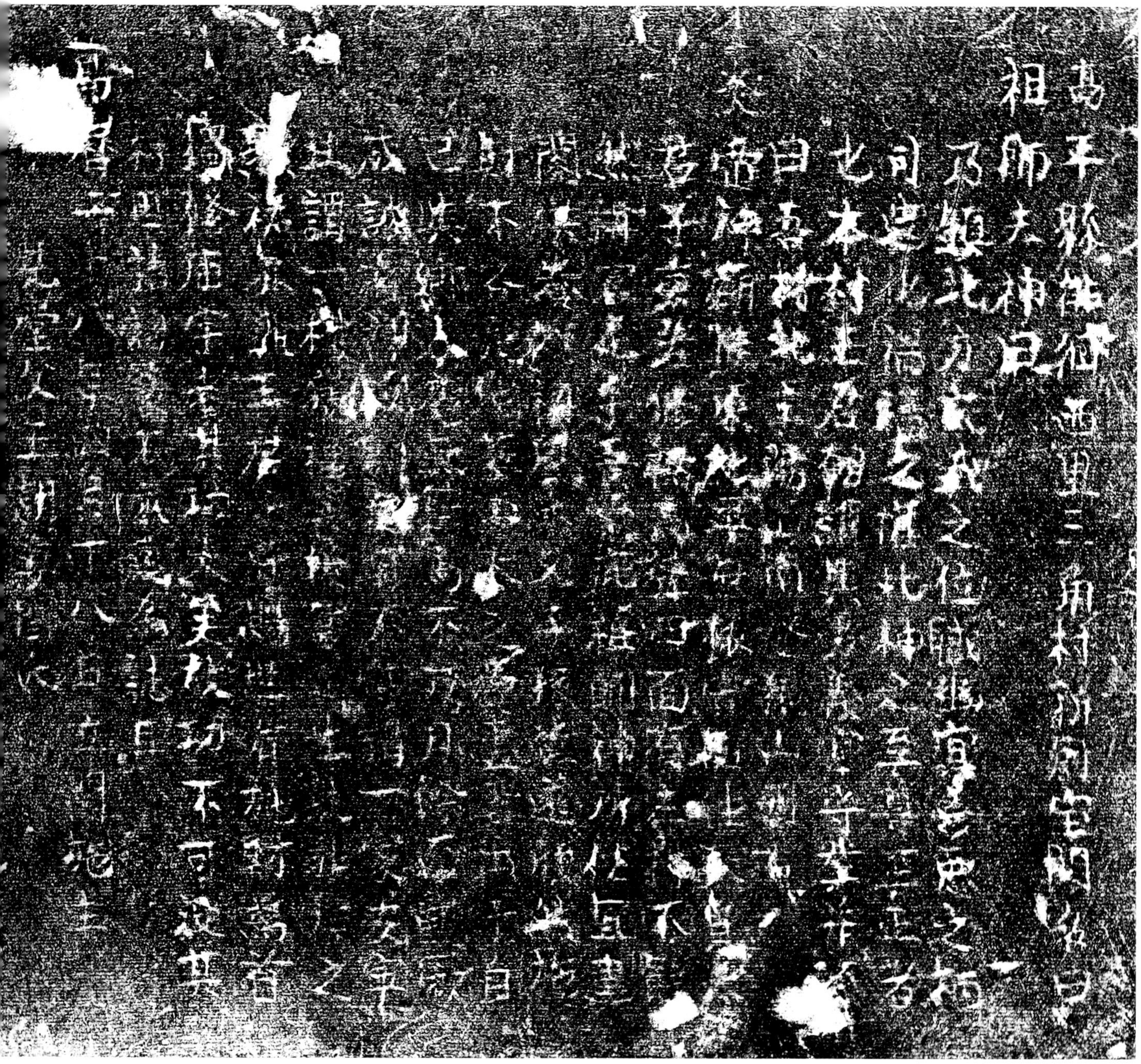

重修炎帝庙记

【简介】勒石于明万历三十一年（1603）孟冬二十一日，现存三甲镇三甲北村炎帝庙。碑为长方形，石灰岩，高 103 厘米，宽 62 厘米。碑文记录了炎帝庙自万历五年（1577）维修，而工尚缺，徘徊西里人王守业等捐资增修装饰丹彩事。李良相撰文，杜思明书丹。李汝山刊。碑保存完整。

【碑文】炎帝之神，古来旧矣，其真灵，在泫邑之北，换马镇之南。我泫累岁，时和年丰，人安物阜，赖神之功居多焉。以故邑侯，往往感其灵应，春秋两祀，岁不辍举，其图报意诚孔殷也。乃邑之北三角村，旧有炎帝古刹，岁月久而殿宇倾颓，风雨侵而神像剥落。诚积功累仁之君子，所不忍坐视其圮坏已者。自万历五年，本村众居士，虽尝兴工修补，而厥工缺略者，犹十之九也。时村之东，有王姓双楼，名守业者，徘徊西里人也。其先世多醇德，而公益好施，予喜修建，目击庙舍陵夷，与其姓国卿，虔诚施舍，同捐金增修其前工焉。重施金碧而复饰以丹彩。由是，补数兴衰，鼎新革故，而庙貌遂焕然改记矣。余于公相晤，尝游其地，目其力，究其自，则迹迹公与姪之力也，因载之石，以志不忘。

大明万历三十一年岁次癸卯孟冬二十一日立石

邑庠生李良相谨识

本村居士义官王守业，男王国栋、王国兴，姪男王国卿、王国旺，孙王小牌、王二牌

住持道士李通云等

刊字匠李汝山

画匠部应保

瓦匠李汝良

丹书杜思明

重修炎帝廟記

炎帝之神古來舊矣其真靈在泫邑之北換馬鎮之南
我泫民歲時和年豐人安物阜頌
神之功居多焉以故
邑侯往往[illegible]應春秋兩祀歲不輟舉其圖報之
意誠孔殷也邑之北三角村舊有
文帝之[illegible]炎而[illegible]風雨侵而神像剝落誠
精靈[illegible]之者于[illegible]不[illegible]土視其地[illegible]之者自
萬曆伍年本村寨君士[illegible]當[illegible]工修神而竣工之
然寨者猶十九也時村之東
有王姓雙槐名守業者係佰西里人也其
先世多[illegible]施而公益好施子孫各修建自擎廟舍[illegible]
夫其姪國渭度誠施合同省令增修其前工焉
重施公捐而復繪以丹彩而是神數與表異
故而
廟貌遂[illegible]公相晤嘗遊其地目
功完其[illegible]與竣之力也因載之石
以志不忘

大明萬曆三十一年歲次癸卯孟冬二十一日立石

邑庠生李良相謹識

本村人士 王國[illegible]

義官 王守業 男 王國[illegible]

王國[illegible] 王國[illegible]

孫 王小[illegible] 王[illegible]

本村道士李通雲等

刻字[illegible] 李[illegible]山

三甲北村补修炎帝庙碑

【简介】勒石于清顺治十八年（1661），现存三甲镇三甲北村炎帝庙。碑身首一体，石灰岩。残高118.5厘米，宽46厘米。碑文记叙了三甲北村炎帝庙年深倾损，两村信士于清顺治十八年（1661）补修正殿、塑画神像事，以及布施人姓名。碑首残缺，碑身两边刻缠枝花图案。碑残损，碑面部分地方略存磨损，部分文字损毁。

【碑文】帝之神，由来远矣。大凡闾阎之日用饮食，无思不报。感其树艺五谷，开民生粒食之利；亲尝百草、除斯口世困苦之坡灾。帝德巍巍，覆万国无知黎庶。所以，人心耿耿，酬百神有应元功。是以北三角村有古刹炎帝大庙。年深日久，风雨伤毁，貌像不堪。两村信士，安忍坐视其颓毁而不重修者乎？故自顺治拾年兴工修造，然其□□之□略者，犹十之九也。迄至十八年，首事究领完工，补修正殿，塑画神像，起盖舞楼，则庙貌遂涣然可观矣！于是将资舍信士，开列于后，并□落成岁月，因载之石，以志不忘云。

（资舍信士姓名，略）

画匠（略）

顺治十八年岁次辛丑庚子月吉日仝立

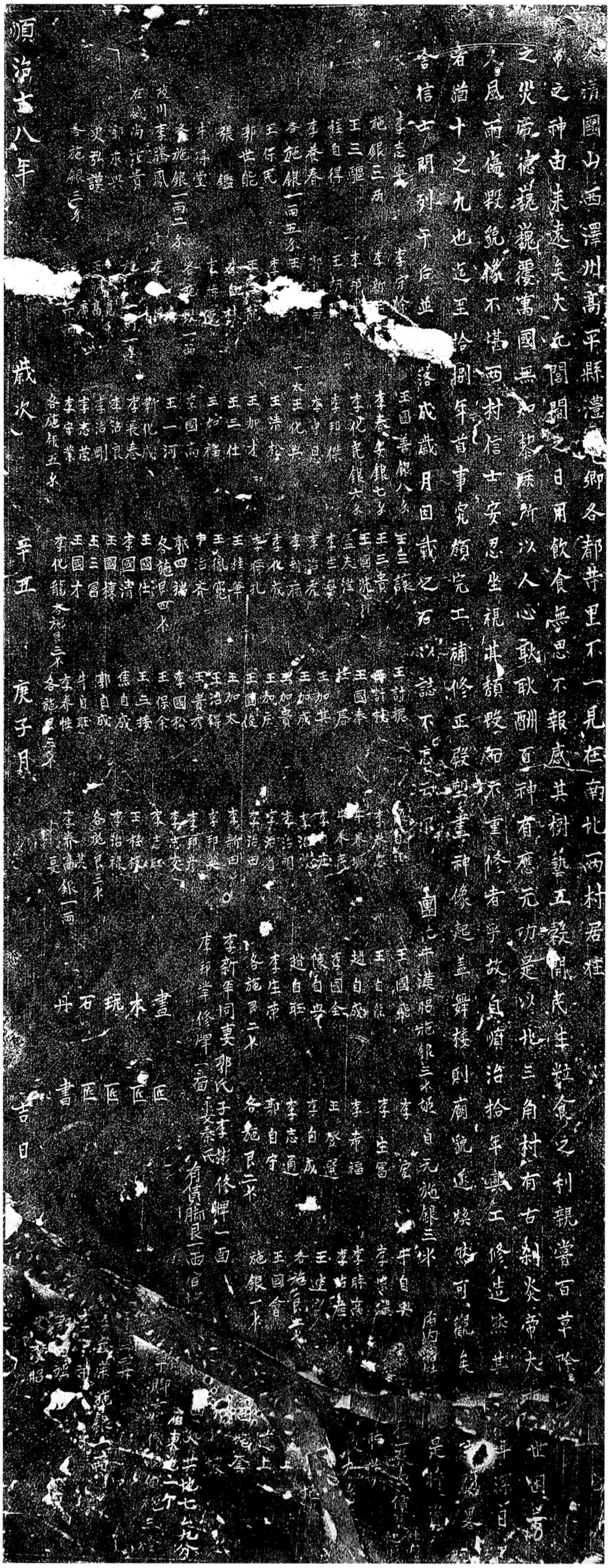
大清國山西澤州高平縣澧□鄉各都井里不一見在南北兩村居住

帝之神由來遠矣大凡閭閻之日用飲食無思不報感其樹藝五穀開民生粒食之利親嘗百草除[illegible]

之災帝德巍巍覆冒萬國無知黎庶所以人心敢耿酬□神有應元功是以北三角村有古剎炎帝大[illegible]

久風雨傷毀貌像不堪兩村信士安思坐視其頹毀而不重修者乎故鳩工修治拾年興工修造於其[illegible]

者猶十之九也迄至拾捌年首事究竟完工補修正殿塑畫神像起蓋舞樓則廟貌遂煥然可觀矣[illegible]

舍信士開列于后並落成歲月因載之石以誌不忘云爾[illegible]

畫匠

木匠

石匠

丹書

順治十八年歲次辛丑庚子月吉日

一二 徘徊北村炎帝庙

外景

戏楼

徘徊北村炎帝庙

徘徊北村位于高平市城东北 6.5 公里处，属三甲镇管辖。这里地处丘陵，土地肥美。炎帝庙建于村北的高地上。创建年代不详，坐北面南，进深一院，占地面积 1128 平方米。现存建筑有山门、正殿、东西配殿、厢房、钟鼓二楼等。

正殿面阔三间，进深四椽，单檐悬山式屋顶，筒板布瓦盖顶，琉璃脊饰，柱头斗栱五踩双下昂，现有建筑为明代风格。殿前有月台，高 1.4 米，宽 6 米，舒展宽阔。山门（亦称春秋楼），下为门洞，门额，题有“炎帝庙”标记。整个建筑巍巍壮观。

正殿

炎帝庙重修东廊记

【简介】勒石于明万历三十九年（1611）夏六月，现存三甲镇徘徊北村炎帝庙。碑为长方形，石灰岩，长73厘米，高39厘米。碑文记叙了史得林等人捐金伍十两修东廊八楹，以作祈报响赛宴宾之所事。碑身周边刻存花草纹饰。李嘉誉撰文，李梓芳书丹，李应米、李应善刊。碑保存完整。

【碑文】廊之创也，与庙并垂不朽。然而，岁久则圮矣。或再修，或再圮，以迄于今，不知凡几世，前人未之记也。第有废必有修，有堕必有举。固易理变通之道，亦人心好尚之机，若有待而然也。一日，恩荣寿官史得林，醇朴恭谨，雅志好修，见庙之就圮也，思欲维新之，乃纠□社友省祭李应元，义官朱应时，耆民孟治敖、史得冬、吴柏枝、孟朝宰、李国佩，同心协力，捐金伍十两有奇，改作八楹，以为祈报、响赛、宴宾之所。残壁断础，悉易以新；崇基峻宇，远胜于旧。鸠材僦工，不数月而告成矣。余与诸君，谊联通家，索言以记。窃见世之人，恒多厚自封，殖以阑亭庑于神庙，或不暇顾；即不然，则必假缘募以邀众，视神庙如筌如饵，惟以求遂其获而已。诸君独汲汲自役其财，以新一方香火共依之地，不亦可嘉可尚乎？遂不辞而为之记。

万历岁在辛亥夏六月吉旦

庠士名寰李嘉誉撰

后学圉麓李棕芳书

汤王庙前北一截，空地基四分，用价银十八两买死，永为迎神之所

僧慧隆

木匠孟汝岗、孟朝柱

瓦匠李汝强、李志深

玉工李应米、李应善

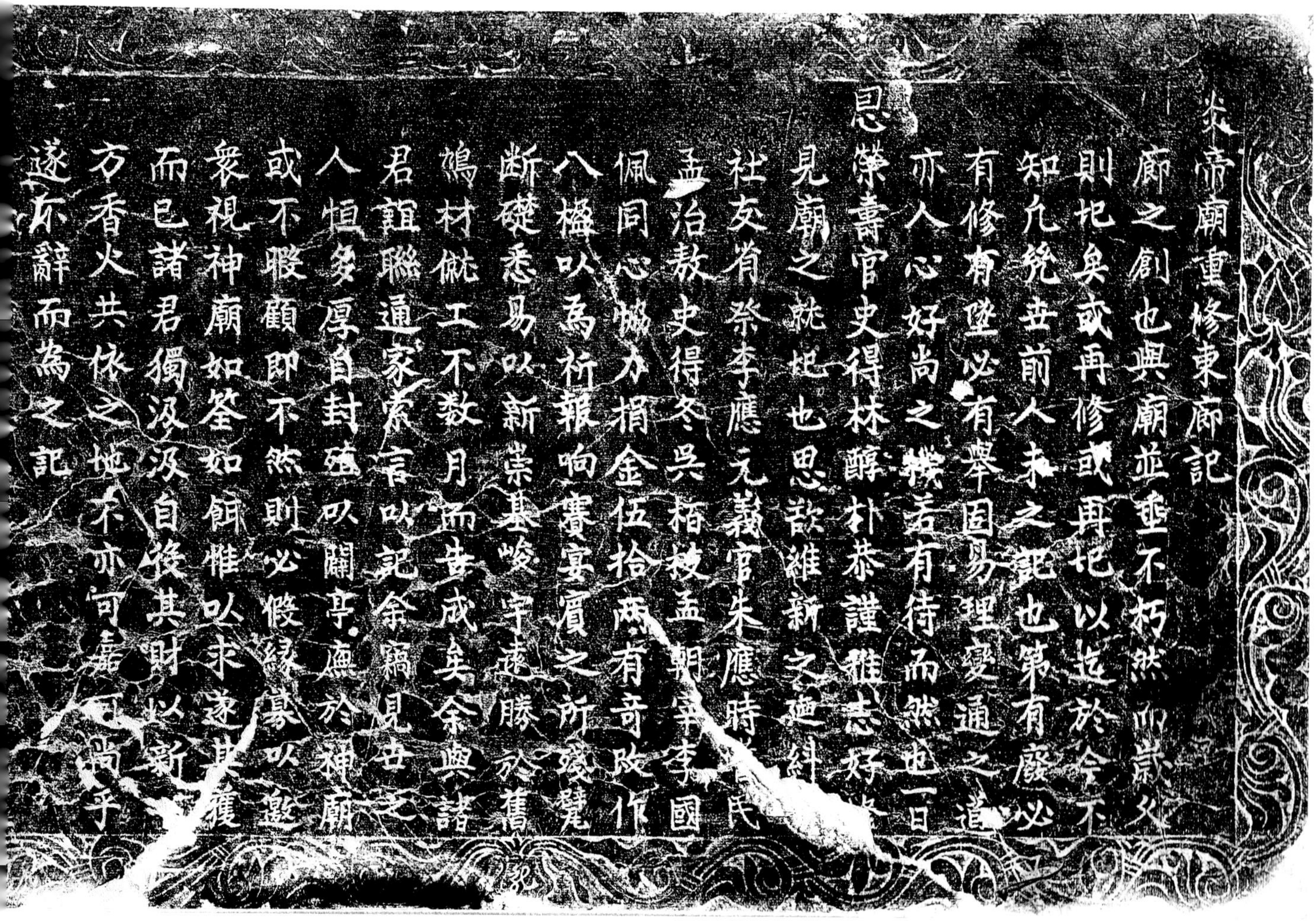

炎帝廟重修東廊記

廊之創也與廟並垂不朽然而歲久
則圮矣或再修或再圮以迄於今不
知凡幾毋前人未之記也第有廢必
有修有墜必有舉固易理變通之道
亦人心好尚之機若有待而然也一日
恩榮壽官吏得林醇朴恭謹雅志好修
見廟之就圮也思欲維新之邇糾
社友肴癸李應元義官朱應時[illegible]氏
孟治敎史得冬吳栢枝孟朝宰李國
佩同心協力捐金伍拾兩有奇攺作
八檣以爲祈報响賽宴賓之所殘甓
斷礎悉易以新崇基峻宇遠勝於舊
鳩材庀工不數月而告成矣余與諸
君誼聯通家索言以記余竊見世之
人恒多厚自封殖以關亭庶於神廟
或不暇顧即不然則必假緣募以邀
衆視神廟如筌如餌惟以求遂其獲
而已諸君獨汲汲自後其財以新
方香火共依之地不亦可嘉可尚乎
遂不辭而爲之記

补修西廊记

【简介】勒石于清康熙二十四年（1685），现存三甲镇徘徊北村炎帝庙。碑为长方形，石灰岩，长72厘米，高34厘米。碑文记叙了炎帝庙在村西将倾，同巷人输资财补修事，以及布施人姓名、银两等。碑身左右两边刻缠枝花图案，上下刻几何纹图案。史书记、住持僧人海意立石。碑保存完整。碑面有部分磨损。

【碑文】夫庙之有西廊也，原建于村之西头。刘家河为善长者。岁久风雨摧剥，攲侧欲倾，已历五载，水旱频仍，无力修整。至乙丑，渐不支。同巷之人，相聚谋曰：今不勉力，一倾，则木石、砖瓦，俱为粉碎矣！重修工大而费多，力之不胜，不几令前功尽弃哉？于是，纠集工匠而扶植（持）之，各输资财而补葺之。计所费银一十七两有奇。因志于石，以见同巷，相继为善，世世不绝云尔。施银名数列左（略）。

里人邑庠生史书记

住持僧人海意

皇清康熙二十四年乙丑六月吉日立石

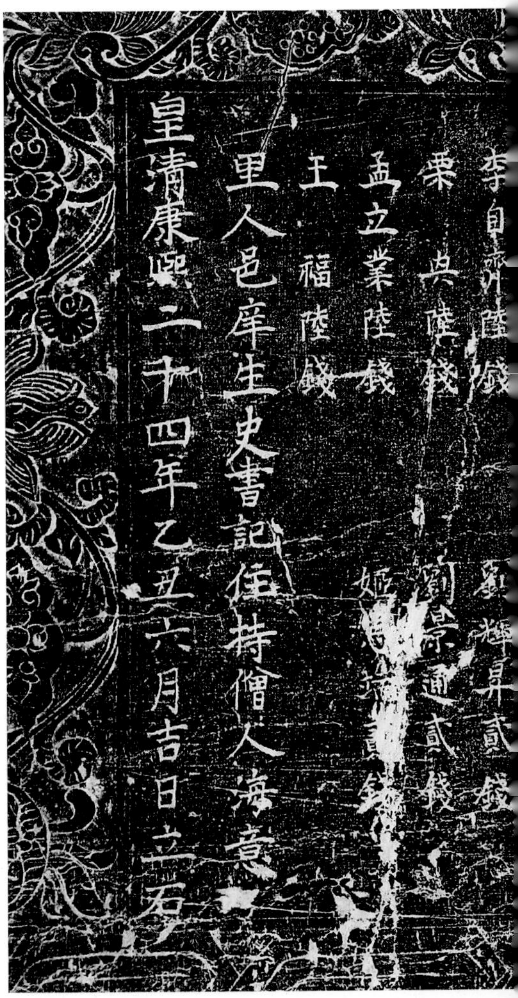

補修西廊記

夫廟之有西廊也，□建於村之西頭，劉
家河為善長者，歲久風雨摧剝，攲側欲
傾。己歷五載，卜旱頻仍，無力修整。至乙
丑，漸不支，同巷之人相聚謀曰：今不勉
力，一傾則木石磚瓦俱為粉碎矣。重修
工大而費多，力之不勝，不幾令前功盡
棄哉？于是糾集工匠，而扶植之，各輸資
財，而補葺之，計所費銀壹拾柒兩有奇。
因誌於石，以見同巷相繼為善，世世不
絕云爾。施銀名數列左：

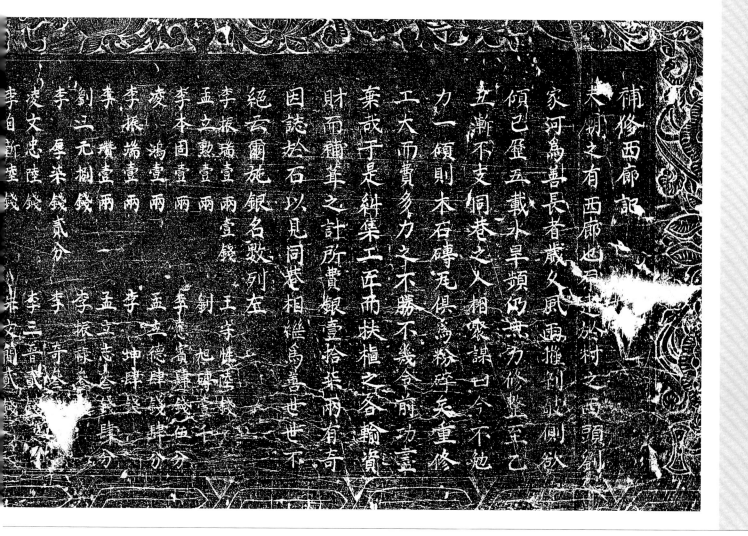

李振瑞壹兩壹錢　王宇性陸錢
孟立勲壹兩　劉旭磚壹千
李本固壹兩　李應賓肆錢伍分
凌鴻壹兩　孟立德肆錢肆分
李振端壹兩　李坤肆錢
李攢壹兩　孟立志叁錢肆分
劉三元捌錢　李振祿叁□
李厚柒錢貳分　李奇叁□
凌文忠陸錢　李三晉貳錢
李自新陸錢　米文簡貳錢

增修炎帝庙舞楼记

【简介】勒石于清乾隆十八年（1753），现存三甲镇徘徊北村。碑身首一体，石灰岩，高 173 厘米，宽 61 厘米，厚 18 厘米。碑文记叙了徘徊北村因庙院内舞楼每岁报赛不便，又于庙外隙创建舞楼事。碑身四周刻缠枝花纹图案。史守撰，史木清书丹。碑保存完整。

【碑文】自古圣帝明王，皆有大功德以及于民，利济群生，万世永赖。后之人，被神庥，荷圣泽，报功报德，皆其情之所不容已也，而炎帝神农氏，为尤著。想其制耒耜，教稼穑，易木食之世，为粒食之天，又作方书，以疗民病，立市法，以通货，厥功亦甚伟矣。故立祠奉之者，所在多有借俳优以答神惠，亦随在皆然，此舞楼所由设也。是庙之建，旧矣其间，几经倾圮，几经修葺，而规模宏敞，壮丽巍峨，实为吾方之巨观。春祈秋报，宣约化民，岁时伏腊，聚国簇而洽比怜者胥，于是乎在独舞楼建之庙内，每岁报赛之下演戏，殊未甚便，其何以悦神明而慰民志哉？庙前数武一隙地，里中善信，久欲修举之，奈有其志焉，而未之逮也。是岁春，共议斯举，而众志一心。庙内有柏树一株，售银六十两。本村众石工，筑立台基，于是，捐砖瓦者有之，助资财者有之。复募缘于两里、五庄之善士。输财效力，无不趋承恐后。是工之成也，此其时乎。爰鸠工庀材，不数旬而厥功成矣，轮焉奂焉，成斯庙之美观焉。由是以假以享，执□有恪，崇功报德，神人以和，岂非圣德之入人，深感人切，而民情之不容已者哉！计费百五十五两有奇。告竣之日，众人恳一言以垂后。余不揣固陋，爰笔之，以志其巅末，后之作起者，其亦知所由来焉耳。

邑庠生里人史守撰

邑庠生男史木清丹

住持道人秦守渊

玉工王国周

大清乾隆十八年岁次癸酉阳月谷旦立石

增修炎帝廟舞樓記

自古聖賢明王皆有大功德以及於民利濟群生萬世永賴後之人設神廟肅享報功報德皆其情之所不
容已也而[illegible]
炎帝神農氏為先著想其制耒耜教稼穡易未食之世為粒食之天又作方書以療民病立市法以通貨利[illegible]
甚偉矣故苦祠奉之者所在多有備僻壤以荅神[illegible]在皆然此舞樓所由設也是廟之建後[illegible]其間[illegible]
傾圮經修葺而規模窄隘壯麗巍峩實為吾[illegible]之巨觀春祈秋報[illegible]民藉時伏臘衆聯[illegible]而[illegible]
余於是乎[illegible]舞樓建之廟內每歲報賽之[illegible]演戲殊未甚便[illegible]何以悅神明而[illegible]衆[illegible]哉廟前數武一[illegible]
里中善信久欲[illegible]舉之奈有其志焉而未之逮也[illegible]歲春與[illegible]斯舉而[illegible]矣[illegible]內有柏樹一株售銀六十[illegible]
西本邨衆石工築基於是捐資者有之助財者有之[illegible]募緣於[illegible]五處之喜士輸財[illegible]無不[illegible]
承恐後是工之成也此其時乎爰鳩工庀材不數月而厥功咸[illegible]矣輪奐[illegible]焉成斯廟[illegible]美觀[illegible]由是[illegible]以享[illegible]
人執事有恪崇[illegible]報德神人以和豈非聖真之入人深感人[illegible]切而民情之不容已者哉計費[illegible]伍拾伍兩[illegible]
後之[illegible]衆人[illegible]以垂後余不揣固陋爰筆之以誌其顛末俾後之作起者其亦[illegible]所由來焉耳

邑[illegible]庠生[illegible]里人[illegible]史本清[illegible]

住持道人秦守[illegible]

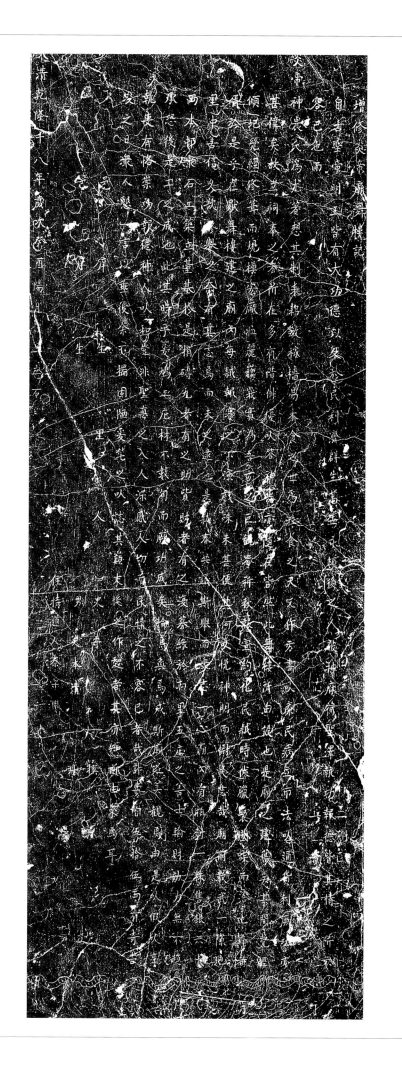

大清乾隆十八年歲次癸酉陽月[illegible]石

一三 赤祥村炎帝庙

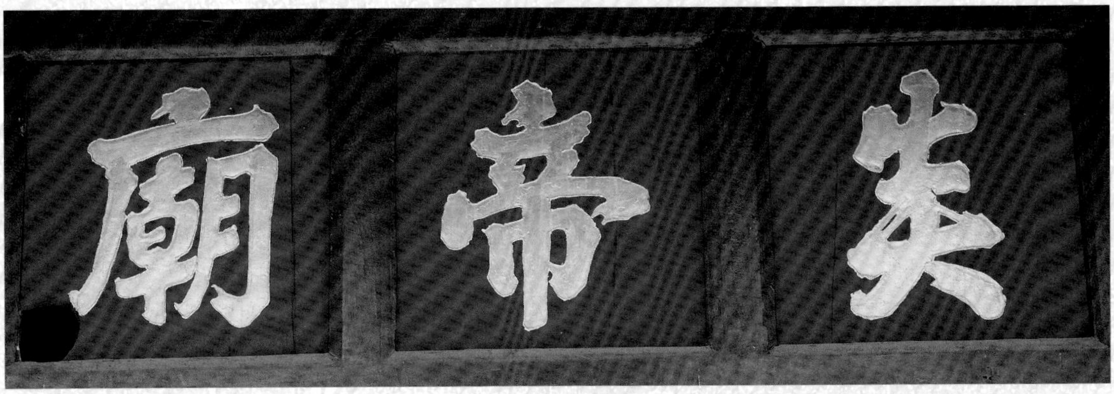

门额

戏楼

木雕

木雕

赤祥村炎帝庙

赤祥村位于高平市城东北 9 公里处，属三甲镇管辖。炎帝庙建于村子中央，坐北面南，正门有“炎帝庙”门额，进深二院，占地面积 1419 平方米。现存建筑有山门（春秋楼）、中殿、正殿、厢房、配殿、耳殿、耳楼等，中轴线上分列为春秋楼、中殿、正殿等主体建筑。

赤祥村炎帝庙创建年代不详，清康熙年间曾有增修，二进院落。春秋楼面阔三间，进深六椽，前后出廊，楼两侧耳楼各二间；中殿，面阔三间，进深六椽，隔扇门，单檐，硬山式屋顶，阴阳合瓦；后殿，面阔三间，早年塌毁。《增修炎帝庙记》碑，立于清康熙二十年（1681），其碑云：“历稽往圣，炎帝尚矣。嗣包羲氏之木，而以火德王，故曰炎帝。”

中殿

增修炎帝庙记

【简介】勒石于清康熙二十年（1681），现存三甲镇赤祥村炎帝庙。碑身首一体，石灰岩，高167厘米，宽55厘米。碑文记叙了炎帝之功德，“长平百里，所建不止百祠”。赤祥村不知创自何年，于明正德四年（1509）、崇祯五年（1632）重修，又于清康熙二十年（1681）创立中门等事，以及维首、布施人姓名。碑首圆形，用减地平剔法镌刻双龙穿云图案，中间篆刻“增修碑记”四个字。碑身两边刻缠枝花纹。姬运祯书，玉工王自刚，赵介记。碑保存完整。

【碑文】庙祀之制，报功崇德，不忘本也。然小大远近则有□，及一方一世者，报以一方一世。及天下万世者，报以天下万世。历稽往圣，炎帝尚矣。嗣庖牺氏之本，而以火德王，故曰炎帝。帝以民无非生民可久之利，制为耒耜，教天下□耕驾□□，此农之始也，故又隆其号，曰神农氏。考帝之教曰：民为邦本，食为民天，一人不耕，天下有受其饿者矣；一女不绩，天下有受其寒者矣。故教夫必亲耕，妇必亲绩，天下万世，始有大食之利。而且尝百草，制医药，以疗民疾，俾无夭折。而且教民，日中为市，交易而退，各得其所。民始知有，有无相济，此岂一方一世之利，赖而已哉！天下万世，庙祀之所由盛也。最盛莫如吾邑，计长平百里，所建不止百祠。祀之义士大夫以□□□□□，□□岁有报本之恩。邑城迤北二十里许，为赤祥村，旧有帝祠，惜无片石半碣之遗，创建年月，寂无可考。其后风雨剥落，古屋寒烟之下，败壁荒堦，□为尘莽。父老相传，一重修于正德之四年，世远人湮，莫可记载。再重修于崇祯之五年，则治安王君国臣、张君董其事，或仍其旧而葺饰之，或扩其堂基而光大之。独门屏荒凉如故。越今又五十年余矣。信士、耆老，起而更始，庀材鸠工，创立中门三楹，左右两翼各二楹。入其门，殿、庑、阶除烂焉一新，斯是以享，执事有恪。所云，崇德报功不忘本者，曷以加此！问其经始，则康熙十九年庚申之冬十二月也。问其落成，则二十年辛酉之秋八月也。问其率众，告成功、垂不朽，则文学高君维岳、乡耆平君其□等也。至述其始末，约略叙次，则赐进士江南镇江府、金壇县知县、古云泉弟子赵介也。是为记。

布衣弟子石村姬运祯薰沐谨书

（布施姓名，略）

工僧戒尘

玉工王自刚浴手镌

大清康熙二十年岁在辛酉之重九日立石

增修炎帝廟記

住持朱守行诚心小引

【简介】勒石于清康熙二十六年（1761），现存三甲镇赤祥村炎帝庙。碑为长方形，石灰岩，长 64 厘米，宽 31 厘米。碑文记叙了朱守行道人，孝师授弟，众等夙仰清修，敬于碑记事。碑身镌刻缠枝花图案。朱秉淳书。碑保存完整。

【碑文】碌碌尘凡，谁识眼前幻境；茫茫火宅，那知身后浮云。但随缘便是登仙，唯不妄才能了道。赤祥村炎帝庙朱守行道人，早入□□，苦苦非谋家计；长辞欲海，劳劳总为山林。在昔奉师，不愧云坛孝子；于今授弟，堪称鹤院慈亲。睹庙宇辉煌，都借真心然去；看道基□□，悉凭定力成来。年跡迹耄耆，□完今世。会大众而遗言，聚诸徒以善后。头头是道，眼眼皆天。众等夙仰清修，钦承雅造，敬刊碑记，以垂不朽。

计开施造：诸神龙牌台堂、龙墓止中地四亩、上村西中地三亩、池则□中地一亩二分、原有社田一十三亩。

大清乾隆二十六年七月吉日村众公立

童生朱秉淳书

玉工张程□

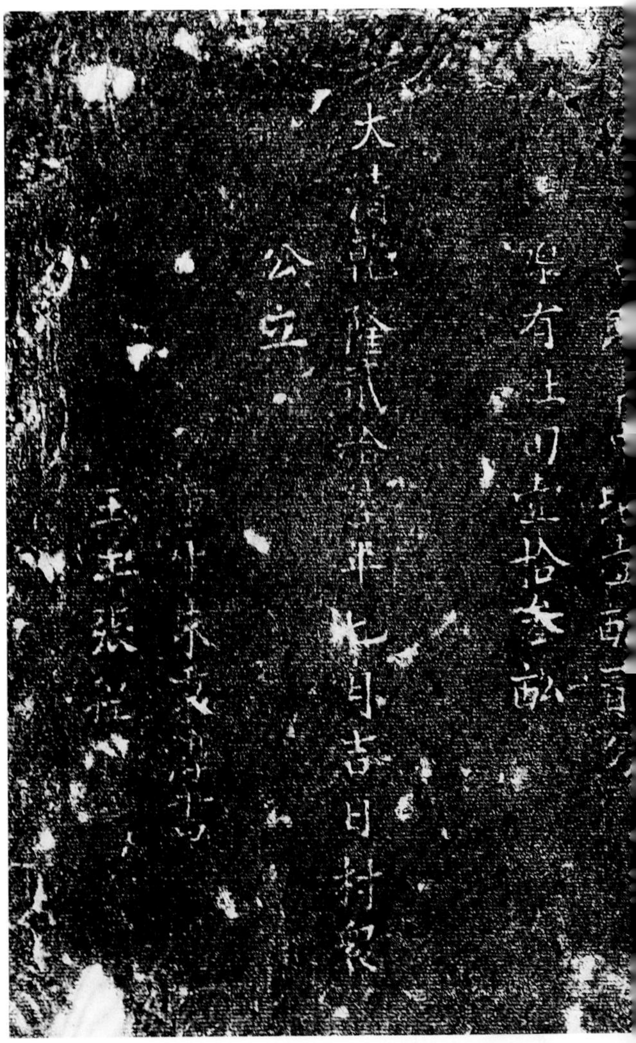

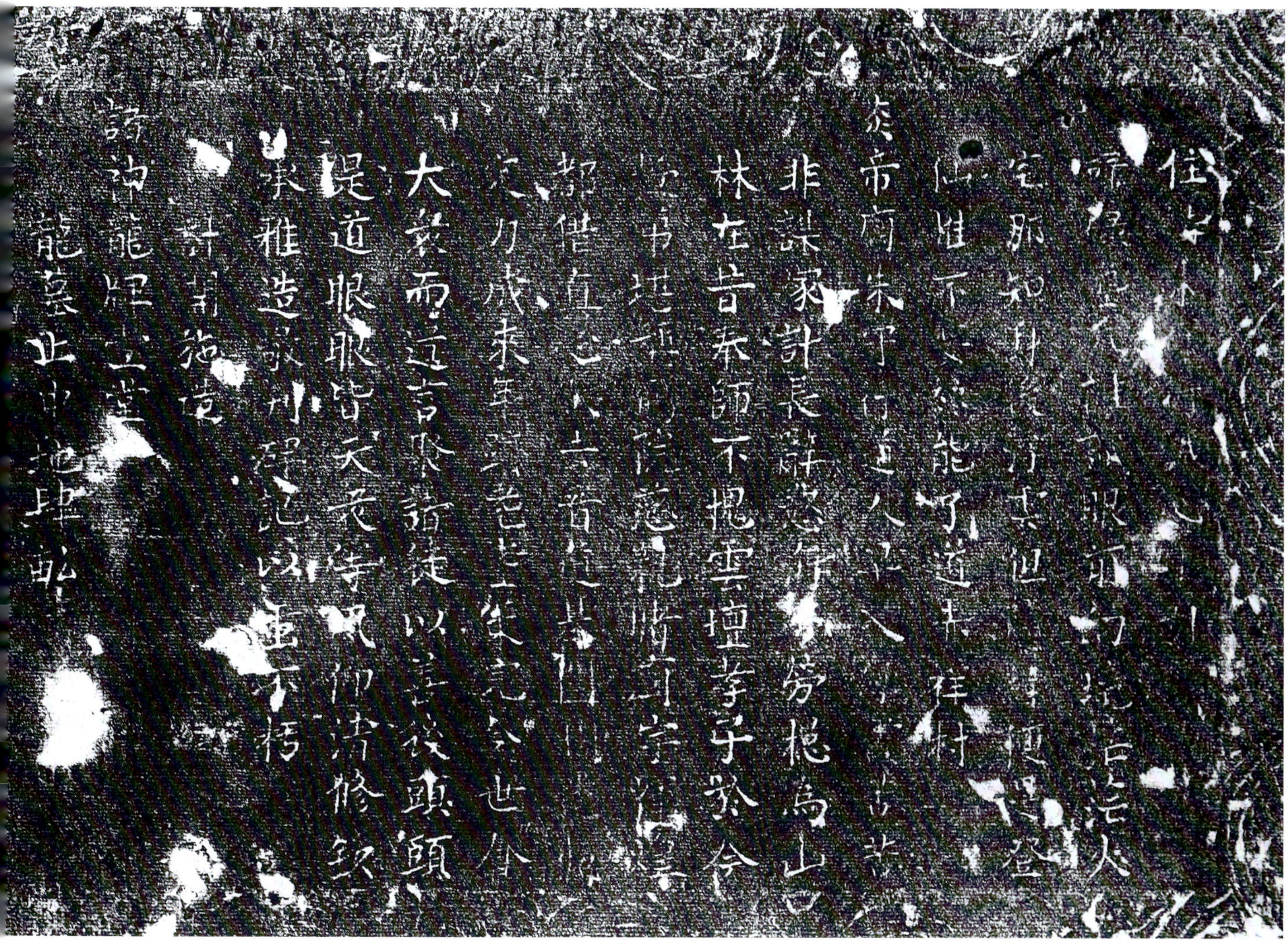

补修炎帝庙碑记

【简介】勒石于清咸丰八年（1858）十月。现存三甲镇赤祥村炎帝庙内。圆首，碑身首一体，通高166厘米，宽55厘米，厚20厘米。碑文记录了炎帝庙为五社四庄之有、历代屡有修葺、庙宇残败不堪、五社按田摊钱，轮丁拨夫，补修炎帝庙各殿宇的过程及纠工维首等情况。碑首用减地平剔手法刻双龙图，正中楷体竖书“五老社”三字，碑身两边刻几何形纹饰。田恒锦撰文，张德华书丹，林奔楼镌刻。碑座遗失，碑面有裂纹。

【碑文】尝思一本万殊乃天地自然之理，而革故鼎新，实造化无穷之机。如吾村之有炎帝庙也，一庙系属五社，而五社居乎四庄。乃北山三庄联为一社。而赤祥一村，四社具焉。此五老社之设，历来久矣。斯庙也，庙貌巍峨，群瞻壮丽。但世远年湮，屡经夫风剥雨落，而栋折宇摧，难免乎雨漏湿渗。按碑稽古，重修于明季正德之四年，再重修于崇祯之五年，及吾朝康熙二十年又扩充而增修之，屈指期今乃一百七十七年矣。而残垣败壁之下，殊不堪状，不有修作何绍前休。吾等触目警心，爰集五社之人，共议补修之举。咸生义气，各秉虔心，量才派事。庀材鸠工，按田敛钱，轮丁拨夫，而养牲者，各出车辆。于是上自神殿廊房，下及舞庭戏楼，缺者补之，残者新之，前后数十间无不去旧而换新焉。经始于咸丰八年春，落成于本年十月初，制维仍旧，敢同创始之功事。本众擎讵曰领袖之力，计其时半载有余，总其费二百余金。工成而神妥，神妥而众善之心遂矣。是不得不镌石，以志之云尔。

居士田恒锦沐手谨撰

张德华书丹

纠工维首李安焕、杜增礼、魏文聚、王秀、宋赞绪、张利、田克文、张诚、张维恒、王士生、田恒锦、王建都、尹裕发、林秉成、朱士廉、田昆、田克信、李锦麟仝勒石

大清咸丰八年岁次戊午十月吉旦

玉工林奔楼

一四　朱家山村炎帝庙

外景

戏楼

朱家山村炎帝庙

朱家山村，亦名朱家庄，位于高平市城东北6公里处，属三甲镇管辖。这里地处丘陵山区，东有汤王山，西有石山、小东仓河，北为羊头山，南有七佛山，是一处山环水绕的好地方。炎帝庙建于村中央的高地上。创建年代不详，坐北面南，一进院落，占地面积1060平方米。该庙周围低中间高，用石头围筑垒砌，显得高大壮观。中轴线上分列有炎帝池、舞台、山门、正殿等，两侧有配殿、耳殿、厢房、看楼等附属建筑。

山门为过厅式，面阔三间，门额上有“炎帝庙”标记。山门两侧有二层小楼二间。正殿建于院子的后部，面阔三间，进入五椽，前廊式构架，廊深二米。单椽悬山式屋顶，琉璃脊饰。砂岩石柱，方形，柱础为青石，方形。殿内正中神台塑炎帝像，左手拿谷穗，右手拿带有圆环状的器物。东面塑火神、药神，西面塑雨神、风神。大殿两侧有东西耳殿三间，东耳殿为蚕姑殿，殿内塑像四尊，手中分别拿有蚕、梭、丝、针等物。西耳殿为奶奶殿，殿内塑像四尊，分别是送子、眼神、豆花、如意。山门外，台阶两侧的台地上建有东西看楼各三间。庙院外正南建有舞台一座，建于高0.9米的台基上，面阔三间，进深四椽。在舞台的背后不远处，有水池一个，名曰“炎帝池”。

正殿

重修炎帝庙碑记

【简介】勒石于清道光十二年（1832）闰九月。现存三甲镇朱家山村炎帝庙。碑身首一体，石灰岩，通高190厘米，宽60厘米，厚20厘米。碑文纪录了村民捐资重修炎帝庙的过程及住持等情况。碑首圆形，用减地平剔手法刻二龙戏珠纹图案，碑身两边刻八仙人物图案和几何形纹饰。张敬绅撰文，赵纯仁书丹。碑座遗失，碑体断裂，碑面剥泐。

【碑文】常思莫为之前，虽美弗彰，莫为之后，虽盛弗传。□事皆然。而立庙栖神，尤其易见者也。余村中有炎帝庙一座，建居□里，左依汤岭之高，右拱□□□秀。背手上之耸，面朝七佛之峰，非不巍然壮观也。但历年既久，风雨侵剥，榱檀栋宇，日渐倾圮。村人□□□伤，欲□而更新之。无奈村小力弱，功（工）程浩大，难以骤举。乃会同乡耆老，公议捐资。又近而恳施邻村□□，远而募化异乡客商。工费有资，修理有赖。遂于嘉庆岁五年七月初八起工，重修南山门三间，东西□□□□，庙门外增修东西厦棚各三间，增置戏房九间，土场一块。凡一切殿宇、墙垣，无不涣然维新。至道光四年□月初五日，始云告竣。合社公议，勒石书名，以示久远。庶诸君子，乐善好施之心，亦与之不朽焉耳。是为圯。

廪膳生员张敬绅撰

屏山赵纯仁沐手敬书

道光十二年闰九月谷旦 合社仝立

住持理祥

重修炎帝廟碑記

嘗思莫爲之前雖美弗彰莫爲之後事皆然而於廟祀神尤甚其易見者也余村中有

炎帝廟一座建居村東里左依湯嶺之高右擬旁背羊卜之黛當朝之帝之峰非不巍然壯觀也但歷年既

久風雨侵剝椽欀棟宇日漸傾圮村人傷然而更新之無奈村小力弱功程浩大難以驟舉乃會同

鄉耆父老公議捐貲又近而懇施郡邑遠而募化異鄉客商工費有資修理有賴遂於嘉慶五年七月

初八日起工重修南山門三間東西兩劇門外增修東西廈棚各三間增置戲房九間土地一塊凡一切

殿宇墻垣無不煥然維新至道光四年[illegible]初五日始告竣合社公議勒石書名以示久遠庶諸君子樂善

好施之心亦與之不朽焉耳是爲記

庠膳員張敬紳撰

屏山純仁沐手敬書

道光十二年閏九月吉旦　闔社仝立　住持理祥

一五　北李村炎帝庙

外景

戏楼

北李村炎帝庙

北李村位于高平市城东北4.5公里处，属三甲镇管辖。这里地处丘陵。炎帝庙建置于村子的中央，坐北面南，进深一院。占地面积346平方米，创建年代不详，现存建筑有山门、正殿，两侧有配殿、耳殿等，庙内碑石丢失，存有碑座。

正殿建于高约0.3米的石砌台基上，面阔三间，进深四檐，单檐硬山顶，灰瓦盖顶，灰脊。门额上有“炎帝庙”标记。

正殿

一六 西羊头山炎帝老庙遗址

香案

西羊头山炎帝老庙遗址

羊头山之西有一座西羊头山，亦名神头岭，位于高平市城西北 14 公里处寺庄镇境内。该山是始祖炎帝活动的主要地方之一，也是后人祭祀炎帝的主要去处，有炎帝将女儿嫁于黑山沟的传说。

山上建有炎帝庙一所，俗名炎帝老庙。该庙创建年代不详，据考证在唐代时已有。据炎帝庙遗址内残碑记载，金大定、清嘉庆、道光、咸丰、光绪、民国年间均有修葺。该庙坐北面南，二进院落，有正殿三间、耳殿三间、厢房各六间等建筑，占地面积 2500 余平方米。文革时期庙被拆，只留基址。正殿的基址仍清晰可见，地上散存砖瓦等构件，遗存部分碑石。

周围的贾村、高良、釜山等都建有炎帝庙，举行庙会时，都要到西羊头山炎帝庙接神。附近居民每年春节的凌晨，也要到西羊头山，把炎帝神接到家，然后才要举行各种庆祝和祭祀活动。故有釜山不出正月，高良不出二月，贾村不出三月的说法。

炎帝老庙遗址

釜山高良贾村补修炎帝庙记

【简介】勒石于清光绪十四年（1888）。现存寺庄镇高良村神头岭申头自然村。碑身首一体，石灰岩，残高150厘米，宽68厘米，厚19厘米。碑文追溯了金大定年间浩二翁等村民修葺申头岭炎帝老庙之事，于清光绪年间釜山村民维修村中庙宇时，亦补修申头岭炎帝老庙事。碑首圆形，用减地平剔法刻双龙祥云图案，中间刻“永垂不朽”四字，楷体，碑身两边刻几何形纹饰。碑残损，部分文字短缺，断为三截，碑座遗失。

【碑文】申头岭古西羊头山，旧有神农炎帝庙，不知创自何代。金大定年，釜山浩二翁、郭六翁、廼（乃）与炉家峪王翁、王报、王翁、高良、四庄（以下缺）岁次癸卯四月际，釜山宋七翁等协贾村、高良、张庄、李庄，以及炉家峪六村而分修之。东北、西北（缺）修者贾村也。西禅上下之所修者，上而张庄，下而李庄也。犹有外院、南厅并五道祠，相传，高良（缺）老会议，于孟夏八日，远近鬫赛，交集于祠下，而仪卫严设，辉华灿目，何盛事也。尤有釜山（郭）周□（缺）不忘前数百年事，如在目前。惜乎代远年湮，今之云亡。嘉庆、道光、咸丰，三次而残坏。无非釜山□（缺）时，不惟正殿前墙倾欹，角室基址颓毁，而偏院落中，无一一完固。余王任官，生长釜山，触目伤心，居（缺）怀。适因釜山村庙宇摧残，余协众修葺。而言及申头炎帝老庙，均言功益宜急举。其与高良□（缺）刘翁为两村之领袖，见善如恐不及，极力赞扬。以致两村之众，答之与釜山而相同于斯。余不胜（缺）众捐，化于邻村，下亏三社公摊。开工于三月初一日。宜更新者而更新，宜补葺者而补葺。落成（缺）之。君子而夫数十年无倾圮之虞者。余与三社维社首，亦可谓抚膺无憾矣！均令余属文。余自（缺）持喜志，其众施主之姓氏，并富山宋翁、玉顺、刘翁从善如登，以为之倡，岂止工程可就，且能不（缺）

邑庠生王任官（缺）

大清光绪十四年梅月中（缺）

釜山髙良貫村補修炎帝廟記

申頭嶺古西羊頭山舊有
神農炎帝廟不知創自何代 金大定年釜山浩二翁部六翁廼與炉家峪王翁王報王翁髙良四宗
歲次癸卯四月除釜山宗七翁等協貫村髙良張庄李庄以及炉家峪六村而分修之東北西北
修者貫村也西禪上下之所修者上而張庄下而李庄也猶有外院南廳並五道祠相傳髙良
老會議於孟夏八日遠近鄉賓交集於祠下而儀衛嚴設輝華燦目何盛事也尤有釜山部周
不忘前數百年事如在目前借予代遠年湮今之云亡嘉慶道光咸豐三次而殘壞無非釜山
時不惟正殿前墻傾欹角室基址頹毀而補院落中無一完固余玉任官生長釜山觸目傷心
懷適因釜山村廟宇摧殘余協衆修葺而言及申頭炎帝老廟均言功益宜急舉其與髙良西
劉翁為兩村之領袖見善如恐不及極力贊揚以致兩村之衆答之與釜山而相同於斯余不
衆指化於鄰村卄虧三社公摧開工於三月初一日宜更新者而更新宜補葺者而補葺落成余自
之君子而夫數十年無傾圯之變者余與三社維社首亦可謂無廢無憾矣搆令余屬文余
持善誌其衆施主之姓氏並富山宋翁王順劉翁從善如登以為之倡豈止工程可就且能不任

邑 庠 生 生 王

大 清 光 緒 十 四 年 梅 月 中

补修羊头山炎帝庙记

【简介】勒石于民国十五年（1926）仲冬月朔十日，现存寺庄镇高良村申头岭申头自然村。碑身首一体，石灰岩，高 150 厘米，宽 48.5 厘米。碑文记叙了民国十五年（1926）修缮西羊头山炎帝庙事。碑首用减地平剔法刻花卉图案，碑身两边刻神仙人物图案和几何形纹饰。王承先撰文并书丹，名字下面有“王承先印”两方。碑座遗失，碑身保存完整。

【碑文】邑之境内羊头山有二，而此则西羊头山也。其山南连土岭，北近河流，东有甘泉涌出，名曰龙池。西有峻岭相通，形如凤翅。又况青松茂布，鸟道崎岖。人游览之，见其地势形胜，风景异常，莫不叹观止焉。山之上，旧有炎帝庙一院，不知创自何年，始于何代。前清光绪十四年，重为修葺。今迴回忆之，已数十年矣！雨洒风吹，倾圮殊甚。三村首事人等，公议补修。奈工浩费繁，力弱难支。因而于附近之村庄，募化资财，以助其不足。庶可经之营之，不日而成之也。工始于民国十五年六月初五日，工峻于民国十五年八月初十日。缺者补，敝者修，旧者新，梢楹刻桷，画栋飞云，而燦（灿）然可观焉。以视前之倾圮者，诚有天渊之别矣！又择□于本年九月二十五日，讽黄庭演，优孟奠谢，上府报答神庥而落成焉。是工也，募化者有人，经理者有人，慷慨捐输者又有人。萃众人之善资，以为三村之善事三村之善事告成，众人之善心不虚矣！若炎帝之继天立极，尝草救民，其治世之功，故不屑以余言为表扬也。故不赘。

泮沟村前清生员王承先撰并书

时民国十五年岁次丙寅仲冬月朔十日

三村维社首仝敬立

補修羊頭山炎帝廟記

邑之境内羊頭山有二而此則西羊頭山也其山南連上嶺北近河流東有甘泉湧出名曰龍池西有峻嶺相通形如鳳翅又況青松密

布鳥道崎嶇人遊覽之見其地勢形勝風景異常莫不歎觀止焉山之上舊有

炎帝廟一院不知創自何年始於何代前清光緒十四年重為修葺今迴憶之已數十年矣雨洒風吹傾圮殊甚三村首事人等公議補修今

工浩費繁力弱難支因而於附近之村莊募化資財以助其不足庶可經之營之不日而成之也工始於民國十五年六月初五日二[illegible]竣

於民國十五年八月初十日缺者補敝者修舊者新栱楹刻桷畫棟飛雲而爍然可觀焉以視前之傾圮者誠有天淵之別矣[illegible]

本年九月二十五日恭請黃庭演優孟真謝上府報答神庥而落成焉是工也募化者有人經理者有人慷慨捐輸者又有人茲[illegible]之善

資以為三村之首事三村之善事告成衆人之善心不虛矣若

炎帝之繼天立極皆教民其治世之功固不屑以余言為表揚也故不贅

泮溝村前清生員王承先撰并書

時民國十五年歲次丙寅仲冬月朔十日

三村維社首仝敬立

正殿内壁画

戏楼

贾村炎帝庙

贾村，位于高平市城西北12公里处，属寺庄镇管辖。炎帝庙建于村东南，创建年代不详，坐北面南，一进院落，占地面积722余平方米，现存建筑有山门、正殿、东西配殿、厢房等。庙院存石碑二通。

正殿面阔三间，进深五椽，筒板布瓦盖顶，琉璃脊饰，单椽悬山式屋顶，柱头斗栱三踩单昂，前出廊。西配殿为奶奶殿，东配殿为牛王殿。舞楼三间，下为门洞，上为舞台。在正殿前檐下，存《贾村补修庙碑记》石碑一通，道光十二年（1840）立石，是例授征仕郎吏部候选直隶州州判丙申科恩贡生刘上彦撰并书。其碑云："帝生于高平东羊头山，相传种五谷，尝百草处也。西羊头山俗呼为神头岭，建有帝庙。"该碑为研究炎帝文化提供了重要的资料，具有一定的历史文物价值。

每年的农历三月十五日，贾村要举办庙会，祭祀炎帝。举行庙会时，首先要到神头岭，把炎帝请回村里来，才要举行各种祭祀活动。

正殿

贾村补修庙碑记

【简介】勒石于清道光二十年（1840），现存寺庄镇贾村炎帝庙。碑身首一体，石灰岩，高176厘米，宽53厘米，厚20.5厘米。碑文记叙了贾村炎帝庙是该村主庙，神农镇羊头山为东羊头山，神头岭为西羊头山；于嘉庆年间刘相虞独力修真武庙，刘学书独力修观音堂，全村修炎帝庙，又于道光十七年（1837）补修炎帝庙，道光二十年（1840）工成告竣事。碑首圆形，用减地平剔法镌刻二龙戏珠纹图案，碑身两边刻缠枝花图案。刘士彦撰并书。碑保存完整。

【碑文】尝考，草昧初开，则开物成务之圣人出；平成既奏，则制礼作乐之圣人兴。炎帝神农氏作斫木为耜，揉木为耒。耒耨之利，以教天下，民之粒食自此始。此帝之开物成务，大有造于万世也。《礼》云："有功德于民则祀之。"帝之为民祀也，固宜。帝生于高平东羊头山，相传种五谷，尝百草处也。西羊头山俗呼为神头岭，建有帝庙，风雨剥蚀，荒烟蔓草，残碑犹可考也。余尝登其山，盖不胜望古遥集之慕云。贾村去神头岭仅里许也。村故以炎帝为主庙，创修无碑记，然规模庞大，殿宇轩昂，所以报帝之功德，不忘本也。故春祈秋报，享祀不忒，至于今勿替。嘉庆戊辰间，余设帐于贾村刘相虞家，正值村中修庙时也。刘相虞独力修真武阁、三官庙、关帝殿，刘学书独力修观音堂。至于炎帝庙、三教堂，则合村社中所修也。转盼之间，日月迁流，不觉已三十载，又不无倾圮之忧矣。道光十七年，村中父老谋于庙，欲将坏者补之，朴者华之。虑其资之无所出也，爰计亩以收钱，积少成多；且谋及于四方之商贾，募化以补其不足。姓名数目悉勒之于碑阴焉。工始于道光十七年十一月十九日，告竣于道光二十年九月二十日。补修炎帝庙，又创修三官庙东西厂棚六间，又补修观音堂门楼一所，金装神像，彩画庙宇，由是五色辉煌，焕然一新，见之者叹观美焉。或曰此维首之力也，或曰此众人之力也。余曰若纲在维，利用独；百川至海，利用众，殆所谓相得益彰者欤！是为序。

例授徵仕郎吏部候选直隶州州判丙申科恩贡生乡饮大宾刘士彦撰并书

賈村補修廟碑記

嘗考草昧初開則開物成務之聖人出乎成既奏則制禮作樂之聖人興

炎帝神農氏作斲木為耜揉木為耒耨之利以教天下民之粒食自此始此

帝之開物成務伏有造於萬世也礼云有功德於民則祀之

帝之為民祀也固宜　帝生於高平東羊頭山相傳種五穀嘗百草處也西羊頭山俗呼為神頭嶺建有　帝廟風雨剝蝕荒煙蔓草殘碑猶可

考也余嘗登其山卷不勝望古遥集之慕云賈村去神頭嶺僅里許也村故以　炎帝為主廟創修無碑記然規模廓大殿宇軒昂所以報

帝之功德不忘本也故春祈秋報享祀不忒至於今勿替嘉慶戊辰間余設帳於背村劉相雲家正值村中修廟時也劉相雲獨力修　真武閣

三官廟　關帝殿劉學書獨力修　觀音堂至於　炎帝廟　三教堂則合村社中所修也轉盼之間日月遷流不覺已三十載又不無傾圮之

憂矣道光十七年村中父老謀於廟欲將壞者補之樸者華之憲其貲之無所出也爰計畝以收錢積少成多且謀及於四方之商賈募化

以補其不足姓名數目悉勒之於碑陰焉工始於道光十七年十一月十九日告竣於道光二十年九月二十日補修　炎帝廟又創修

三官廟東西厰補無間又補修　觀音堂門樓一所金裝　神像彩画廟宇由是五色煇煌煥然一新見之者嘆觀美焉或曰此維首之力也或

曰此衆人之力也余曰若綱在綱利用獨百川至海利用衆殆所謂相得益彰者歟是為序

例授徵仕郎吏部候選直隸州州判丙申科　恩貢生鄉飲大賓劉士彥譔并書

重修炎帝庙暨诸庙碑记

【简介】勒石于民国三年（1914），现存寺庄镇贾村炎帝庙。碑身首一体，石灰岩，高 157 厘米，宽 52 厘米，厚 18 厘米。碑座为砂石岩，高 45 厘米，长 70 厘米，宽 38 厘米。碑文记叙了民国三年（1914）贾村商家领诸缘簿募化四方重修炎帝庙暨诸庙之事。碑首圆形，用减地平剔法刻神仙、鹿、梅图案。碑身两边刻暗八仙图和几何形纹饰。王承先撰文并书丹。碑保存完整。

【碑文】贾村者，吾乡之胜地也。其村之东南，园林围绕，望之规模而雄壮者，炎帝庙也。其村之北，双峰对峙，位镇坎宫，高出乎一村之上者，真武庙也。有殿宇辉煌，与此相连相向者，三官庙与观音堂也。村之西边建有阁眼，下有往来之衢，可通沁邑者，关帝庙也。创造之时，历年月日而久远。墙垣之上，梁栋之间，而有摧残之状况者，诸庙之减色也。村中人等，咸欲补修，而不敢造次者，功难成于不日也。村中商家，领诸缘簿募化四方者，欲呼将伯之助也。缺者补，旧者新，画栋飞云，光辉而焕彩者，诸庙之现象也。工始于何时？光绪十五年也。工竣于何时？民国三年也。经理者谁？维首赵福海也。赞助者谁？同班上夥友也。纳工者谁？村中之花户也。布施者谁？四方之善士也。作文者谁？予之不才也。

高平县初等小学校教员、师范传习所毕业、泮沟村王承先撰并书

玉工李润保

中华民国三年岁次甲寅孟冬月上浣之吉

合社同勒石

丰亭葛焯书

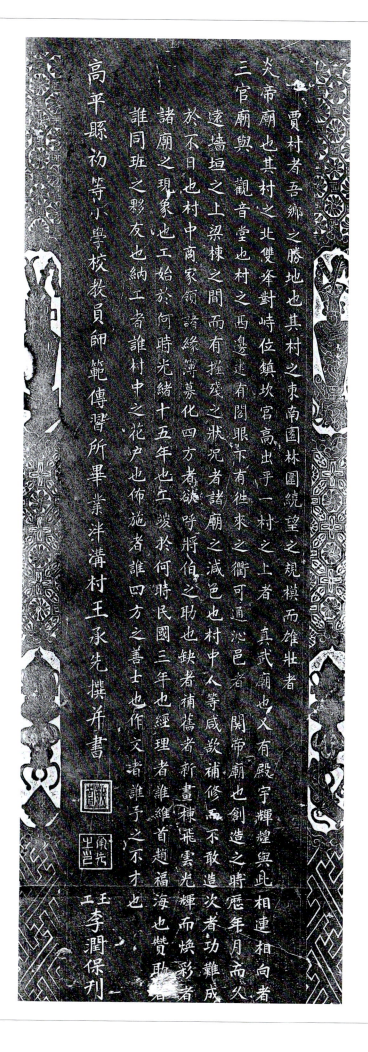

賈村者吾鄉之勝地也其村之東南園林圜繞望之規模而雄壯者炎帝廟也其村之北雙峰對峙位鎮坎宮高出乎一村之上者真武廟也又有殿宇輝煌與此相連相向者三官廟與觀音堂也村之西邊建有閣眼下有往來之衢可通沁邑者關帝廟也創造之時歷年月而久遠墻垣之上梁棟之間而有摧殘之狀況者諸廟之減色也村中人等咸欲補修而不敢造次者功難成於不日也村中商家領請緣簿募化四方者欲呼將伯之助也缺者補舊者新畫棟飛雲光輝而煥彩者諸廟之現象也工始於何時光緒十五年也工竣於何時民國三年也經理者誰維首趙福海也贊助者誰同班之彩友也納工者誰村中之花户也佈施者誰四方之善士也作文者誰予之不才也

高平縣初等小學校教員師範傳習所畢業泮溝村王承先撰并書

玉工李潤保刊

一八 高良村炎帝庙

外景

梁架及彩绘

高良村炎帝庙

高良村，位于高平市城西北 11.5 公里处，属寺庄镇管辖。炎帝庙建于村之东北，创建年代不详，坐北面南，单进院，占地面积 687 余平方米，现存建筑有山门、正殿、配殿、耳房、厢房等，为明清时的遗构。庙院内有柏树两株，青翠参天。

正殿建于高 0.35 米的台基上，面阔三间，进深六椽，前檐廊深一间，单檐悬山式屋顶，筒板布瓦盖顶，灰脊。柱头斗栱，三踩单昂，柱为砂岩石，方形抹棱，柱础方形，青石雕造。门框木质，灵花隔扇门窗，门窗皆移置于内槽金柱上。该殿在建筑形制上，许多地方沿袭金元做法，保存比较完整。

每年的农历二月十三日要举行盛大的庙会祭祀炎帝。举行庙会时，高良村也和釜山村、贾村一样，首先要到神头岭炎帝庙，把炎帝接回村里来。

正殿

一九 掘山村炎帝庙

外景

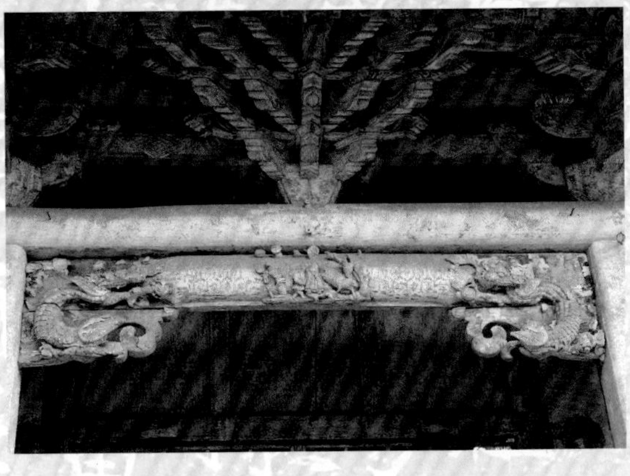

耳殿屋檐及梁架

掘山村炎帝庙

掘山村，位于高平市城西北14.5公里处，属寺庄镇管辖。炎帝庙巍然壮观，坐落于村子的东北角，地名为东坡。庙紧靠村子，东面是高高的山岭。该庙创建年代不详，座北面南，单进院，庙损毁严重，现仅存正殿、东西厢房等建筑，为明代建筑。庙院内原有碑碣二十多通，牌匾二十多块，现仅存清康熙元年（1662）《补修炎帝庙序》石碑一通。

正殿面阔三间，进深六椽，单檐悬山式屋顶，筒板布瓦盖顶，灰脊，前出廊，柱为砂岩石方形抹棱，明间较大，有补间斗栱，柱头斗栱五踩双下昂。正殿前有月台，宽3米，月台前有六角香亭一座，现不存。

每年的农历七月十五日要举行盛大的庙会，来祭祀炎帝。每隔四年要举行一次耍乐故事大赛，附近的村子，如伞盖、鹿宿、柳村、什善、赵庄、靖居、草房等都要参加，十分隆重，热闹非凡。

正殿

补修炎帝庙序

【简介】勒石于清康熙元年（1662）十二月，现存寺庄镇掘山村炎帝庙。碑身首一体，石灰岩，高130厘米，宽40厘米。碑文记叙了李承恩首倡，募化补葺炎帝庙事及维首人姓名等情况。碑首圆形，阳刻“修庙碑”三个字，碑身周边残刻缠枝花纹。李蹊撰文。碑身有破损。

【碑文】盖闻古神农氏，固代伏羲治天下者也，以火德而王，都曲阜，在位□□百四十年。其功德及万世者两大端。一曰：始为耒耜，教民知稼穑；一曰：日中为市，使民知贸易。自古□昔以迄今，兹务本者，受农桑之赐；逐末者，享货殖之利，莫不立庙社，塑圣像以承祀焉。掘山村，在泫□□□□，去长平三余里。丁不满百，俗勤俭，人朴诚。务本者十之七，逐末者十之三。数十载渐富以庶。□□□有李姓者，名承恩，号正寰，年七旬有奇，以德行服众，为之倡其始。若曰：庙貌颓矣，盍补葺之。爰□□□，道人孙清保，为化布施之名。维时，主伯唯唯，亚旅诺诺。喜捨资财，随贫富分多寡。即度日不过□□□，趋事赴士，或用木石，或用丹青，费百余金而告厥成功。务本者，思报始为耒耜之功德；逐末者，思□□日中为市之功德。亿万斯年，以享以祀，故为之勒石，以垂不朽云。

邑庠生李蹊撰

社首（略）

石匠□□□

木匠□□□

主持道人孙清保

大清康熙元年十二月吉日立

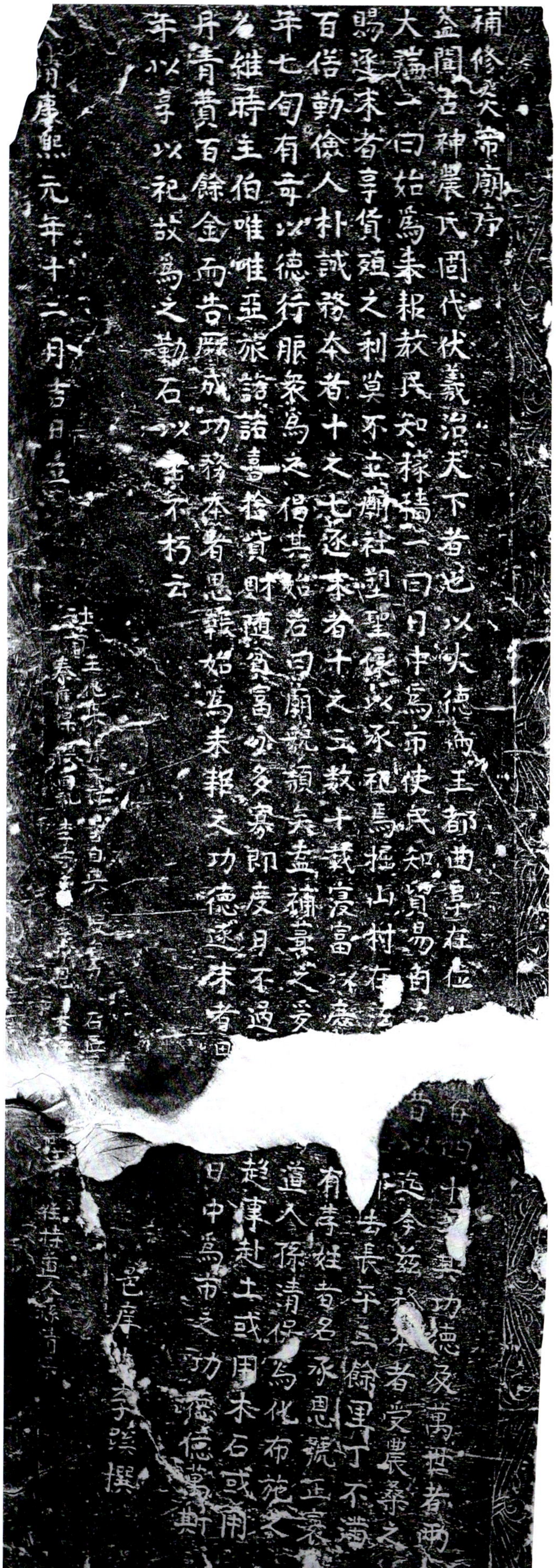

補修炎帝廟序

蓋聞古神農氏固代伏羲治天下者也以火德而王都曲阜在位
大矣一曰始爲耒耜教民知稼穡一曰日中爲市使民知貿易自古
賜逐末者享貨殖之利莫不立廟社塑聖像以承祀焉據山村有古
百倍勤儉人朴誠務本者十之七逐末者十之三數十載寖富之處
年七旬有奇以德行服衆爲之倡其始者曰廟貌頹矣盍補葺之爰
名維時主伯唯唯亞旅諸諸喜捨貨財隨貧富分多寡郎度日不過
丹青費百餘金而告厥成功務本者思報始爲耒耜之功德逐末者田
年以享以祀故爲之勒石以垂不朽云

大清康熙元年十二月吉日立

社首 [illegible]

石匠 [illegible]

[illegible]其功德及萬世者兩
昔[illegible]迄今茲務本者受農桑之
[illegible]去長子三餘里丁不滿
有孝姪者名承恩號正襄
道入孫清保爲化布施之
趙庫赴土或用木石或用
日中爲市之功德萬斯

邑庠[illegible]李[illegible]撰

[illegible]姪持道人孫清[illegible]

二〇 箭头村炎帝庙

外景

正殿内壁画

箭头村炎帝庙

箭头村，位于高平市城西北 4.5 公里处，属寺庄镇管辖。这里地处平川，丹河从村西流过。炎帝庙建在村中，创建年代不详。坐北面南，三进院落。中轴线上分列为舞台、山门、香亭、南殿、正殿等。现存建筑有舞台、山门、正殿、东西厢房等。

舞台建于山门的外面，为清代晚期宣统年间所建，面阔三间，东西看楼五间。山门面阔三间，两侧有二层小楼各二间。正殿面阔三间，进深四椽，前出廊，单檐悬山式屋顶，筒板布瓦盖顶，柱头斗栱三踩单昂，为明代遗构。殿内原来塑有炎帝像一尊，现不存。后墙上绘有 12 幅条屏花鸟画，画面清晰，画工较细。整个建筑规模较大，对称美观。

正殿

补修炎帝庙碑记

【简介】勒石于清道光三年（1823），现存寺庄镇箭头村炎帝庙。碑身首一体，石灰岩，高166厘米，宽56厘米。碑文记叙了村人补修炎帝庙事及维首人姓名等情况。碑首圆形，用减地平剔法刻二龙祥云纹图案，中间楷书，刻“流芳百世”四个字，碑身两边刻缠枝花图纹。孔士杰撰文，陈永吉书丹，名字下面有四方篆字印章。玉工王来成。碑首破损残缺，碑身基本保存完整。

【碑文】粤稽上古之时，茹毛饮血。自炎帝开穑事之先，而后世得以粒食，以是知神功之默佑者远也。吾村有炎帝庙，不知创自何时，重修业已数次。迄今，又经历年风雨剥蚀，以致脊颓瓦解，殊令人触目神伤。壬午冬季，主持义举，邀请社首，公议补葺。萃合村善士，共襄厥工。由是，举重若轻，成功较易。凡前后殿宇、房屋，莫不轮奂整齐。赀费虽多，以散归整，而不虞其财乏；人工虽烦，以寡合众，而不忧夫力敝。今值癸未孟冬，工程告竣，擢兹大意，勒之琐珉，以垂后世。固以昭神威之赫濯，亦以彰林总之善心也。是为记。

邑儒士乾斋孔士杰撰

颍川郡天相陈永吉书

督工、社首（略）仝勒石

住持李慧智、徒侄孙焦知立

大清道光三年岁次癸未小阳月中浣之吉

玉工王来成刊石

補脩炎帝廟碑記
粤稽上古之時茹毛飲血自
炎帝開穡事之先而後世得以粒食以是知神功之默佑者遠也吾村有
炎帝廟不知創自何時重脩業已數次迨今又經歷年風雨剝蝕以致脊頽瓦解殊令人觸目栫傷壬午冬季住持
義舉邀請社首公議補葺萃合村善士共勸厥工由是舉重若輕成功較易凡前後殿宇房屋莫不輪奐整齊
覺費雖多以散歸整而不虞其財之人工雖煩以寡合衆而不憂夫方竣今值癸未孟冬工程告竣擢茲大意
勒之貞珉以垂後世固以昭神威之赫濯亦以彰林總之善心也是為記
邑儒士乾齋孔士僎撰
潁川郡天柏陳永吉書
督工社首
焦鈞　李太賓　王有盛　王有財
趙維三　李天祥　李毓栱　張德順
程茂之　焦攀林　焦体曾　李來旺
呂彥長　陳鳳章　程礼　程□孫
住持李慧智　徒姪孫焦知立
仝勒石
大　道光叁年歲次癸未小陽月中浣之吉　玉工王亦成刻石

补修炎帝庙及合村神庙兼创修戏房碑记

【简介】勒石于清宣统元年(1909)，原存寺庄镇箭头村炎帝庙。碑为长方形，石灰岩，高164厘米，宽180厘米。碑文记叙了光绪三十二年（1906）王锡智倡议补修炎帝庙，三年后工竣开光演剧事，以及维首、布施人姓名、各项开支花费等。碑身上下刻龙凤纹图案，左右两边刻文人相士及，几何图案。碑保存完整。

【碑文】盖闻神以地灵，庙以人成，此必致之理由，亦成立之缘起也。欲祈庙貌之巍峨，端赖人缘之毕集。昔我高邑箭头村，旧有炎帝庙一所，补修业已数次，未有如斯之形胜也。自光绪十三年兴工，而村中二三父老改修舞台、东西看楼，南则壮丽可观，北则榱桷难堪。意欲北面改为钟鼓二楼，奈物力维艰，资财空乏，而工程遂因此辍止也。迄今檐瓦将颓，墙垣欲折，真令人目击神伤，所不忍观者也。丙午春，有王公锡智者，首倡大义，立愿修葺，协同维首等，共勷厥事。募化四方之善缘，追比旧欠之花户，鸠工庀材，改修北面过庭一楹，左右社房六楹，创修庙东戏房一院，则办公、演剧，诸侣各得其所，孰不嘉赏其人哉。而又村中诸神庙堂，一概重新，焕然改观，足见王公等因创得宜，不知几费筹划耳。越三年而告厥成功，择本年七月吉日补土酬神，开光演剧。远近村人，观其堂阶整齐，殿宇辉煌，莫不交口赞称："非有巨款，不敢兴斯工；非有明公，不克成斯工也。"吾特举王公等之功绩，善士之捐资，兴工之物料，酬神之花费，一并勒之于碑，以垂永久不忘耳。是为序。

（布施姓名，略）

邑庠生师范传习所毕业、现选初等学堂教员、村人挹清焦正芬撰文

国子监典簿、叔香焦正薰书丹

合社维首（略）

宣统元年十二月上浣之吉

碑阴内容（略）

補修炎帝廟及閻村神廟兼創修戲房碑記

蓋聞神以地靈，廟以人成，必致之由，亦成立之緣起也。欲祈廟貌之新，我端賴人緣之畢集。昔我高邑箭頭村舊有

炎帝廟一所，補修業已數次，未有如斯之形勝也。自光緒十三年興工，而村中二三父老改修舞臺，東西看樓，南則壯麗可觀，北則樑楠

頹壞，意欲北面改為鐘鼓二樓，奈物力維艱，資財空乏，而工程遂因此輟止也。迄今層風將頹，墻垣欲圮，真令人目睹神傷，所不忍

觀者也。丙午春，有王公錫智者首倡其義，立願修葺，協同維首等共勷厥事，募化四方之善緣，追比舊欠之花戶，鳩工庀材，改修北

面過庭一楹，左右社房六楹，創修廟東戲房一院，則勷公演劇，諸侶各得其所，孰不嘉賞其人哉？而又村中舊神廟堂一楹，重新

煥然改觀，足見王公等因創得宜，不知幾費籌畫耳。越三年而告厥成功，擇本年七月吉日補土酧神，開光演劇，遠近村人觀其

臺齋壁齊，殿宇輝煌，莫不交口贊。非有鉅款不能[illegible]斯工，非有明公不克成斯[illegible]也。吾特樂王公等之功、善士之捐貲，與吾之

[illegible]料酧神之花帳，一並勒之於碑，以示永久不忘耳。是為序。

大名府首事人[illegible]　曹州府首事人[illegible]　晉州首事人王永泰　晉州首事人[illegible]　冀州府首事人趙松柏

入[illegible]年[illegible]錢壹千貳百六十壹串一百五十文　[illegible]土坏[illegible]支錢[illegible]百[illegible]拾[illegible]串[illegible]百八十文

入三年執事[illegible]錢五十六串二百三十文　磚瓦石頭石柱支錢壹百[illegible]串[illegible]百七十文　[illegible]油漆彩[illegible]代[illegible]支[illegible]

入[illegible]會舊[illegible]錢貳拾叁串肆百九十文　石灰頭[illegible]支錢貳拾玖串貳百九十文　塑像繪社物支[illegible]串八百三十[illegible]

入二年[illegible]錢柒拾陸串[illegible]百七十文　鐵器代匠工支錢四拾六串六百七十文　[illegible]支錢玖拾[illegible]串九百五十[illegible]

入三年[illegible]風錢拾五串[illegible]五十文　石匠工支錢拾伍串玖百七十文　[illegible]土支錢叁百[illegible]串[illegible]

入[illegible]材料錢貳拾柒串貳百五十文　[illegible]匠工支錢壹百[illegible]拾伍串叁百二十文　[illegible]油燒[illegible]支錢叁百[illegible]拾玖串九百[illegible]

入補修五龍廟鋪上村[illegible]錢四串[illegible]百五十文

入[illegible]債並舊項錢壹百[illegible]九串文　泥水匠[illegible]支錢壹百叁拾捌串貳百四十文　伐碑勒石支錢伍[illegible]

入[illegible]宅串六百五拾文

以上統共入錢[illegible]千捌百柒拾玖串四百壹拾文　總共支錢壹千捌百柒拾玖串四百壹拾文

邑庠生師[illegible]傅習所畢業現選初等學堂教員村人[illegible]清[illegible]正芬撰[illegible]

[illegible]同　庠生[illegible]蓝[illegible]典　[illegible]　叔[illegible]香　焦[illegible]正[illegible]兼書丹

閻社維首　王錫智　焦林發　張海水　程紅怡　[illegible]起發　王全全　[illegible]　[illegible]　焦正芳　程鳳梧　[illegible]銘　許[illegible]　[illegible]　[illegible]　李廷瑞　王喜齡　呂引年　[illegible]　[illegible]和　[illegible]思[illegible]

石匠王金生　[illegible]邵[illegible]保　[illegible]趙六則　[illegible]

宣統元年十二月上浣之吉

二一 杜寨村炎帝庙

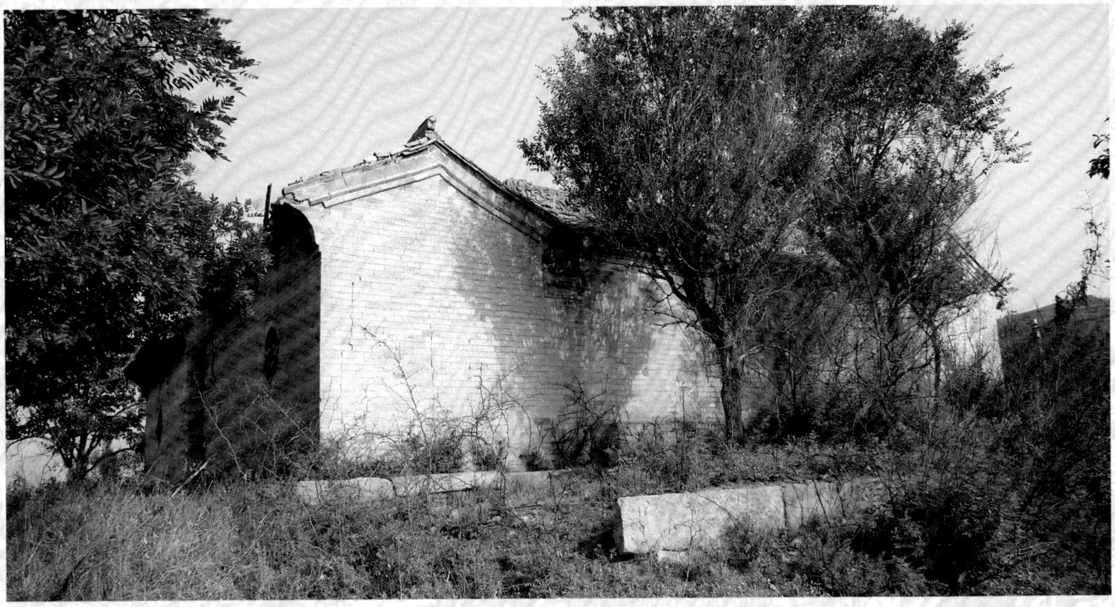

外景

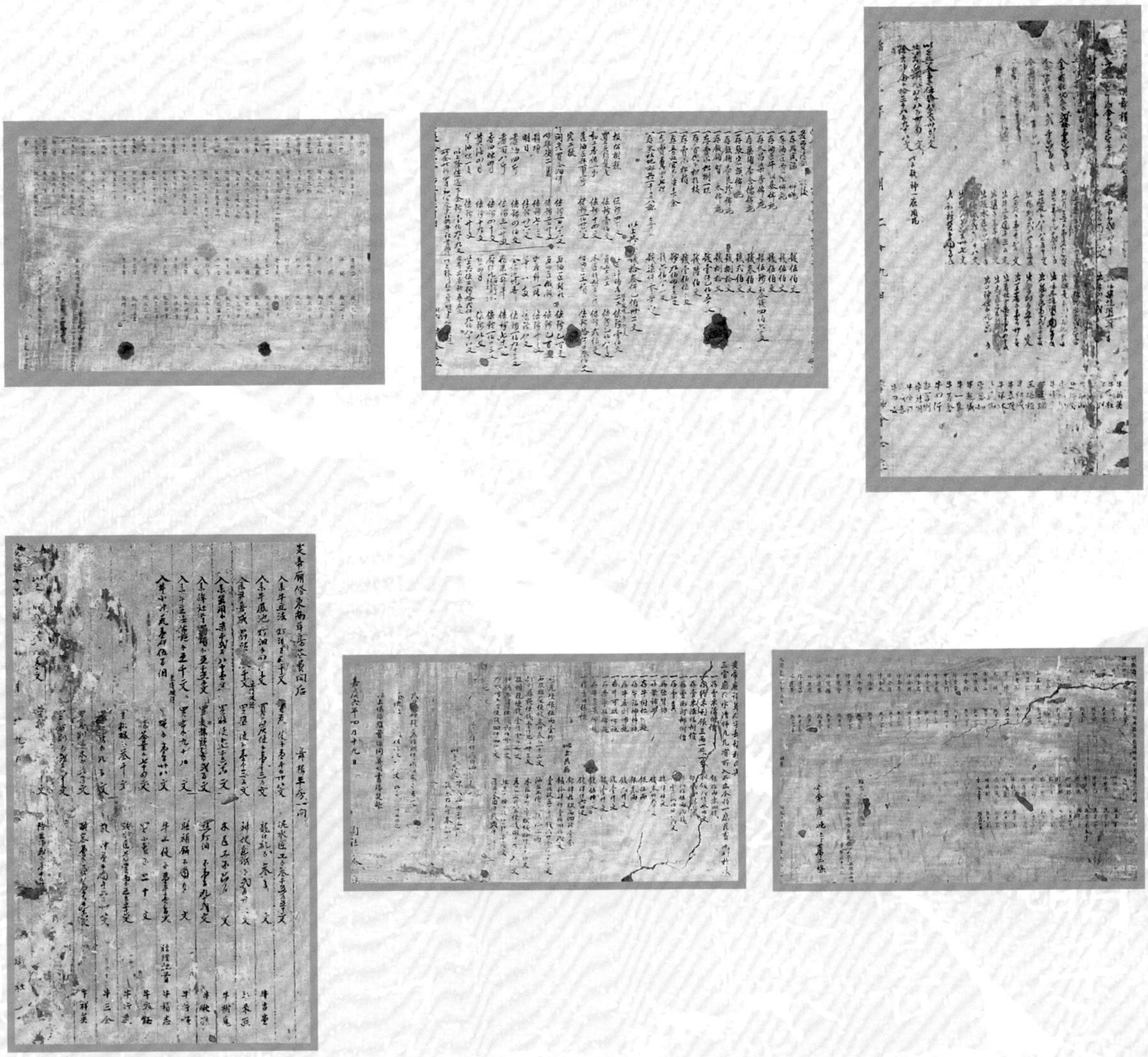

正殿内的墨书壁记

杜寨村炎帝庙

杜寨村，位于高平市城西北 11 公里处，属野川镇管辖。这里山高沟深，峰岭重叠，南有相公山、肩膀山，西有白龙岭，北有十字岭，海拔 1310.6 米。炎帝庙在村西北山腰的高地上。该庙离村约有 1 公里许，背靠马鞍山。庙依山势而筑，创建年代不详。坐北面南，分上下两院。下院为舞台，沿台地有三层台阶。庙院建在第三台地上，一进院落，占地面积 342 平方米。台地上平坦宽敞，极目远眺，杜寨村尽收眼底。现存建筑有山门、正殿、配殿、东西耳房等，自清康熙年以来历雍正、道光年间均有修缮。

正殿建于高 1.1 米台基上，三间小殿，进深四椽，前出廊，通长施大额枋，无补间斗栱，额枋置于柱上，额枋上置斗栱，悬山式屋顶，筒板布瓦盖顶，灰脊，柱为砂岩石，方形抹棱，柱础为砂岩石，方形。殿内东西墙壁上留有题记各三则。在崇山峻岭中，亦建炎帝庙专祀炎帝，说明始祖炎帝功高德重，倍受后人尊崇。

正殿

先农庙增修碑记

【简介】勒石于清雍正九年（1731），现存野川镇杜寨村炎帝庙。碑身首一体，石灰岩，高 130 厘米，宽 35.5 厘米。碑文记叙了炎帝教民稼穑之功，杜寨村炎帝庙牛东祖父、孙子维修事。碑首破损，断为两截，部分文字损坏。任克明、于俊甫撰文，牛可久书丹，牛云久篆额。碑残存。

【碑文】铜鞮古郡儒学庠生任克明、于俊甫撰文

受业门人牛可久、长年甫丹书、牛云久、引年甫篆额

盖闻能御大灾、扞（捍）大患、有功烈于生民者，皆在祀典。所以，崇功而报德也。□以甲辰□□□□乡，见乡中之祠宇殿阁，无不金碧庄严，而祈祷之事，终岁不绝，大抵皆以敬鬼神为务。其东北隅，高罔竦峙，龙脉蜿蜒。实为一邨（村）之胜地。尝于□□□之暇，游览其上，有祠孑立，雾惨烟荒，令人有梁空瞒雀、右壁丹青之思，因恻然久之。询诸乡人，知其为炎帝神农祠也。嗟乎！洪荒出世，草昧未开，至今日而犹以茅茨不剪者。□（岀）浑噩□□耶。考神农氏之王，无二也。断木为耜，揉木为耒，其为教曰：夫必亲畊，妇必亲绩。□□生生，各食其力，是使□□□之人，享其利于无穷矣。□皇上御极□□今诏□□□□，各建坛壝于仲春□日，以□之诚见未民□食为□□□□□也。兹乡之建祠，其来旧矣。使□□榱栋，殊亵俎豆之仪，霜露沾裳，莫展椒醑之献，其何以妥神灵而报顺成乎。东君牛氏，乡之望族也，聚祖父、孙子，思创立更新，倡导□汝，鸠工庀材，□其规，增其制，殿堂门庑□以法，不数月而巍然在望，为一方之巨。观夫幽明一理也，非诚敬足以事人，则必不能事神。乡人之事，神亦自□，□功报德，能诚且敬矣。其志不可没，遂援□而为之记。

时大清雍正九年岁次嘉平月谷旦

社首□□□ □□□仝立石

石工□□□

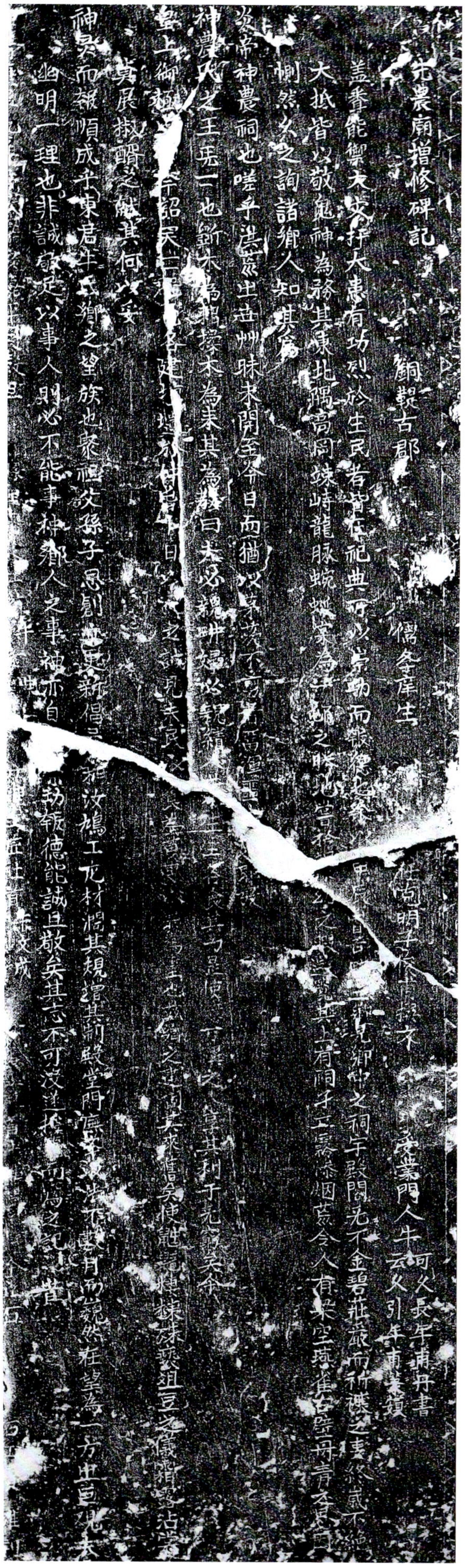
先農廟增修碑記
銅鞮古郡
蓋聞能禦大災捍大患有功烈於生民者皆在祀典所以崇功而報德也
大抵皆以敬鬼神為務其縣北隅高岡峽峙龍脉蜿蜒
惻然久之詢諸鄉人知其為
炎帝神農祠也嗟乎洪荒出世州脉未開
神農氏之王天下一也斲木為耜揉木為耒其為教曰夫必親耕婦必親織
皇上御極
莫展椒醑之献其何以妥
神靈而雍順成乎東君牛氏鄉之望族也衆祖父孫子
幽明一理也非誠敬足以事人則必不能事神鄉人之事神亦自

新修东祠引言

【简介】勒石于清雍正九年（1731），现存野川镇杜寨村炎帝庙。碑为长方形，石灰岩，长 47 厘米，宽 30 厘米。碑文记叙了首事者，欲增其旧制，创修炎帝庙两廊房事。碑身镌刻缠枝花图案。碑保存完整。

【碑文】是庙以白云为藩篱，凤山为屏风，亦足昭其俭矣。而风雨飘摇，杳无捍卫，则非所以妥神人、昭格享也。于是有首事者出，意欲定其规模，增其旧制，而以修两廊为先务。予辈不忍安享其成，故先分修东三楹，以为己任焉。于是庀材鸠功，鼓舞恐后，遂不崇朝而告成。然不过为首事者之一助云尔，若谓以徼福之心，借为角胜之举，夫何敢作是想。

为首人牛文成、牛坤、牛辰坦、牛射斗

督工、捐金人牛辰弼、牛昶、牛伟、牛辰佐仝建

时大清雍正九年五月日立

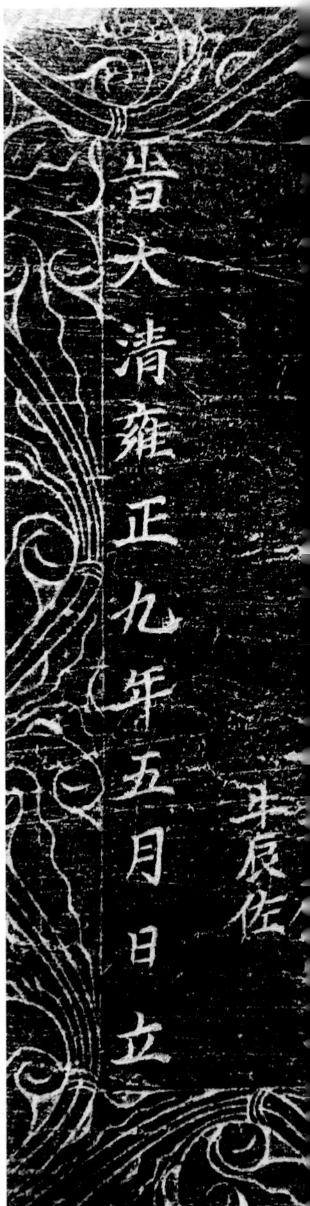

新修東祠引言

是廟以白雲為藩雝鳳山為屏風亦足昭其儉矣而風雨漂搖者無扞衛則非所以妥神人昭格享也於是有首事者出意欲定其規模增其舊制而以修西廊為先務予輩不忍安享其成故先力修東三楹以為己任焉于是庀材鳩功鼓舞恐后遂不崇朝而告成然不適為首事者之一助云爾若謂以徼福之心借為角勝之舉夫何敢作是想

為首人 牛文成 牛坤 牛辰坦 牛射斗 督工

炎帝庙补修碑记

【简介】勒石于清道光十一年（1831），现存野川镇杜寨村炎帝庙。碑身首一体，石灰岩，高155厘米，宽50厘米，厚17厘米。碑文记叙了杜寨村炎帝庙不知创于何年，于康熙年间增修正殿、东西角殿，于雍正年间又增修东殿、西禅房，又于道光九年补修、创修花墙，培植松柏事，以及维修开支花费等。碑首圆形，用减地平剔法镌刻单龙祥云图案，碑身两边刻缠枝花图案。牛易居篆额并书丹。碑保存完整。

【碑文】粤稽周礼一册，而天官所属，最重饬庀之材；虞书数篇，而禹贡所载，不无土木之兴。况乎三皇治世，神农独开衣食之源，所以护人民而利后嗣者，其德益深，其泽更长也。斯村之东北有炎帝古庙数楹，年深日久，不知何时建立。考其本庙碑记，据云：康熙二十三年增修正殿三楹，东西角殿四楹。至雍正九年又增修东殿三楹，西禅房三楹，南大门五楹，舞楼三楹。迄今世远年湮，被风雨之飘零，椽檩俱废。邑中善士触目感怀，欲兴土木，遂与合社公议。闻之者众口一词，莫不踊跃而前曰：此善事也。即量力捐金。择吉于道光九年三月动工，竭力经营，不惮夙夜之劳；尽心补葺，岂惜费用之繁。将庙宇尽为补葺，又创修花墙数丈，培植松树百有余株，庙貌愈觉其巍峨，声灵益显其赫濯，蔚然森秀，愈掩映而多情焉。工已告竣，嘱余以文。余虽久疎墨林，不得不据实序之，以志其不朽云。

（出入钱财布施，略）

上党郡儒学庠生行素牛易居篆额并书丹

大清道光十一年岁次重光单阏孟秋月中瀚之吉

炎帝廟補修碑記

粤稽周禮一冊而天官所屬最重；飭庀之材，虞書數篇而禹貢所載不無土木之興。乎三皇治世，神農獨開衣食之源，所以護人民而利後嗣者，其德益深，其澤更長也。斯邨之東北有炎帝古廟數楹，年深日久，不知何時建立，考其本廟碑記，但云康熙三十三年增修正殿三楹，東西角殿四楹，至雍正九年又增修東殿三楹，西禪房五楹，南大門五楹，舞樓三楹，迄今世遠年湮，被風雨之飄零，椽標俱靡，邑中吾士觸目感懷，欲與土木，遂與合社公議，聞之者衆口一詞，莫不踴躍而前曰：此善事也。即量力捐金，擇吉於道光九年三月動工，竭力經營，不憚夙夜之勞，盡心補葺，豈惜費用之繁。將廟宇盡爲補葺，又創修花墻數丈，培植松樹百有餘株，爾貌愈覺其巍峩，聲靈益顯其赫濯，蔚然森秀，愈擁映而多情。爲工已告竣，囑余以文，余雖久疎墨林，不得不擬寬序之以誌其不朽云。

一入五社九年社錢壹伯肆拾捌仟叁伯四十二文
一入衆姓佈施大錢壹伯零貳仟貳伯文
一入五社補工大錢伍拾伍仟四百三十四文
一入賣物料大錢捌仟肆伯七十九文
一入五社共攤土工壹仟壹伯四十二工
養牲之家載土載瓦
一起牛振國地内土数伯車
一入罰曹正𤼵入社大錢肆仟文
一入廟坡十九年收谷貳石貳斗彩畫舞樓使訖

一出石匠工價大錢伍拾貳仟六伯三十文
一出木匠工價大錢壹拾柒仟二伯一十七文
一出泥水匠工價大錢貳[illegible]貳仟七伯二十四文
一出鉄匠工價大錢壹拾[illegible]零叁伯七十六文
一出油匠工價大錢貳拾[illegible]仟壹伯伍十四文
一出鏃椽匠工價大錢拾[illegible]零貳伯六十二文
一出敬神花費大錢貳[illegible]仟零壹伯四十二文
一出襍項大錢拾仟零[illegible]一十三文

一買磚瓦脊獸　使錢陸拾仟零叁伯二十一文
一買頭髮石灰　使錢壹拾捌仟八伯四十九文
一買鐵器釘鉄　使錢壹拾[illegible]仟[illegible]伯[illegible]十二文
一買青石碑石頭　使錢伍仟九伯五十文
一買牌匾門板過木使錢叁仟八伯文
一覔載石載磚車脚使錢貳拾捌仟[illegible]二十四文
一買荻蓆煤炭　使錢玖仟三伯二十八文
一覔人壘西山扉墻砌坑厠使錢柒仟叁伯五十二文

上黨郡儒學庠生行素易君篆並書

大清道光十一年歲次重光單閼孟秋月中澣之吉

二二 常家沟村炎帝庙

外景

殿内壁画

常家沟村炎帝庙

常家沟村位于高平市城西4.5公里处，属野川镇管辖。这里地处山区。炎帝庙建在村西北隅高地上。该庙规模较大，整个建筑依地势而筑，北高南低，坐北面南，分为上下两院，占地面积1000余平方米，创建年代不详。清康熙乾隆年间均有修缮。现存建筑有舞台、山门、正殿、配殿、耳殿、厢房等。

下院有舞台三间，向北拾阶而上便进入上院。山门为过厅式建筑，面阔三间，进深六椽，宏伟壮观，门额上挂匾额一块，上书“炎帝庙”三个大字。上院为单进院，院内宽敞。正殿建于庙院的后部，面阔三间，进深六椽，前出廊，单檐悬山式屋顶，筒板布瓦盖顶，灰脊。殿内正面塑炎帝像。东西北三面墙壁上均绘有壁画。后墙上绘有花鸟条屏12幅，东山墙画行云布雨，西山墙画虎。正殿东西各有耳殿二座，东耳殿为关公殿、牛王殿，西耳殿为三嵕殿、蚕王殿。整个建筑均匀对称，美观。2010年该村对炎帝庙进行了全面维修，面貌一新。

常家沟炎帝庙每年六月初六日，要举行盛大的庙会祭祀炎帝。庙会由常家沟、蒲沟、底东沟、洞上、上东沟五个村共同举办。

正殿

重修神农庙碑记

【简介】勒石于清康熙十年（1671）三月，现存野川镇常家沟村炎帝庙。碑身首一体，石灰岩，高191厘米，宽54厘米，厚21厘米。碑文记叙了常家沟存炎帝庙，因庙狭小，社首悦拱先等向东扩基，创建诸神殿事及布施人姓名。碑首圆形，中间篆刻“重修神农庙碑”六字，两边线刻双龙纹图案。周边刻缠枝花图案。秦鉴沐撰并篆，常衍祚书。碑保存完整。

【碑文】文林郎河南归德府、睢州柘城县知县秦鉴沐撰并篆

邑善人常衍祚谨书

泫西野川西里，有神农炎帝庙，在常家沟之西北隅，东接金峰生气，西映汤帝神明，雨旸时若，福佑民生。垣墉故址，其来久矣。前亦时修时止，而风凌雨剥，更岁月久，不修且坏。社首善人悦拱先，常体德、梁□荣、悦天禄等，每值春祈秋报，时睹旧址浅狭，每拟合力助工而饰旧增新焉。偶佛会，话余于斯，论及补葺正殿，壮（庄）严庙貌，更欲于翼修诸神旁殿之余，东西各创三楹。余曰：善哉。奈东基偏而促，盍移址阔基，一方正院宇乎。众善遂然而展东建成。其堂构峻崇，廊庑鳞翼，益见规制端伟、丹垩炫烂矣。且一切庙宇巨细，无不振举，美哉奂焉，足以妥神灵而称崇奉也。事竣不可无记，因短俗实叙。凡助缘布金者，姓名悉勒贞珉，以劝修善者之继后云。

（布施姓名，略）

康熙十年三月初一日

住持人王守礼

玉工申俊

重修炎帝庙创修山神土地庙碑记

【简介】勒石于清乾隆十三年（1748），现存野川镇常家沟村炎帝庙。碑身首一体，石灰岩，高223厘米，宽73厘米，厚28厘米。碑文记叙了炎帝庙康熙十年（1671）重修，乾隆九年（1744）创修山门，因庙内狭小，维首常现贵等人，住持照亮募化，扩展北殿，又创修高禖祠、山神、土地庙等事及布施人姓名等。碑首圆形，用减地平剔法刻双龙、祥云图案。中间篆刻"重修神农庙碑"六个字。碑身四周镌刻有龙、凤、菊花等吉祥图案。陈天禄撰并书，玉工裴德、尚思兴刊。碑保存完整。

【碑文】炎帝庙之建立于此也，由来久矣。虽创修无可考，而重修则自康熙十年间也。当日东壁狭隘，而重修之时则展阔焉。南壁山门卑小，后于康熙五十八年重修，则又从南展，高大其门焉。总之，旧制古拙，东西长而南北短，四方游观之士，往往有不合款式之诮。迨至乾隆九年间，正殿脊兽颓坏，将至栋折榱崩，不免倾圮之虞，神何所凭。维首常现贵、常朝旺、悦誉等，目击心动，纠合村中善士，公议补葺。因而念及主殿若再从北展，庶南北恢弘，院宇阔亮。恒恐工大费繁，村小□□，难以奏效，遂令前住持照亮持缘募化。于是先垒石埈（堎），正殿北展一丈六尺。重新改修东壁，又创修高禖神祠，西壁又创修禅房。又于石截上创修一庙，将山神、土地移于彼处。不敢谓有补风脉，庶报庙者亦不至□杂于此也。不意兴作之后，常现贵、常养寿先作古人，照亮亦随即荼毗。厥后常海善继乃父现贵之志，与朝旺戮力维持，仍令照亮之徒普隆摇铃催工。观后起之规模，较前更宏大焉。今庙貌改观，焕然更新。工既告竣，勒石为记。

邑庠士陈天禄薰沐撰书

（布施姓名，略）

大清乾隆十三年八月初一日谷旦

玉工裴德、尚思兴仝刊

重修炎帝廟創修山神土地廟碑記

炎帝廟之建立於此也由來久矣雖創修無可考而重修則自康熙十年間也當日東壁狹隘而北修之時則展闊焉南壁山門卑小後於康熙五十八年重修則又從南展高大其門焉總之舊制古拙東西長而南北短四方遊觀之士往往有不合款式之誚迨至乾隆九年間正殿卷棚頹壞將至神抗樓前不免傾圮之虞神何所憑維首常覌貴常朝旺悅啓寺目擊心動糾合邨中善士公議補葺因而念及主殿若再從北展最南北恢弘院宇闊亮恒恐二大貴祭邸小隘以奏效遂令前往持照亮持緣募化于是先壘石竣正殿北展一丈六尺重新改修東壁又創修高禖神祠西壁又創修禪房又於石截上創修一廟將山神土地移於彼處不敢謂有補風脉庶報廟者亦不至雜於此也□貴興作之後常現貴常養壽先作古人照亮亦隨郎茶毘厥後常海善繼乃父現貴之志與朝旺戮力維持仍令照亮之徒普隆搖鈴催工觀後起之規模較前更宏大□□貌改觀煥然更新工既告竣勒石為記

邑庠士陳天祿薰沐撰書

[illegible]

大清乾隆拾叁年八月初一日穀旦

增修炎帝庙前院碑记

【简介】勒石于清嘉庆七年（1802），现存野川镇常家沟村炎帝庙。碑身首一体，石灰岩，高276厘米，宽84厘米，厚30厘米。碑文记叙了常家沟村炎帝庙殊小，于乾隆五十九年（1794）扩其制，改修山门，舞楼，创修耳楼、看亭事，以及维首、布施人姓名等。碑首圆形，用减地平剔法镌刻二龙祥云图案，中间楷体，镌刻“皇清”二字。碑身周边镌刻缠枝花图案。悦富德撰并书，玉工尚德镌刻。碑保存完整。

【碑文】尝思圣人以神道设教，固欲人之有所瞻仰，而相劝于为善也，亦即所以报功。后世不察，遂任意立祠，动众伤财，莫此为甚。故狄梁公巡抚江南，奏毁淫祠千七百所，所存者惟夏禹、泰伯、季子、伍员四祠。由此观之，无关祀典者，在所当裁，而有关祀典者，正宜特隆其报也。常家沟之有炎帝神农庙，不知创自何代，康熙、乾隆年间，前辈起而重修者，业经两次，凡春祈秋报、击鼓吹豳，实嘉赖之。而识者每谓神功大而庙貌殊小，地势缺而风气不收。乡中父老闻之，往往有增修之意，而未敢轻举。至乾隆五十九年，适值秋报，乡人相聚而言曰：“上古之人，茹毛饮血，若夫开穑事之先，使后世得以粒食者，皆神农之赐也。况吾村西北地卑，风气漫散，惟因庙制而恢廓之，庶报神功、补风脉，可一举而两得矣。”于是，按地输财，共成盛举。又恐工程浩大，力不能支，爰遣住持他方募化。由是举重若轻，而成功较易。庙门则改修之，舞楼则重修之。至于耳楼上、下八间，东、西看亭六间，一切墙垣照壁，则皆其所创修者也。且黝垩丹漆、焕然一新。善哉斯役，耗费虽繁，而不敝于财；兴作虽多，而不疲于力。越嘉庆七年而诸工告竣。众欲勒石记功，以垂久远，而征文于余。余愧不能文，姑摭其实而为之记。

邑庠士悦富德撰并书丹

（布施姓名，略）

大清嘉庆七年岁次壬戌三月二十四日谷旦

住持梁理容、徒王性刚

玉工尚德镌

增脩炎帝廟前院碑記

嘗思聖人以神道設教固欲人之有所瞻仰而相勸於為善也亦即所以報功後世不察遂任意立祠動衆傷財莫此為甚故狄梁公巡撫江南奏毀淫祠千七百所所存者惟夏禹泰伯季子伍員西祠由此觀之無關祀典者在所當裁而有關祀典者正宜特隆其報也常家溝之有炎帝神農廟不知創自何代康熙乾隆年間前輩起而重脩者業經兩次於春祈秋報擊鼓吹幽賓嘉賴之而識者每謂神功大而廟貌殊小地勢缺而風氣不收鄉中父老聞之往往有增脩之意而未敢輕舉至乾隆五十九年適值秋報鄉人相聚而言曰上古之人茹毛飲血若夫開稼事之先使後世得以粒食者皆神農之賜也況吾村西北地卑風氣漫散惟因廟制而恢廓之庶報神功補風脉可一舉而兩得矣於是按地輸財共成盛舉又恐工程浩大力不能支爰遣住持他方募化由是衆擎重若輕而成功較易廟門則改修之舞樓則重脩之至於其樓上下捌間東西看亭陸間一切墻垣照壁則皆其所創脩者也且黝堊丹漆煥然一新善哉斯役耗費雖繁而不敝於財興作雖多而不疲於力越嘉慶七年而諸工告竣衆欲勒石記功以垂久遠而徵文於余余愧不能文姑摭其實而為之記

邑庠士悅富德撰并書丹

今將施財姓氏列左

京都 通順店銀拾兩 義順店銀貳兩 萬順店銀伍兩 公興店 廣聚店 王京店 天裕店 長盛店各銀□兩

明太店 陳彩 繼盛店 王國財 閆端信 刘万年 廣順店 永和店 榮盛店

李有德以上各 全道店銀壹兩 郭玉順 葛進廣 崔大有 王繼宗 王榮 常大如 維茂倫各銀□

刘万忠 周鳳祥 祁進孝 天泰店 永成店 永順店 □滑興各銀□

山東曹邑青堤集 發興店銀拾兩 王□□ 永順店各銀貳兩 永□店 白全興 隆盛店 程錦□ 馬合志 文□店各銀□兩

潘東建 馮宗振 徐州光 申明安各銀□兩 潘世珍 謝敬先 王公村 翁桂林各銀□ 王振海 路發周各銀□

萬興店 紀怀珠 白全重 錦生店 乙振生 王貴言 趙佳声 刘永傑 保元堂 杜方溥

李重長 趙起白 王勤 王璜 王珣 錢王 道有德 潘士傑 潘廣連 寄清智

潘應照 孫興洞 孫廣田 李智 義順店 岳秀德 黃璜 王德榮 楊倫升 王慶林

趙建直以上各 孫璵銀伍□ 徐榮三 潘應君 胡永興 趙有年 方萬和 孫有志 王玉林各銀□ 刘有祿銀□

王孝長 馬純脩 趙光照 三元店 郭源全 永和店各銀□ 汪法□ □興□ 王義店 復興店各銀貳

義成店 郭重礼各銀式 隆花店 萬全店銀四兩 寄興店銀式兩 德勝店銀四□ 孫福如 程百万 程秉純 刘尚德各銀式

住持梁理家 徒王性鄧

石工尚德錫畫

大清嘉慶七年歲次壬戌三月二十四日穀旦

炎帝庙古佛堂观音堂山神庙补修碑记

【简介】勒石于清道光七年（1827）十月，现存野川镇常家沟村炎帝庙。碑为长方形，石灰岩，长 105 厘米，宽 60 厘米。碑文记叙了常家沟村集财二次补修庙宇的过程及捐资、收支、维首、住持等情况。碑身四边刻仙草纹图案。常湛书丹，尚大荣镌书，碑保存完好。

【碑文】赵威后答齐使曰："苟无岁，何有民。"我先师仲尼氏，蔬菜必祭先代，始为饮食之人，不忘本也。吾村旧有炎帝庙，先辈屡次重修，前碑具在。但历年风凌雨剥，殿宇穿漏，以致神栖不宁。每逢祈报之际，众皆目睹心伤，于是维首公议补葺，按社均摊钱文，布施继之；圣贤会积钱若干，又继之。储材鸠工，将村中各神堂、殿宇，悉补葺重新焉。工起于嘉庆二十四年秋，告竣于道光七年夏。二次兴工，所有捐钱数目，村人善念工作，不可没也，故珉以记之。

处士澄斋常湛书丹

今将施财姓氏列左（略）

以上共捐钱三十五千文。二次共收社钱四十八千九百文。泥木水作一百六十一文，工匠合钱十九千三百二十文，砖瓦木料集项共使钱三十三千一百八十文。照社拨土工三进余工，以上二共使钱五十二千五百零，下余钱若干，敬神使用。

维首（略）

（布施姓名，略）

住持邢本元全立

龙飞道光七年十月初七日吉旦

玉工尚大荣镌书

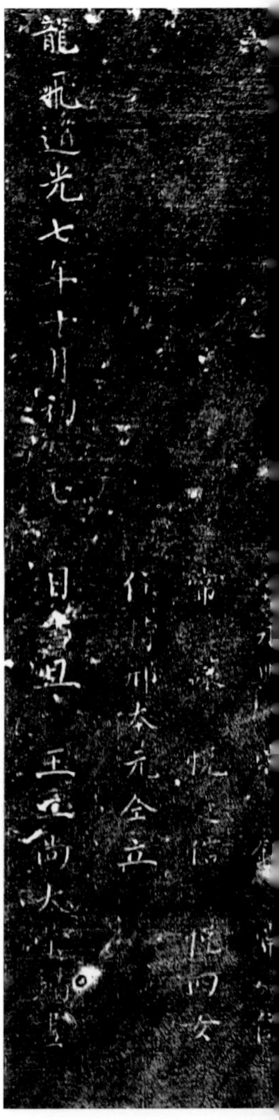

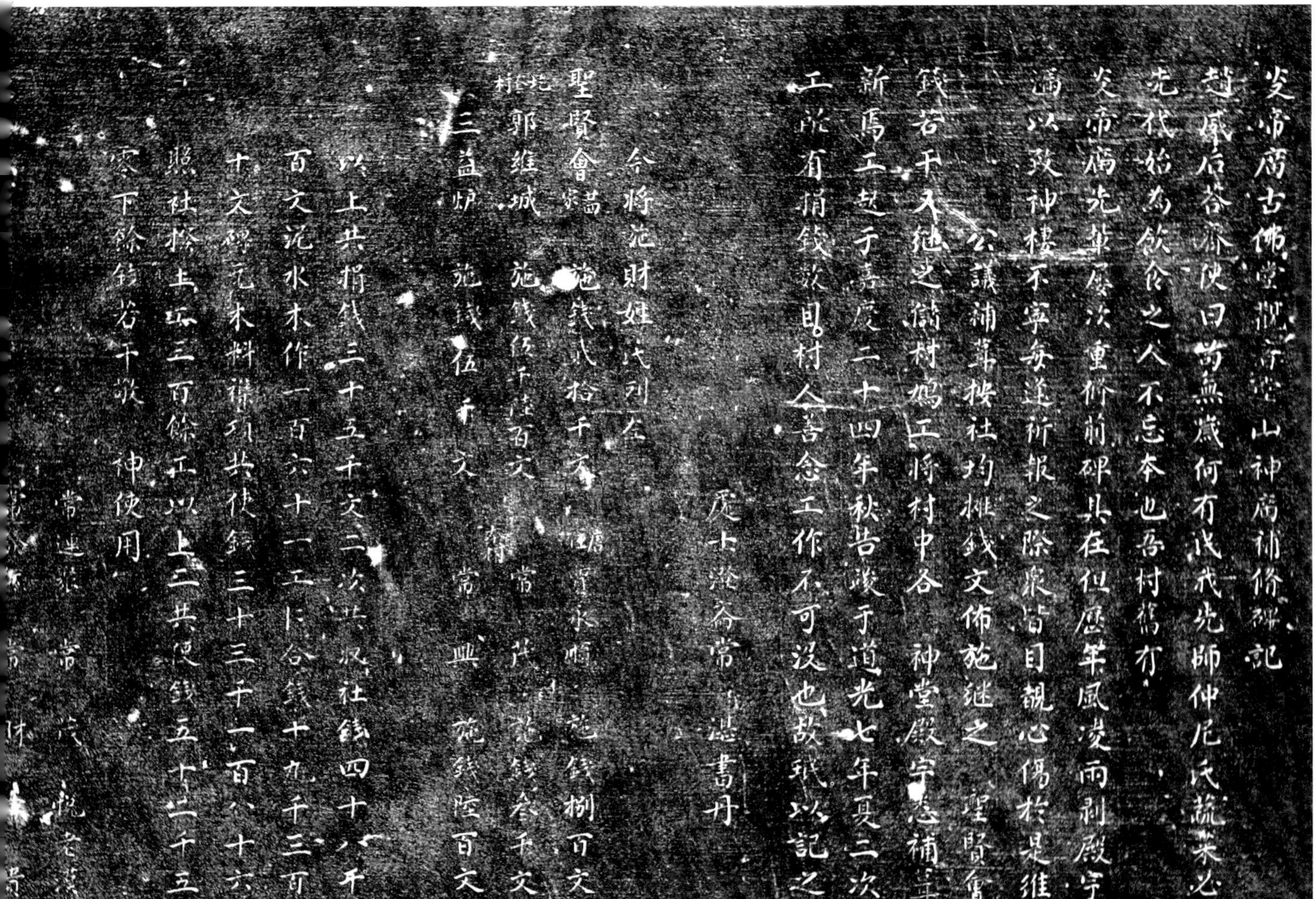
炎帝廟古佛堂觀音堂山神廟補修碑記
趙城后峇村傑曰昔無藏何有代代先師仲尼氏蔬菜必祭
先代始為飲食之人不忘本也吾村舊有
炎帝廟先輩屢次重修前碑具在但歷年風湊雨剝殿宇穿
漏以致神樓不寧每逢祈報之際衆皆目覩心傷於是維首
公議補葺按社均攤錢文佈施繼之 聖賢會積
錢若干又繼之備村爲工將村中各 神堂殿宇悉補葺重
新焉工起于嘉慶二十四年秋告竣于道光七年夏二次興
工所有捐錢數目村人善念工作不可没也故鐫以記之
庠士滄翁常[illegible]濾書丹
合將施財姓氏列左
聖賢會首家 施錢貳拾千文 經理常永順 施錢捌百文
地甲郭維城 施錢伍千陸百文 村長常茂 施錢叁千文
三益炉 施錢伍千文 常興 施錢陸百文
以上共捐錢三十五千文二次共収社錢四十八千九
百文泥水木作一百六十一工卜合錢十九千三百六
十文磚瓦木料雜項共使錢三十三千一百八十六文
照社攤土坯三百餘工以上三共使錢五十二千五百
零下餘錢若干敬 神使用
常迷泉 常 茂 施老漢
常 林 貴

补修炎帝庙古佛堂观音堂山神土地庙碑记

【简介】勒石于清光绪三十一年（1905），现存野川镇常家沟村炎帝庙。碑身首一体，石灰岩，高191厘米，宽54厘米，厚21厘米。碑文记叙了常家沟村按地亩摊钱，陈堆山等人募化补修炎帝庙、古佛、观音等诸庙事，以及出入钱财、布施人姓名等。碑首圆形，用减地平剔法镌刻双龙纹图案，中间刻“完善同归”四个字，楷体。碑身两边刻缠枝花纹图案。陈国钧撰文，尚可兴书丹，碑保存完整。

【碑文】且夫，创始经营，起于前代；缠绵补葺，继之后人。吾村旧有炎帝大庙一所，以及村中古佛、观音、山神、土地诸神庙宇，不知创自何代，始于谁氏。统观数碑所载，自康熙至嘉庆，重修、補修、增修，代不乏人。惟自道光至今，多历年所，补葺乏人，以致庙宇前后左右，已倾圮者十有六七；未倾圮者不过二三。若不及时治理，渐渐颓累不堪。合村社首人等，久欲补葺，奈工程浩大，需用甚繁，而村中狭小，共二十余户，统计地亩不足五顷。合村社首，思之至再，筹之至三，欲不补而工程俱倾，欲即补而囊橐皆空，此则社首等进退维谷者也。幸而近二年，合村平顺，年景丰亨，村人积粟，稍有盈余。社首等趁时共议，按地亩公摊，一亩至五亩作社半分；六亩至十亩作社一分，每分摊钱五串六，合共六十零半分。统共收钱三百三十余串文，犹不足用。始造缘布一册，邀请东沟陈堆山、陈国钧，善为募化，裨四方君子解囊相助，将□不吝蝇头，共起仗义输财之念;积成狐腋，俨有翚飞鸟革之形。兹值工程告竣，理宜垂碑勒石。奈钱项空乏，始将昔年旧碑，反面无字无画，磨精洁，陈述其事，并列尊衔，以垂永远不朽云尔。

贡生陈国钧撰

处士尚可兴薰沐书丹

（出入钱财、布施姓名，略）

现住持马清山

玉工袁三祥敬刊

大清光绪三十一年巧月中澣勒石

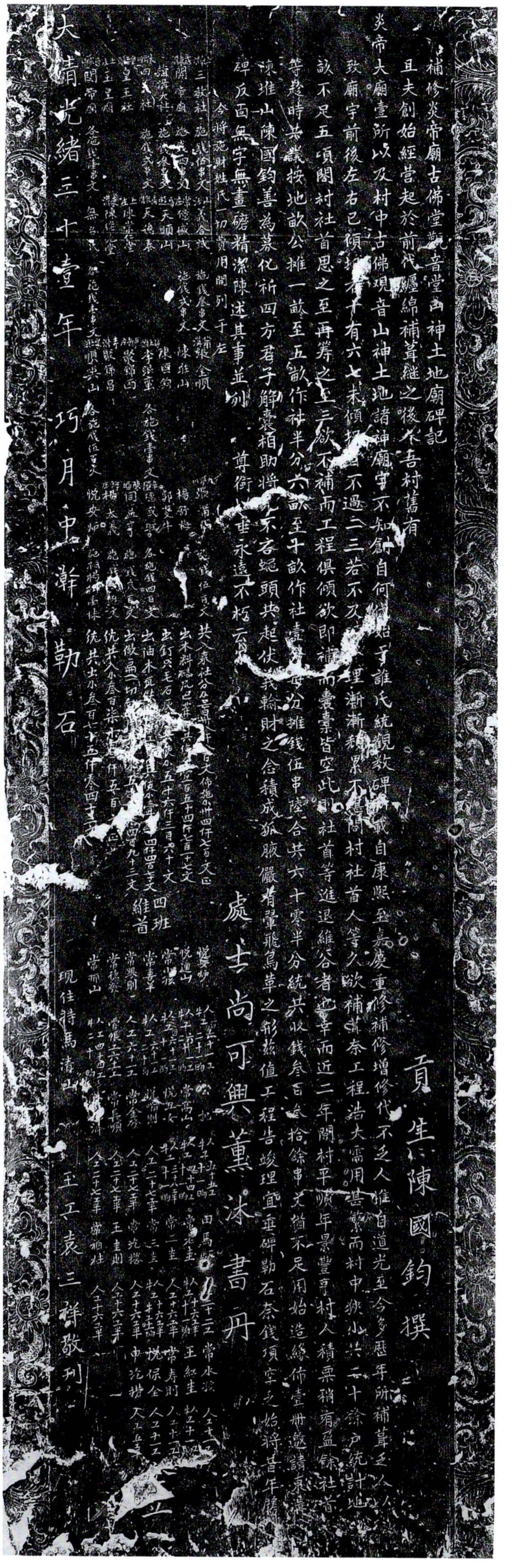

補修炎帝廟古佛堂觀音堂山神土地廟碑記

且夫創始經營起於前代，纏綿補葺繼之後人。吾村舊有

貢生陳國鈞撰

炎帝大廟壹所，以及村中古佛、觀音、山神、土地諸神廟，宇不知創自何代，始于誰氏，統觀數碑，載自康熙至嘉慶重修、補修、增修，代不乏人，惟自道光至今多歷年所，補葺乏人，

致廟宇前後左右已傾圮者十有六七，未傾圮者不過二三，若不及時修理，漸漸頹累，不堪問。村社首人等久欲補葺，奈工程浩大，需用甚繁，而村中狹小，共二十餘戶，統計地

畝不足五頃。闔村社首思之至再，籌之至三，欲不補而工程俱傾，欲即補而囊橐皆空。此則社首等進退維谷者也。幸而近二年闔村平順，年景豐亨，村人積粟稍有盈餘，社首

等趁時共議，按地畝公攤，一畝至五畝作社半分，六畝至十畝作社壹分，每分攤錢伍串陸合，共六十零半分，統共收錢叁百叁拾餘串文，猶不足用。始造緣簿壹冊，邀請東邊

陳堆山、陳國鈞善爲募化，祈四方君子解囊相助，將不吝蝇頭，共起伏義輸財之念，積成狐腋，儼有翬飛鳥革之彩。茲值工程告竣，理宜垂碑勒石，奈錢項空乏，始將昔年[舊]

碑反面無字無畫磨精潔，陳述其事，並列 尊銜，垂永遠不朽云爾。

處士尚可興、董沐書丹

今將施財姓氏一切費用開列于左

大清光緒三十壹年巧月中澣勒石

現住持馬清山

王工袁三祥敬刊

二三 炎帝岭炎帝高庙遗址

炎帝岭炎帝高庙遗址

炎帝岭，俗名高庙山，位于北城办西北与野川镇交界处。该岭南北走向，四面沟壑纵横，海拔 1025 米。这里流传着始祖炎帝采药、制药，并中毒身亡的传说。传说炎帝在此岭上误食一种有毒的百足虫，不能解而献身。此岭是炎帝的采药处，献身地。后人为纪念炎帝，在岭上建庙奉祀。

炎帝岭上有一块平地，约有 1000 余平方米，炎帝庙就建在这里，现此庙已不存。据老人们回忆，该庙为单进院，创建年代不详。庙院建有炎帝大殿、角殿、禅房等，殿内墙壁上还绘有壁画，内容不详。炎帝庙庙南为池，庙北为井，池曰“神农池”，井曰“神农井”。在庙前的山坡上还建有舞台一座。在炎帝庙的遗址上散落有砖瓦等建筑构件。有光绪三年（1877），《募缘四村一社补修碑记》一通，有“炎帝庙门”字样的门板一副。这些资料的发现，为炎帝岭炎帝庙的研究，提供了重要的佐证。这是高平市唯一一处以“炎帝”命名的山岭。

每年农历的七月初五日要举办庙会，由炎帝岭周围的六村三社，即蒲沟、南沟、北沟、后沟、背里、卢家共同筹办。因庙已毁，现庙会移至后沟村。

庙门

募缘四村一社补修碑记

【简介】勒石于清光绪三年（1877），现存野川镇后沟村舞台上（原在市城西北炎帝岭炎帝庙）。碑身首一体，石灰岩，高 166 厘米，宽 51 厘米，厚 19 厘米。碑文记叙了高庙山四村一社募化维修神农炎帝大殿、东西角楼等事,以及各村捐资人姓名等。碑身用减地平剔法镌刻双龙戏水纹图案，中间楷书“福缘善庆”四个字。碑身两边镌刻花卉纹图案。碑保存完整。

【碑文】尝闻自古及今，创修难，而继修、增修与成功者更难。只因高庙山自古五村三社承办祭祀敬神。现时四村一社，止道光年间续修，止今未有动工补修。目下檩梁椽柱笆瓦墙垣皆以塌坏，所言神农炎帝大殿东西角殿、东西禅室塌门，墙垣舞楼一概，比（被）风雨损坏，目下若不补修，往后塌累告大尽，众民眼见，触目伤心，这才公举鸠总维首，当思展茸，囊空乏，倘有后钱项花消不能接济，恳告四方爷台君子商，均量力资住（助）布施，拳言石小积能成山，勺水积能成海，以小积多之意也。

众善士捐资姓名列后（略）

嵩綠四村一社補修牌記

聞自古及今創修難而繼修增脩與成功者更難只因高山廟自古五村三社承辦祭祀敬神現時四村一社止道光年間續脩止今未有動工者補脩目下標榜椽柱笆瓦牆垣皆以塌壞所言神農炎帝大殿東西角殿東西禪室墻門牆垣舞樓一概比風雨損壞目下若不補脩徒復塌累告大儘衆民眼見觸目傷心這總公舉鳩總維首當思昼青囊空之尚有台錢項花消不能接濟懇告四方爺台君子高均量力資佳佈施拳宣石小積能成山勺水積能成海以火積多之意也

衆善士捐資姓名列右

野川鎮
四大社捐錢叁千文
貝裡村
聚盛窑捐錢弍千五百文
上東溝
大社 興山永
下東溝
大社
台山
公記窑
皇王頭
大社
以上各捐錢弍千文
唐家山趙二王鎖捐錢壹千六百文

小池嶺
全盛窑捐錢壹千四百文
王降村
大社
南溝村
大社
王何北村
大社
箭頭村
大社
喬家溝
大社
以上各捐錢壹千五百文

西溝村 騾拒窑
大社捐錢壹千叁百文 吉太山捐錢八百文
前大山 帝家溝 市望村 杜寨村 駒庄村 河底村
復義成 大社 大社 大社 大社 大社 大社
張家庄 鄭家河 蒲溝村 李庄村
和成窑 大社 大社 大社
台大山 北溝村 王何東村 以上各捐錢六百文
義成公 大社 大社 北楊村 上野川
貝裡村 南王庄 常庄河 部天德 崔發丁
公義成 大社 德盛山 坑塔庄 孟景英
邢家庄 路家村 南揚村 增盛堂
邢盛 大社 大社 以上各捐錢叁百文
山活 柳樹底 以上各捐錢壹千文
義合成 大社

上野川 炉庄村 高坡脚
呂保德 大社 長義山
洞上村 南揚村 喬家溝
大社 晉太恒 福興同
坑塔庄 永盛長
大社 坑奈村
常 庄 大社
大社 新庄村
寺溝村 大社
大社 崔家万
秦城後溝 大社
祖師會 皇王頭
大坡溝 文興瑞
大社 以上各捐錢五百文

二四 焦河村炎帝神农庙

戏楼

影壁

门匾

阳刻碑首

焦河村炎帝神农庙

焦河村，亦名蛟河、焦家河，位于高平市城南 10.5 公里处，属河西镇管辖。这里地处平川，南面青山环抱，北面是平坦的丹河谷地。炎帝庙创建于金明昌元年（1190），原建于村西北的高地上，俗称庙岭地。明嘉靖四年（1525）迁建于村北，紧靠村子，坐北面南，单进院落，占地面积 944 余平方米。现存建筑有山门、献殿、正殿、配殿、厢房等，为明清时遗构。建筑规模较大，巍巍壮观，是高平市保存完整的庙宇之一，距今已有 800 多年的历史。

山门面阔三间，下为门洞，上为舞台，山门两侧有二层小楼三间。正殿面阔五间，进深六椽，前檐廊深一间，单檐悬山式屋顶，筒板布瓦盖顶，灰脊。斗栱四铺作，柱为砂岩石，方形抹棱，柱础方形，青石雕造，雕刻精美。殿内北墙上绘有条屏画 12 幅，6 幅为花鸟画，6 幅为人物故事画，画面清晰，工笔精细，保存完整。殿前有卷棚式献殿三间，高大别致，庙院东西对称，美观大方。

道光九年（1829）《炎帝庙重修碑记》碑，为例授文林郎己卯科举人拣送知县司百川撰文。其碑文曰："余惟国家之制祀典，凡古帝王陵寝所在，各有司祠。邑之羊头山，帝陵在焉，东关下庙，岁时常祭，邑令职之，典至钜也，乡里佃民，庙帝之貌而祀之。"由此可见，高平炎帝陵载在祀典，祭祀炎帝的活动流传至今，经久不衰。

正殿

迁修炎帝神农庙碑记

【简介】勒石于明嘉靖四年（1525）十一月十六日，现存河西镇焦河村炎帝庙。高129厘米，宽60厘米，厚20厘米。碑文记叙了焦河村炎帝庙创建于金代明昌元年（1190），因庙倾圮，焦河村王大兴及乡人，将炎帝庙从村西北迁修重建于村北古道旁事。碑首圆形，中间篆刻“重修神农庙记”，双龙戏珠纹图案。张振纪撰文，庞辂书丹，李纯篆额。碑保存完整。

【碑文】高平县儒学训导辽东张振纪撰

高平县儒学生员邑人庞辂书

高平县儒学生员新庄李纯篆

高平县南去三十里有奇，村名焦家河。村西北高岗有古建神农庙。按其识，盖创于金明昌元年也。及至元间，诏示：凡古之帝王，有功德于民者，令天下奉崇之。前人因而重修，亦尝识之矣。自我朝以迄今日，盖三百四十有余年，越历既久，椽瓦为风雨所摇；垣墉为鸟鼠所穴。庙制倾圮，弗称瞻仰。嘉靖乙酉岁，乡耆焦氏大兴，暨焦子□、焦□、焦美□，乃属其乡众而语之曰：“吾侪得以饱食暖衣，而无饥寒之患；出作入息，而无寇盗之虞；且又祷应感通，而无拂逆之事者，皆神之力也。然人之安居食息，既有以赖于神，而神之庙貌修葺，独不有以托于人乎？吾侪其思之！”众皆唯唯，乐从改为。庙之故址，高峻崎岖，人皆苦其升降。询谋佥同，遂卜于村北古道之次，上下有未平者，取隙地之土以实之；左右有民田者，用旧庙之地以易之。观者既以新迁之地，规模狭隘，不足改为。适焦守印、焦珂田鄰之，不俟督劝，慨然各捐三分以益之。于是，鸠工聚材，土木具举。财出其所愿，不尽人之有也；役听其自来，不防人之业也。经始于三月七日，不三月而功告成焉。栖神有正殿，殿之两旁又有别殿，各肖神像于其中。东西又有殿廊，总计二十有余。楹仍旧规，设立社壇，他如门楣高伉，缭垣齐一，美轮美奂，视前制大有不蠢。呜呼！庙既成矣，神孔安矣。而居者兴如在之诚，行者起瞻仰之敬。凡秋冬之报赛，水旱之祈祷，无不在于斯焉。本庠弟子生员焦氏振，世居于斯，首举此图，付焦氏大兴以治之。乡人因庙成立石，托振为文，振赍庞生辂，状请余而记，用□永久。余惟炎帝神农氏，斫揉木为耒耜，以粒民之养，尝百草为药饵，以寿民之生，功德覆被天下以及后世，而天下后世作庙以祀，固其宜也。但世传县北羊头山有此庙，换马有此庙并陵寝，谓之上；县东关有此庙，谓之下；此处有庙，谓之中。其详固未可知，大抵三晋地辟民聚，建设神祠盛于他郡。炎庙尚多，不能悉记，兹四处特撮其大概耳。今大兴辈改迁，此举无他规图，其亦仍旧为新，乃欲朝夕焚修，上以祝圣寿于无疆，下以化导斯民去恶而为善也。迁庙成功，固录如左，而同事姓名，亦以勒之碑阴云。

大明嘉靖四年岁次已酉仲冬十一月十六辛未吉日立石

纠首耆民（略）

直隶大明府玉工王林勒

重修炎帝神農廟碑記

重修炎帝神农庙碑记

【简介】勒石于明万历三十三年（1605）秋月，现存河西镇焦河村炎帝庙。碑身首一体，石灰岩，高182厘米，宽71厘米。碑文记叙了焦河村焦元道等人见庙貌颓倾，捐资重修，创修村西汤王庙三楹事。碑首圆形，浮雕双龙戏珠，中间篆刻“重修炎帝碑记”六字。郭东撰文，袁逊慧书丹并篆额，李邦光、李朝安刊石。

【碑文】泫邑南乡村，名焦家河，旧有神农庙一区，肇创于金明昌元年，在村西北隅，峻岭崎岖，人苦陟降。迨至我朝嘉靖乙酉岁，乡耆佥谋，遂迁于村北古道之左，殿宇楹廊，故址犹存，但历越既久，栋圮榱败，垣墉倾塌，英灵何所栖焉。□人往往视之，漫不关心，莫肯殚意修葺，以妥厥灵。□久废之秋者，有村居耆士焦元道、焦良卿、焦元德、焦朝光、焦承秋、焦承光、焦国安、焦满敖、焦朝甫、焦时亨、焦荣贵、袁世海、赵孟鹤，谒庙瞻顾，见其楹桷摧挠，风凌雨剥，神像不□，禋祀无所，触目伤心，辄欲革旧宇而建新之，谋诸阖乡而语曰：“吾辈得遂饱暖之欲，无夭折之患，祷应□于影响者，皆帝所尸（施）也。今愿为兴废之举，何如？”众□然应曰：“其盛事也，敢不协力以赞成乎！”于是元道等鸠工聚财，□率课成，□□经□□而修复，照地亩以捐财，量家资以施舍。凡财皆敛散，必置簿以稽查，力作惰勤恒，随时以省视。以□人心激动，砖瓦木石，靡靳所有，□度筑削，咸□其劳，循序而兴工，袭故而鼎建。重修正殿五楹，东翼殿三楹，西翼殿三楹，东廊庑五楹，西廊庑五楹，五道殿三楹，牛王殿二楹，舞楼三间，山门楼五间。复村西北，创修汤王庙三楹并西廊房，结架牢密，盘基坚固。由是，殿宇峃峨，廊庑森列，金碧翚□，制度邃严，凡崇阶之甃砌，垣壁之墁□，咸称宏丽。且也，复各塑神像于其中，视旧观□杰多矣。是举也，经始于万历二十九年春月念日，落成于本年七月末旬。呜呼！庙貌既成，则神有居。凡秋冬报赛，水旱祈祷，咸履斯地矣。今事告竣，众思砻磨贞石，丐予以言，以纪不朽。予惟神农，号炎帝，以火德王，都于陈。因天时，相地利，揉木为耒，斫木为耜，教民树艺，躬亲垄亩。然天时寒燠不常，黎民疾病难免，乃味百草之滋，以疗斯民之疾。是以民食已足，民生已全，泽及当时，恩垂后世。则夫今日重修殿宇，正以报□世救民之功耳。□□祠□心哉，又岂为徼福之计哉。兹缘庙制甫成，□录之于石，而输财姓名，亦勒于碑阴之后也。姑为俚语，以为记云。

赐进士通议大夫南京太常寺卿邑人郭东撰文

邑庠增广生员袁逊慧书丹并篆额

玉工李邦光刊

住持僧人始池、兴楚

石工李朝安

时皇明万历三十三年岁次乙巳秋月吉旦勒石

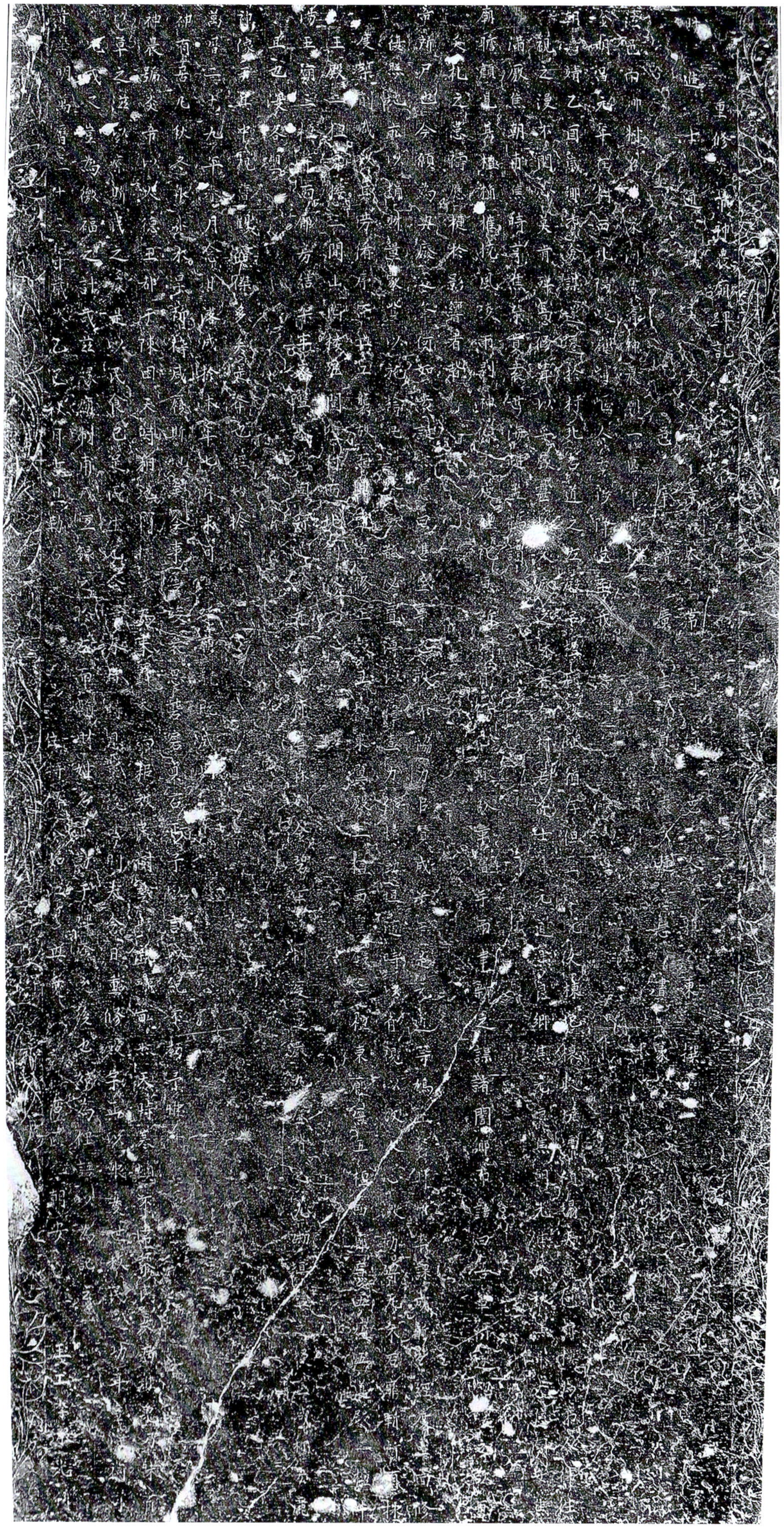

炎帝庙重修碑记

【简介】勒石于清道光九年（1829），现存河西镇焦河村炎帝庙。碑身首一体，石灰岩，高 211 厘米，宽 71 厘米，厚 23 厘米。碑文记叙了焦河村炎帝庙创修于金明昌元年（1190），明嘉靖四年（1525），迁修于古道旁，明万历、清乾隆年间修补，规制略备，又于道光年间葺而新之，由司百川记之之事。碑首圆形，用减地平剔法镌刻双龙穿云图案，中间篆刻"炎帝庙碑"四个字。碑身两边刻几何纹图案。司百川撰文，司南金书丹，李九龄镌文。

【碑文】自二氏之教兴，禅林道观，布满天下；又其甚者，淫昏无稽之鬼，衣（依）草附木，盲者不察，转相煽惑，一祠之费，动縻万千；一祠之建，动历岁月。独至古圣先贤，有功德于民，载在祀典者，其祠往往不存。幸而有之，率皆构落榱崩，泯没于荒榛蔓草之中，曾无过而问之者。盖人心之惑溺，而风俗之不醇古也久矣。吾村旧有炎帝古祠，未知始于何时。磨勘残碣，剥落之余，略可辨识，云：自金明昌元年创立于村西北之埠，今所称庙岭者是也。迄胜朝嘉靖四年，以距村稍远，享祀未便，迁修于此。历万历及我朝乾隆年间，两次修补，规制略备。岁久倾圮，村之人积谷募财，葺而新之。又于殿前立庭，门外增庑。工开于是岁之二月，越半载而告竣。竣之日，命余记之。余唯国家之制祀典，凡古帝王陵寝所在，各有命祠。邑之羊头山，帝陵在焉。东关下庙，岁有常祭，邑令职之，典至巨也。乡里细民，庙帝之貌而祠之，勿乃亵乎，抑非也，古者每食必祭，贵贱同之。帝为粒食之祖，固无地不宜祭，亦无人可不祭，于礼似亵，于情则安。礼以义起，分缘情定。庙而祀之，又何亵欤？顾所谓亵者，则亦有之。今之人，将谒其长官，皆有戒心，谓其尊也。而况由长官而上之，至于天子，至于神圣。而为天子者，其尊严之数，岂翅什百，倍蓰而已乎。见之者，宜何如其恭且肃也。顾乃衣冠不正，拜跪不严，甚且俾妇人、女子，亦得以其不洁之身，公然登帝之堂，履帝之庭，其为亵也。岂顾问哉！将以求福，反更作孽。然则，吾村之人，既知尊帝而新其祠，尚勿亵帝而贻之疚，是则，作庙者之志也。是为记。

例授文林郎乙卯科举人吏部拣选知县司百川撰文

邑庠生司南金书丹

总理工程人（略）、助理人（略）勒石

大清道光九年岁次乙丑十月谷旦

住持杨阳顺

石匠刘聚、牛进通

木作泥水匠张辉

彩画匠张天卿

铁匠王汝山

凤邑李九龄镌

炎帝廟重脩碑記

自二氏之教興，禪林道觀布滿天下，又其甚者淫昏無稽之鬼衣草附木，盲者不察，轉相煽惑，一祀之費動糜萬千，一祠之建動歷歲月，獨至古
聖先賢有功德於民載在祀典者，其祠往往不存，幸而有之，率皆構落樑崩，泯沒于荒榛蔓草中，曾無過而問之者，蓋人心之惑溺而風俗之不
醇古也久矣。吾村舊有
炎帝古祠，未知始於何時，磨勘殘碣剝落之餘，畧可辨識，云自金明昌元年創立于村西北之埠，今所稱廟嶺者是也。迨勝朝嘉靖四年，以距村稍遠，
享祀未便，遷脩於此。歷萬歷及我 朝乾隆年間兩次脩補，規制畧備。歲久傾圮，村之人積穀募財，葺而新之，又於殿前立庭門，外增廡五間。於
是歲之二月，越半載而告竣。竣之日，命余記之。余惟 國家之制祀典，凡古帝王陵寢所在，各有 命祠，邑之羊頭山 帝陵在焉，東關下廟歲
有常祭，邑令職之，典至鉅也。鄉里細民廟 帝之貌而祀之，勿乃褻乎？抑非也。古者每食必祭，貴賤同之。 帝為粒食之祖，固無地不宜祭，亦無
人可不祭，於禮似褻，於情則安，禮以義起，分緣情定，廟而祀之，又何褻歟？顧所謂褻者則亦有之。今之人將謁其長官，皆有戒心，謂其尊也，而況
由長官而上之至于天子，至於神聖而為天子者，其尊嚴之數豈翅什伯倍蓰而已乎？見之者宜何如其恭且肅也。顧乃衣冠不正，拜跪不嚴，甚
且俾婦人女子亦得以其不潔之身公然登 帝之堂、履 帝之庭，其為褻也豈顧問哉！將以求福，反更作孽。然則吾村之人既知尊 帝而新
其祠，尚勿褻 帝而遺之戾，是則作廟者之志也。是為記。

例授文林郎己卯科舉人吏部揀選知縣司百川撰文

邑庠生司南金書丹

總理工程人 司蘭 焦繩先 張震

助理人 王泰 張永良 焦萬魁 焦錩 王永昌 袁廷榮 郜化南 焦海 焦德昌 李喜已 司𡎺 焦垣 勒石

大清道光九年歲次己丑十月 穀旦

住持楊陽順

石匠 劉聚 牛進通 木作 泥水匠 張輝 畫匠 張[illegible] 王[illegible]山

鳳邑李九齡鐫

二五　乔里村炎帝庙

乔里村炎帝庙

乔里村位于高平市城东南 13.5 公里处，属河西镇管辖。这里地处丘陵，炎帝庙建在村东南，创建年代不详，清代曾有多次维修。坐北面南，一进院落，规模不大，占地面积 600 余平方米。清光绪九年（1883），《重修炎帝庙碑记》记载有正殿三楹，东西神殿各三楹，庙外舞楼一所。同治四年（1865）于舞楼两侧又增修东西耳房各二间。该庙现存建筑全部新建，堂楼房七间，南楼房七间，正南中间为大门，东西厢房各三间。存石碑一通，保存完整。

外景

重修炎帝庙碑记

【简介】勒石于清光绪九年（1883），现存河西镇乔里村炎帝庙。碑身首一体，石灰岩，长169厘米，宽56.5厘米。碑文记叙了乔里村于同治四年（1865）补修炎帝庙正殿、改修舞楼、增修耳楼等事。碑首圆形，用减地平剔法镌刻双龙祥云纹图案，碑身两边刻缠枝花图案。祁恂书。碑保存完整。

【碑文】从来庙宇之建，所以妥神灵，隆赛社，崇祀典，报宏恩也。粤稽上古相传，炎帝神农氏，立万姓粒食之原，为生民树艺之本。《诗》曰："粒我烝民，莫匪尔极。"帝德之高深，不诚万世永赖乎。吾村旧有炎帝庙，亦不知创自何时。正殿三楹，东西神殿各三楹，庙外舞楼一所。迄今代远年湮，垣颓檐堕，风飘雨洒，瓦裂椽崩。乡中父老，目击心凉，恻然动维新之志。然蕞尔微区，力有不逮，弹丸僻壤，有志未能。欲使美轮美奂，必得借助于他山；求其涂丹涂雘，尚须有赖于众力。因公同敬议，爰书缘谱，由近及远，共捐钱若干，补修正殿，并东西神殿，改修舞楼，增修两旁耳楼各二间。于同治四年春季开工，秋后告竣。彼时未遑勒石，则乐善好施之主与劳心效力之人，几湮没而不彰，岂非靡不有初而鲜克有终乎？兹于光绪九年前后，维首公议立碑，将化主、施主、董事诸人，一切匠工，次第列后，庶望自兹以往，永世不忘云尔。

增广生祁恂书

大清光绪九年岁次癸未冬至后五日

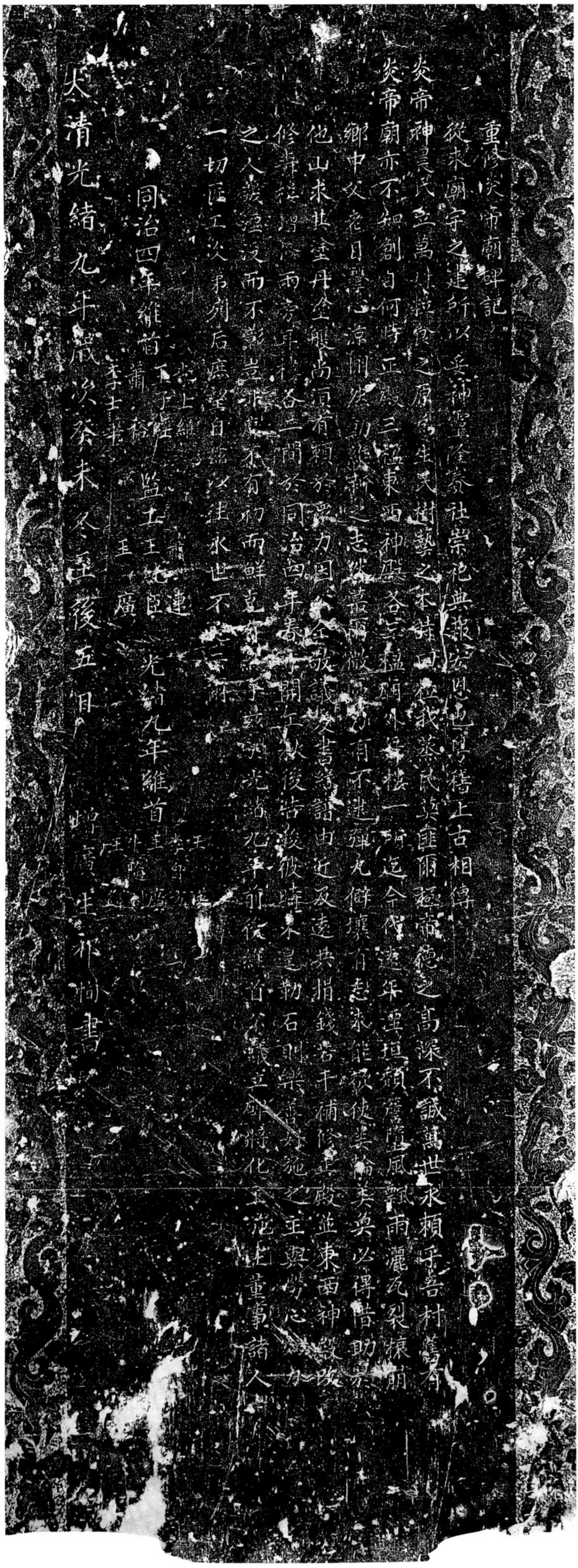
重修炎帝廟碑記
從來廟宇之建所以妥神靈隆祭祀崇祀典報宏恩也粤稽上古相傳
炎帝神農氏立萬世粒食之原爲生民樹藝之本耕田鑿井我蒸民莫匪爾極帝德之高深不誠萬世永賴乎吾村舊有
炎帝廟亦不知創自何時正殿三楹東西神殿各三楹兩小舞樓一所迄今代遠年湮垣頹簷[illegible]風飄雨灑瓦裂椽崩
鄉中父老目擊心傷[illegible]然有維新之志然蓋[illegible]微[illegible]有不逮殫九鼎擴有志未能振使美輪美奐必得借助於
他山求其塗丹艧尚須有賴於衆力因[illegible]敬議發書請由近及遠共捐錢若干補修正殿並東西神殿改
修舞樓增修兩旁耳樓各三間於同治四年春開工秋後告竣彼時未遑勒石則樂善好施之主與勞心[illegible]力
之人幾湮沒而不彰豈非[illegible]不有初而鮮克有終乎兹於光緒九年前後維首[illegible]立碑將化主施主董事諸人
一切匠工次第列后庶幾自兹以往永世不[illegible]
同治四年維首
光緒九年維首
大清光緒九年歲次癸未冬至後五日
[illegible]生[illegible]書

二六 双井村神农炎帝庙

外景

门额

双井村神农炎帝庙

双井村，位于高平市城东南 13.5 公里处，属河西镇管辖。炎帝庙建于村中央，创建年代不详。坐北面南，单进院，占地面积 964 平方米。现存建筑有山门、正殿、厢房等。

正殿建在高 1.1 米的台基上，面阔三间，进深四椽，前出廊，单檐悬山式屋顶，筒板布瓦盖顶，灰脊，柱头斗栱三踩单下昂。檐柱砂岩石，方形抹棱，柱础为青石雕造，有象、狮子等动物，雕刻精美。殿内神台上，塑有炎帝神农像两尊。一尊为神农，赤身裸体，口含药片，为尝药状。另一尊为炎帝，身穿蟒袍，头戴冠饰，为帝王像。这是高平市境内唯一把神农、炎帝作为两个人供奉的庙院。大门门楣上，有砖雕匾一块，雕刻“神农炎帝”四个字。

每年的三月十八日，举办庙会祭祀神农炎帝。

正殿

补修炎帝庙碑记

【简介】勒石于中华民国四年（1915），现存河西镇双井村。碑只存半截，残高57厘米，宽45厘米。碑文中有“神农炎帝庙一处”，“从新修理”字样。碑身两边刻有人物，几何纹图案。碑残存。

【碑文】闻之有创于前者，必有善乎其后也。非然者，虽（缺）神农炎帝庙一处，为合村福德之神也。迨今年远而（缺）摧损难堪。愚等意欲从新修理，奈力不足。且工（缺）逾八秩。邑之东南区谓望族，又素称乐善之（缺）于廊瓦之破者补之，瓴（砖）级之缺者增之。栋楹棂（缺）已翚飞鸟革，焕然一新。斯其劳心费财之德，有……以垂不朽云尔。

清（缺）

清（缺）

中华民国四年小阳月（缺）

補修炎帝廟碑記

聞之有創於前者必有善乎其後也非然者雖
神農炎帝廟一處為合村福德之神也迄今年遠而
摧損難堪愚等意欲從新修理奈力不足且工
適八秩邑之東南區謂為望族又素稱樂善之
於廊瓦之破者補之甎級之缺者增之棟楹[illegible]
已翬飛鳥革煥然一新斯其勞心費財之德有
以垂不朽云爾

中華民國四年小陽月

二七 朴村炎帝庙

戏楼

窗棂

朴村炎帝庙

朴村，亦名泊村，位于高平市城南 3.5 公里处，属南城办事处管辖。炎帝庙建于村西，俗称西庙，创建年代不详。坐北面南，进深一院，占地面积 689 平方米。现存建筑有山门、正殿、配殿、耳殿、厢房等。

正殿建在高 0.7 米的台基上，面阔三间，进深四椽，前出廊，廊深 2.2 米。单檐悬山式屋顶，筒板布瓦盖顶，灰脊，柱为砂岩石，方形抹棱，柱础方形，青石，雕刻有线刻画等图案，正背两面题刻有诗句，雕刻精美。柱头斗栱三踩单下昂。门为隔扇门，窗户为木制方格八角形图案，压窗石为砂岩石，浮雕二龙戏珠。正殿两侧有东西耳殿各三间。院南舞楼下为门洞，上为舞台。

每年的农历三月二十日，朴村要举办庙会，祭祀炎帝。朴村俗称小娘家。据传炎帝将自已的一个女儿嫁到朴村。朴村历史悠久，炎帝的传说故事与羊头山有千丝万缕的联系。

正殿

补修东岳庙碑记

【简介】勒石于大清嘉庆六年（1801），现存南城办事处朴村村东岳庙内。碑身高153厘米，宽60厘米，厚20厘米，碑文记录了朴村村集资补修东岳庙、戏楼及维首姓名等情况。碑身周边刻云、龙、花卉等图案。碑保存完好。

【碑文】尝闻欲广福田，须凭心地，以是知善心，固积福之本也。兹因吾乡之中，有东岳庙，历年多矣。日久浸蚀，其中神像污旧，殿宇圮坏，不唯亵神，亦且有忝于一乡之人耳。于此而不补修之，则功之小者而反大费之，轻者而反宏，欲求成功不綦难乎。是于西成报寔之期，属目而观，无不伤心惨目，而造作之心兴矣。于是鸠合一社而议之，皆欲金妆神像，补修庙宇，欣然称道此事甚美。何不及时图维，使废者可以复兴。庶不至于亵神，亦足以壮一乡之观瞻。独是功程浩大，原非一人所克成。积费繁多，必资众力而能是。由是思及一乡之中，因举募化之端，伏乞善男信女，轻抬易举，捐资以成人美，随心乐施。修善永荷神庥，清登尊衔，以备勒石。庶几完善同归，百世流芳，永垂不朽云尔。

时大清嘉庆六年岁在辛酉孟秋谷旦合社敬立

金妆神像一堂，韩顺宝，彩画大殿五间，王福，前有重修戏楼使金□□银□两

补修彩画，炎帝驾二抬□天□□起，金妆祖师一尊，牛永祯、牛俊

補修東嶽廟碑記

嘗聞歆廣福田須憑心地以是知善心固積福之本也茲因吾鄉之中有

東嶽廟歷年多矣日久浸蝕其中神像污舊廟宇圮壞不唯褻 神亦且有忝於一鄉之人耳於此而

不補修之則功之小者而反大費之輕者而反害欲求成功不甚難乎是於西成報賽之期屬自而

觀無不傷心慘目而造作之心興矣於是鳩合一社而議之皆歡金粧 神像補修廟宇欣然稱道

此事甚美何不及時圖維使廢者可以復興庶不辜於藝 神亦足以壯一鄉之觀瞻焉獨是功程

浩大原非一人所克成積貲繁多必賴眾力而能足由是思及一鄉之中因舉募化之端伏乞善男

信女輕抬易舉捐貲以成人美隨心樂施修善永荷 神庥清登尊銜以備勒石庶幾萬善同歸百

世流芳永垂不朽云爾

旹

大清嘉慶六年歲在辛酉孟秋穀旦 閤社敬立

金粧 神像壹堂 韓順貴 彩画大殿伍間 王 福

補修彩画 炎帝禹式槅 天 金柱 祖師壹尊 牛 [illegible]

二八 桥北村炎帝庙

外景

砖雕

桥北村炎帝庙

桥北村，位于高平市区城南，属南城办事处管辖。这里地处平川，交通十分方便，太洛、沁辉公路交汇于此，丹河从村东流过。炎帝庙建于村西北的高地上，创年代不详，坐北面南，单进两跨院落，占地面积1440余平方米。现存建筑有山门、正殿、东西耳楼、配殿、看楼等。庙门额上有“炎帝庙”木刻标记。对面有一个大照壁，高大壮观，照壁后有“神农池”。

山门面阔三间，下为门洞，上为舞台，两侧有二层小楼各二间。正殿建在高0.4米的台基上，面阔三间，进深四椽，前檐廊深一间，单檐悬山式屋顶，筒板布瓦盖顶，灰脊。柱头斗栱四铺作，无补间斗栱。柱为砂岩石，方形抹棱，柱础青石，隔扇门。殿内正面塑三尊神像，中为炎帝，东为紫王，西为虫王。正殿两侧有东西耳楼各二间，高峻挺拔。院内有东西配殿各三间，东配殿塑轩辕氏黄帝像，西配殿为高禖殿。这是高平同时供奉炎黄二帝的唯一一座庙宇。2004年，该村对炎帝庙进行了全面维修，面貌焕然一新，山门外又增置了石雕等景观。

正殿

重修炎帝庙碑记

【简介】勒石于清道光七年（1827）十月。现存南城办事处桥北村炎帝庙。碑身首一体，石灰岩，高191厘米，宽55厘米，厚20厘米。碑文记叙了桥北村集资募化重修炎帝庙的过程及维首、督工、住持等情况。碑上落款处有撰文者、书丹者、篆额者印六方，皆为篆刻，碑首圆形，用减地平剔手法刻双龙图案，正中篆体竖书阳文“重修炎帝庙碑”。秦銮撰文，缑谦书丹，李必沛篆额，刘聚镌刻。碑保存完整。

【碑文】泫氏神农尝五谷之地也。按邑乘，神农城在羊头山，其下有神农泉，又其下地名井子坪。相传，神农得嘉谷于此，始教播种，为之五谷畦。以故四方村落，多立庙以祀之，重本业也。桥北村人民淳朴，俗尚农桑。其东北最高处爰立神庙，不详年月。村人春祈秋赛，奉田祖，乐田畯，息老物，咸在于此。拜瞻之下，见祠宇倾颓，庙貌黯淡，佥兴补葺之志，遂议积善会一局，约有余金，改修舞楼三楹，东西看楼六楹，创修东西小看楼各一，西亭三间，西厦三间，坑厕一所。庙之中，倾者起之，缺者补之。焕然一新，称巨观焉。庙之外，东西廖廊，增修园门二道，群墙护之。庙之前有池，为之通渠以豬上水。又修照壁一堵，以壮神威。美矣，善矣。众首事经营造作，可谓极人工之巧矣。且不独此也，村中观音堂南大殿三楹，久经残剥，补修聿新，以为士女祈福之地。村东旧有阁一座，堪舆家以为一村文明之地，理宜高耸，起修一截，以补文峰；其坡则石砌之，其房则创修小屋以配之。又其外，则立土地神碑以祀之。是役也，起于嘉庆甲戌年春，迄季秋告竣。功成之后，通盘核算所积之金，益以本村布施及外乡捐输。不足其数，又联继善会一局，是年八月始完。而前之缺者，亦补足焉。于戏善哉！夫莫为之前，虽美弗彰，莫为之后，虽盛弗传。以兹村而兴如此之役，非慷慨乐输，焉能兴厥工，非踊耀趋事，又焉能观成哉！后之人倘亦体此焉，则像貌日新，规模日阔。古圣帝教稼之区，由兹乡而愈显其灵。俾村之人，食德饮和，崇淳朴，安农桑，益重其本业。是则创修者之志，抑亦重修者之志也。夫因为之记，以垂不朽。其乐输姓氏，悉载碑阴云。

邑禀生秦銮撰文

邑增生缑谦书丹

邑禀生李必沛篆额

积善会维首（略）

继善会维首（略）

督工（略）

木工俞殿祥

泥水工趙顺

石工路来保

铁笔工刘聚

主持绪理、绪德

大清道光七年小春月

重修炎帝廟碑記

滾氏神農嘗五穀之地[illegible]按邑乘神農[illegible]羊頭山其下有神農泉又其下地名井子坪相傳神農得嘉穀於此始教播種謂之五穀畦以故四方村落多立廟以祀之而本[illegible]也橋兒村今[illegible]

[illegible]為農桑其東北嵌高處爰立神廟不詳年月村人春祈秋賽奉田祖樂[illegible]蠟息老物咸在於此拜瞻之下見祠宇傾頹廟貌黯淡僉興[illegible]之志遂議積善會一局約有餘金修舞樓[illegible]

看樓六楹創修東西小者耩各一西亭三間西廈三間抗廁一所廟之中傾者起之缺者補之煥然一新彌鉅觀焉廟之外東西寥廓增修園門千道[illegible]

修照壁一堵以壯神威美矣善矣衆首事經營造作可謂極人工之巧矣且不獨此也村中觀音堂南大殿三楹久經殘剝補修革新以為士女祈福之地[illegible]

之地理宜高聳起修一截以補文峯其坡則石砌之其旁則剝修小屋以配之又其外則立土地神碑以祀之是役也起於嘉慶甲戌年春迄乎秋告竣功成之後[illegible]

施及外鄉捐輸者不息其數又聯絡善會一局是年八月始完而前之缺者亦補足焉於戲善哉夫莫為之前雖美弗彰莫為之後雖盛弗傳以茲村[illegible]如此之役[illegible]

踊躍趨事又焉能觀厥成哉後之人倘亦體此意焉則像貌常新規模日闊古聖帝教稼之區由茲鄉而愈顯其靈俾村之人食德飲和崇淳[illegible]安農桑益重其本業是則刻修者之志也亦重修者

志也太因為之記以垂不朽其樂輸姓氏悉載碑陰云

邑庠生 秦[illegible] 撰文

邑增生 張[illegible] 書丹

邑庠生 [illegible] 篆額

積善會維首 邢文 張鎔 楊[illegible] 張[illegible]

繼善會維首 張從春 邢文 [illegible]

督工 張從春 邢文 楊發鎔 [illegible]

木工 俞殿祥

泥水工 趙順

石工 路來保

鐵筆工 劉聚

住持 [illegible]

大清道光七年 春 月

炎帝庙改修大殿碑记

【简介】勒石于清道光十六年（1836），现存南城办事处桥北村炎帝庙。碑身首一体，石灰岩，高209厘米，宽66厘米，厚23厘米。碑文记叙了桥北村维首等募化、重新修缮事，以及督工经理、资善会首、经理、布施人姓名等。碑首圆形，用减地平剔法镌刻双龙戏珠图案，中间篆刻“炎帝庙”三个字。碑身周边刻八仙图案。张日升撰文，张鹤书丹，玉工陈永发。碑保存完整。

【碑文】粤稽嘉谷肇植，冠裳创垂。西陵开蚕事之先，郊禖灵降生之德。所谓利民前用，佑启后人者，皆生人大本攸切，而显赫常昭也。况地近辨谷之区，俗传淳朴之风，敦本务农，乃其固然。县治东北，相传有神农尝五谷处，迄今黍分红白，遗迹尚存。按之史乘，神之功德博矣。耒耨之利，特其较著者。记曰，先啬亦何时何地不当奉礼哉，而在浤为更宜。桥北村东北隅旧有炎帝庙，正殿三楹，两旁角楼触起，左殿主祀黄帝，右殿崇祭高禖，俨然一村之瞻仰。舞楼、观台、香厨环列，村中有祖师庙，南有大士堂，其西偏三蚕祠在焉。东偏有屋为课读所。然历年久远，风雨飘剥，神祠课塾，稍葺就新，而庙之倾颓特甚。在社维首慨然兴思，起资善一会，积金千余，又簿化众善，于是家出资力，增其旧制，于正殿则重敷新基，峻宇雕甍，棂檐错彩，驾角楼而挺秀，并置供几满堂，陪殿起楼龛，观台施画栏。凡庙中卑者使高，朴者易华，及庙前照壁、池口，均补砌坚固。村前渠南有井，浚之渊渊不竭，建一龙王庙于上。工竣拜礼之际，见神像辉煌，庙貌巍峨，视前俱灿然改观。窃维饮食衣服之所始，说诗敦礼之所关，本孰重焉。服先畴，食旧德，饮水思源，自不容已。则是役之举，诚力本之善举欤！首事者积数年营画，以大其观，劝勷者亦踊跃乐输，以考厥成。宁见春祈秋报，神有所凭，必将大显其灵。负耒横经，人获福报，自得常乐其业。耕读交深，农桑醉饱。兰桂丛生，组织仁义。吹豳祭蜡，陶然而颂太平，其在斯乎。后有作者，睹先民之矩矱，思皇古之风教，时葺而增新之，尤所厚望也夫。余不敏，谨叙其修营之始终，勒诸[圆]珉，为力本好善者志不朽云。

邑庠生张日升撰序

儒医张鹤书丹

玉工陈永发

大清道光十六年六月初三日谷旦

炎帝廟改修大殿碑記

粤稽嘉穀肇植冠裳創垂西陵開蚕事之先郊禖靈降生之德所謂利民前用佑啟後人者皆生人大本攸切而顯赫常昭也况地近辨穀之區俗傳嘗樸之風敦本務農於其固然縣治東北相傳有神農嘗五穀處迄今黍分紅白遺跡尚存援之史乘神之功德博矣耒耨之利特其較著者記曰先嗇亦何時何地不當奉禮哉而在沄為更宜橋北村東北隅舊有 炎帝廟正殿三楹兩旁角樓觸起左殿主祀 黃帝右殿崇祭高禖儼然一村之禮[illegible]舞樓觀臺香廚環列村中有 祖師廟南有 大士堂其西偏 三蠶祠在焉東偏有屋爲課讀所然歷年久遠風雨飄剝神祠課塾俱崩就新而廟之傾頹特甚在社維首慨然興思起資善一會積金千餘又勸化眾善於是家出資力增其舊制於正殿則重敷新基峻宇雕甍檽簷錯彩爲角樓而疊[illegible]並置供几滿堂陪殿起樓龕觀臺施畫欄凡廟中凡者使高林者易華及廟前照壁池口均補砌堅固村前渠南有井浚之淵淵不竭建 龍王廟於上每歲拜禮之際見神像輝煌廟貌巍峩視前俱燦然改觀竊維飲食衣服之所始說詩敦禮之所關本孰重焉服先疇食舊德飲水思源自不容已則是役之舉誠力本之善舉歟首事者積數年營畫以大其觀勸勤者亦踴躍樂輸以考厥成佇見春祈秋報神有所憑必將大顯其靈貫耒橫經人獲福報自得常樂其業耕讀交深農桑醉飽蘭桂叢生組織仁義鼓舞祭措陶然而頌 太平其在斯乎後有作者覩先民之矩矱思邕古之風教時葺而增新之尤所厚望也夫余不敏謹叙其修營之始終勒諸貞珉為力本好善者誌不朽云

邑庠生張日升撰序

儒醫張鶴書丹

督工總理 張鎔 張永存 楊碧山

經理 張錦 張鶴 張元發 張弼 張進 張[illegible] 張振基 張忠 張紀 張廣源 張廣昌 張銳 楊桂茂 張廣隆 張學禮 張安 邢澤海

資善會首 張鎔 張永旺 楊林山 張功 張仍 張克義 楊恒山 張弼 張學禮 張廣發 張士端

木泥水工 郇萬生 張功 陳永發

玉 鐵金鉶工 鐵筆 趙來好 張信 陳永發

住持 緒亮

理

大清道光十六年六月初三日 穀旦

二九 庞村炎帝庙

庞村炎帝庙

庞村，位于高平市城南 4.5 公里处，属南城办事处管辖。炎帝庙临街而建，创建年代不详，坐北面南，占地面积 81 平方米。该庙只有正殿与献殿各一座。正殿建于高 1 米的台基上，面阔三间，进深四椽。殿前的献殿，面阔三间，进深四椽。正殿和献殿的屋顶连为一体，单檐悬山式屋顶，灰脊，阴阳合瓦。正殿后墙一块砖上刻有“康熙二年九月”的题记。殿内正中神台，塑有炎帝像一尊。庞村炎帝庙虽小，但建筑风格别具特色。

正殿

重修合村殿宇暨创修学舍看楼出厦照壁墙并彩画碑

【简介】勒石于中华民国十五年（1926），现存南城办事处庞村玉皇庙。碑身首一体，碑高208厘米，宽66厘米，厚28厘米。碑文记录了庞村村长康世智及诸社首闾长开村民会议捐资募化重修玉皇庙及炎帝庙等村中诸庙事。碑首圆形，用减地平剔法镌刻二龙，花卉图案。中间篆刻“永垂不朽”四字。碑周边镌刻八仙几何图案。冯遇春撰文，郭嵩耀书丹。以及两人的篆刻印章两枚。碑保存完整。

【碑文】窃以事莫善于能创，尤莫善于能因。非创则新基不立，非因则旧址将颓。究之创在□时而因，则千秋事也。前人所创之事业，使非后之人善善相承，岂能历久不坠哉。古今来鸿图大业所以久而不废者，端赖及时经理之人耳。余村北首旧存前人所创之玉皇庙一所。府志、县志皆载及之。气象雄壮，形势宽宏。其中屋宇、最后则玉皇大殿及关帝楼、郊禖祠、东西禅舍，中亭外东曰五道殿，西曰土地祠，山门外又有东西楼舍二座，再南除隙地外，则舞台舞楼及大门焉。此庙之创修年代，虽然无可稽，然重修之碑则有二焉。一则重修于清乾隆八年，一则重修于清乾隆五十一年，距今百数十载。其间虽不乏补修之人，然不过稍事，目前不足以持久远。代远年湮，风雨剥蚀，不惟是庙损毁不堪，即村中祖师庙、关帝庙、文昌庙、东西大士堂等，亦多所残缺。村长康公世智，不忍坐视颓废。民国十一年春，偕同村副康君景滨，商诸社首、闾长等等，开村民会议，先按户口，分别多寡，捐银币于村中，继请隣近村庄及村中商学人士，募化于外乡。自民国十一年初夏开工，至十四年中秋告竣。时阅四载，创修东西学舍内外八间，东西看楼上下二十间，大门外出厦三间，照壁一堵，垣墙二围。重修合村大小庙宇十有余所。泥工既竣，彩工继起。十五年春日开始彩画，秋季竣事。自大庙以至祖师庙、炎帝庙、文昌庙、牛王庙、东西大士堂及村西北之龙王庙，西南之五龙宫等，莫不焕然一新。似此巨工，若非康公等任劳任怨，慷慨从公，能不半途而废哉！语曰：莫为之前，虽美而不彰，莫为之后，虽盛而不传，古今人未使不相及也。前人所遗隙地，今康公等努力而成全之，完善之。不惟可以壮观瞻，且足以雄气势，并足以借此设学而造后生焉。自创修以至重修，自重修以至今日，庶几创者之夙愿可了，因者之苦衷可表矣。兹竣其事，康公等嘱记于余。余本不文，奈事属于己村，无可推诿。谨将其兴工颠末，一畧记之。以望后起者之慷慨公益云尔。是为记。

三等金色教育褒章高平县立第五高级小学校教员冯遇春鞠躬敬撰

山西省第四师范毕业高平县第十学区联合校长郭嵩耀鞠躬敬书

中华民国十五年岁次丙寅菊月中浣之吉日立

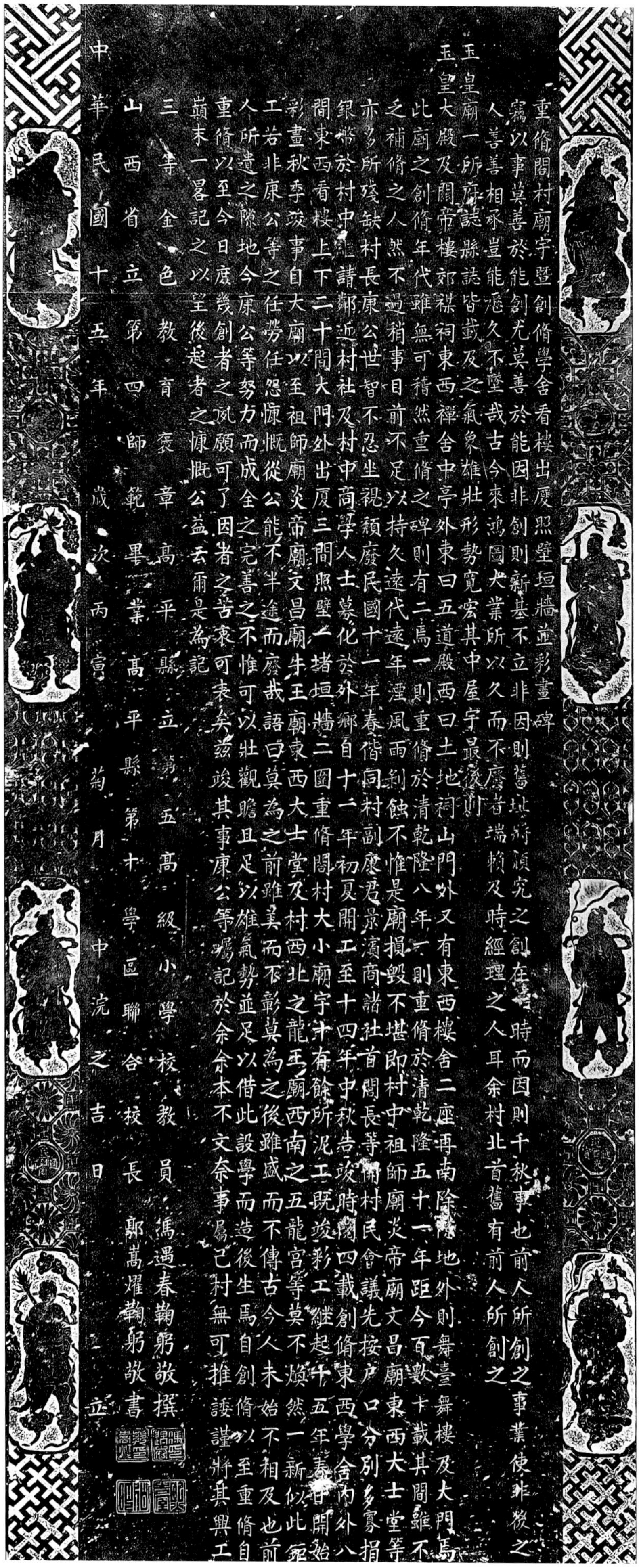

重脩閻村廟宇暨創脩學舍看樓出廈照壁垣牆並彩畫碑

竊以事莫善於能創尤莫善於能因非創則新基不立非因則舊址將頹究之創在一時而因則千秋事也前人所創之事業使非後之
人善善相承豈能悠久不墜哉古今來鴻圖大業所以久而不廢者端賴及時經理之人耳余村北首舊有前人所創之
玉皇廟一所府誌縣誌皆載及之氣象雄壯形勢寬宏其中屋宇最後則
玉皇大殿及閻帝樓郊禖祠東西禪舍中亭外東曰五道殿西曰土地祠山門外又有東西樓舍二座再南隙地外則舞臺舞樓及大門焉
此廟之創脩年代雖無可稽然重脩之碑則有二焉一則重脩於清乾隆八年一則重脩於清乾隆五十一年距今百數十載其間雖不
乏補脩之人然不過稍事目前不足以持久遠代遠年湮風雨剝蝕不惟是廟損毀不堪即村中祖師廟炎帝廟文昌廟東西大士堂等
亦多所殘缺村長康公世智不忍坐視頹廢民國十一年春偕同村副康君景濱商諸社首閭長等偕村民會議先按戶口分別多寡捐
銀幣於村中繼請鄰近村社及村中商學人士募化於外鄉自十二年初夏開工至十四年中秋告竣時閱四載創脩東西學舍內外八
間東西看樓上下二十間大門外出廈三間照壁一堵垣牆二圍重脩閻村大小廟宇廿有餘所泥工既竣彩工繼起十五年春開始
彩畫秋季竣事自大廟以至祖師廟炎帝廟文昌廟牛王廟東西大士堂及村西北之龍王廟西南之五龍宮等莫不煥然一新似此巨
工若非康公等之任勞任怨慷慨從公能不半途而廢哉語曰莫為之前雖美而不彰莫為之後雖盛而不傳古今人未始不相及也前
人所遺之隙地今康公等努力而成全之完善之不惟可以壯觀瞻且足以雄氣勢並足以借此設學而造後生焉自創脩以至重脩自
重脩以至今日庶幾創者之夙願可了因者之苦衷可表矣茲竣其事康公等囑記於余余本不文奈事屬己村無可推諉謹將其興工
巔末一畧記之以望後起者之慷慨公益云爾是為記

三等金色教育褒章高平縣立第五高級小學校教員馮遇春鞠躬敬撰
山西省立第四師範畢業高平縣第十學區聯合校長郭萬燿鞠躬敬書

中華民國十五年歲次丙寅菊月中浣之吉日立

三〇 徐庄村炎帝庙

正殿局部

徐庄村炎帝庙

徐庄村，亦名随庄，位于高平市城南1公里处，属南城办事处管辖。炎帝庙建于村子的西北角，紧靠村子。该庙创建年代不详。庙院坐北面南，进深一院，占地面积800余平方米。现仅存正殿三间，东西耳房各三间，其他建筑无存。正殿建于高约0.5米的台基上，面阔三间，进深五椽，单檐悬山式屋顶，灰脊。门窗及其耳房的门窗均已改建。庙院规制狭小，因年久失修损毁严重。

正殿

三一　店上村炎帝庙

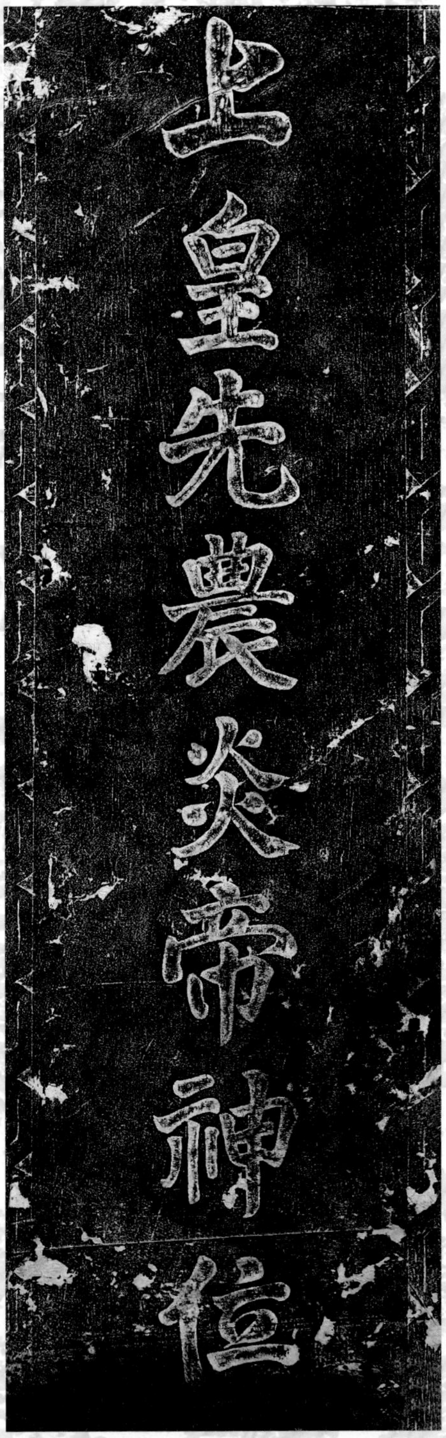

神位拓片

店上村炎帝庙

店上村，亦名金门镇、赤土坡，位于高平市城东北 4 公里处，属东城办事处管辖。这里地处平川，东边临河，西边靠岭，街道纵贯南北，其地形像似一条鱼，村子就建在鱼脊上，在村南的裤裆地发现有新石器遗址一处，为研究炎帝文化提供了重要的资料。在风云河的一侧建有炎帝庙，传说去羊头山祷雨，要在此停留。现该庙已毁，其创建年代，布局形制已无法考证。原遗址上有砖砌炎帝神龛一座，内有“上皇先农炎帝神位”之碑。

神龛

三二 沟北村炎帝庙

殿门

沟北村炎帝庙

沟北村，位于高平市城东北 2.5 公里处，属东城办事处管辖。这里地处丘陵，炎帝庙建于村西北的高地上。该庙创建年代不详，坐北面南，进深一院，占地面积 398 平方米。现存建筑有山门、正殿、配殿、耳殿、戏台等。

山门为过厅式，小巧别致，门额上有“炎帝庙”标记。正殿建在高 0.7 米的台基上，台基前有四级踏垛。面阔三间，进深四椽，悬山式屋顶，筒板布瓦盖顶，灰脊，前出廊。砂岩石柱，方形抹棱，柱础方形，门框、门墩石皆为砂岩石雕造，门板为木质。门框上石雕楹联一副：“亲尝百草，建天立极之君，教民耒耜，开物成务之祖”，横批是“开天圣主”。庙前的沟下，有戏台一座，面阔三间，东西耳楼各二间。

外景

沟北申跟顺槐树归大社碑

【简介】勒石于清道光十六年（1836），现存东城办事处沟北村炎帝庙。碑为长方形，石灰岩，长35.5厘米，高25厘米。碑文记叙了沟北村炎帝庙旁有申跟顺槐树一株，买归大社，不许砍伐事。碑身略有剥泐，保存完整。

【碑文】村中炎帝庙，水豪（壕）之西，申跟顺之塄边有槐树一株，现在二尺有余，关系合村风脉。合村相商，与跟顺树价钱式串七百文。属大社之树，永不许砍伐。地基総□申姓之业耳。

道光十六年六月初七日社首仝立

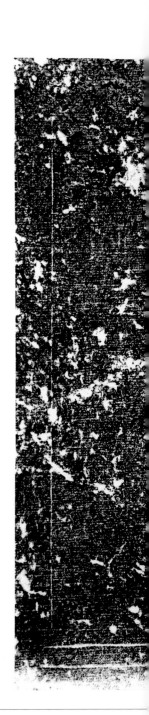

村中
關帝廟永豪之西申跟順之
墳邊有槐樹一株現在二
有餘關係合村氣脈合村相
商其限順樹價錢貳串七伯文
屬大社之樹永不許砍伐地基
總屬申姓之業耳

三三 南赵庄村炎帝庙

外景

南赵庄村炎帝庙

南赵庄村炎帝庙，亦称五谷庙，位于高平市城东1公里处，属南城办事处管辖。这里地处平川，为城郊结合处，西临丹河，东靠七佛山。炎帝庙建于村东北角，创建年代不详，坐北面南，进深一院，占地面积505平方米。现存建筑有山门、正殿、耳殿、戏台、厢房等。

山门为二层建筑，下为门洞，上为舞台，在门额上镶嵌“炎帝庙”石刻一块。正殿建于高1.1米的台基上，面阔三间，进深四椽，前出廊，筒板布瓦盖顶，灰脊，悬山式屋顶，隔扇门。柱为砂岩石，方形抹棱，柱础为方形青石雕造。柱头斗栱三踩单下昂。

庄里村五谷庙与南赵庄村炎帝庙有着密切的关系。古时发大水，将庄里村五谷庙炎帝塑像冲走，至南赵庄捞起，修庙供奉。庄里村每年农历四月初八庙会，要到南赵庄村接炎帝，会后再送回，接送仪式特别隆重。

正殿

殿内梁架彩绘

殿内壁画

永禄村炎帝庙

永禄村，位于高平市城北 7 公里处，属永禄乡管辖。这里地处丘陵和半山区，永禄河纵贯其全境。过去，这里的造纸业比较发达，俗称“永禄纸”。炎帝庙坐落在村中央，创建年代不详，坐北面南，进深二院，占地面积 599 平方米。现存建筑有山门、正殿、厢房等。

山门面阔三间，悬山式屋顶，两侧有二层小楼各三间。正殿建于高 0.6 米的台基上，面阔五间，进深六椽，悬山式屋顶，筒板布瓦盖顶，琉璃脊饰。前出廊，通长使用大额枋，柱头斗栱五踩双下昂，补间斗栱出 45° 科拱，隔扇门。

每年农历的六月十七日，九月十七日要举办庙会，祭祀炎帝。

正殿

□妆诸神碑记

【简介】勒石于清顺治八年（1651），现存永禄乡永禄村炎帝庙。碑身首一体，石灰岩，高78.5厘米，宽55.5厘米。碑文记叙了王汝明等八人，金妆炎帝、观音诸神像事，以及布施人姓名。碑首圆形，用双钩法篆刻“重修观音殿碑记”七个字，碑身两边刻缠枝花图案。赵普生书。碑保存完整。

【碑文】□□厚生而先正德，王模养立而即教兴，允古谊也。尚世神农氏，树艺五谷，粒食万世，其有功于民生者大。西方三大士从闻思修，寻声拔苦，其有裨于世者，深尊崇祀，祝人善念于不衰，顾不宜欤。泫水之北村曰永录，有炎帝庙一域，规制宏廓，但历年既久，圣容□落，几难以作敬仰。南殿圮败，几不可蔽风雨，遇者知嗟矣。但求所以倡导更新者，则渺无也。忽有村中耆硕王汝明、王云通、王体楹、陈我、蕴纀、萃灵、王有禄、常之美、张从辂八人为首，因庙内柏树价银九两四分，昼夜经营，募化村中，布施朝夕，勤劳科工，备馔不遗余力焉。于是妆炎帝尊神一堂并其殿而聿新之。重建观音殿三楹，两角门楼六楹。而观音圣像一堂，则创为塑之。但见簷牙壮丽显飞，翚鸟革之奇仪状，炜煜□金操玉履之势，神怡人所□休哉。是役也，作始于顺治戊子吉日，落成于顺治辛卯夏季望日。善事告竣，可以已矣。乃村众又思勒石，用（永）垂不朽，以□来者，愚故原其初末，据事详书，乐为之记耳。

计开本庙柏树银九钱四分，营本利银四十三两二钱一分（缺）

（以下为布施银者姓名，略）

住持王真朴、秦常松

瓦匠贾国相

木匠王冬孟、张云朋

□生赵普生书

丹青毕喜增

石匠常文山仝立

顺治八年六月十五日勒石为记

諸神碑記

补修炎帝庙碑记

【简介】勒石于清嘉庆十二年（1807），现存永禄乡永禄村炎帝庙。碑身首一体，石灰岩，高169厘米，宽55厘米，厚23厘米。碑文记叙了善士王九龄等人补葺炎帝庙事以及维首、泥、木、铁匠人姓名和捐资银两、开支等情况。碑首圆形，篆刻“补修炎帝庙碑记”七个字。赵如愚撰文，贾聚美书丹。碑破损为两块，部分文字被磨损掉。

【碑文】尝考神农氏，日中为市，未尝不□，□世人民，所以利用，普存者皆古先圣王之功德，有以致之也。本村炎帝庙，年湮代远，不无风雨之飘，暑往冬来，将有倾圮之患。使于此而漠不关心，吾不知其妥神灵、陈俎豆者，果安在耶？善士王九龄等，触目伤心，情难自已，因不禁奋然兴感曰：三岁之稼穑之宜，天生菽粟，八蜡合万国之享，民重农功而且味草木之滋以疗疾，断耒耨之利以□耕。古圣丰功，其有益于天下后世者不少，岂可袖手旁观而不一施其补葺之术。然而，一人独善，尤不若与众共善之为大也。由是散谪仙之财，捐资乐贡。因而，运公输之，斧鸠匠经营。今者功成告竣，椒酹荐馨，殿宇舞楼，巍然在望。穿廊□舍，焕乎一新。此固输诚有心，而亦神圣之精灵，有以默佑之耳。爰是勒石志美，以永垂不朽云。

计开收账（略）

邑庠生赵如愚敬撰

国学生贾聚美谨书

木匠陈东顺

石匠张小孩

铁匠焦愁喜

泥水王进孝

玉工张老孩

经管社首、职员王九龄、王聚和、王敬、焦重法、王锡麟、王舜

住持澄德仝立

大清嘉庆十二年岁次丁卯□月谷旦

補修炎帝廟碑記

嘗攷神農氏日中為市未嘗不[illegible]世人民其[illegible]以利用普存者皆古先聖王之功德有以致之也本村[illegible]

炎帝廟年湮代遠不無風雨之飄暑往寒來將有傾圮之患使於此而漠不關心吾亦不知其安神靈陳俎豆者果安在耶善社

王九齡等觸目傷心情難自已因不禁奮然興感曰吾嘗知稼穡之宜天生穀粟八蜡合萬國之享民重農功而且味嘗草

木之滋以療疾斲耒耨之利以耕古聖豐功其有益於天下後世者不少豈可袖手旁觀而不一施其補葺之術然而

一人獨善尤不若與衆共善之為大也由是散諸仙之財捐貲樂貢因而運公輸之斧鳩匠經營今者功成告竣椒醑薦

馨殿宇舞樓巍然在望穿廊窑煥乎一新比閭輸誠有心而亦神聖之精靈有以默佑之耳爰是勒石誌美以永垂不

朽云 計開收賬

捐佈施銀壹百捌拾叁兩陸錢 共收用銀捌拾壹兩零陸分 共收地畝除支廻秋下剩銀肆拾伍兩 計開支

[illegible]支銀拾兩零貳錢[illegible]分 買頭髮等共支銀拾肆兩陸錢叁分 買木料共支銀貳拾兩零伍錢伍分 買[illegible]

共支銀玖兩伍錢柒分 磚瓦共支銀肆拾伍兩柒錢伍分 一切匠藝泥水工價銀伍拾貳兩玖錢捌分 一應雜

項火食共支銀壹百伍拾[illegible]兩 以上共總支銀叁百零捌兩柒錢叁分

邑庠生趙如[illegible]撰 國學生賈聚美謹書 木匠陳東順 石匠張小狹 鐵匠[illegible]孝喜 泥水王進孝

皆

經管社首 職員王九齡 王聚和 王敬 任持澄 德全 立

佳重法 王錫麟 王舜 王工 張老孩

大清嘉慶十二年歲次丁卯[illegible]旦

三五　四坪山炎帝庙

四坪山炎帝庙

四坪山，位于高平市东北 12 公里处陈区镇境内。东有遇仙山，西有游仙山，群山环抱，周围低山顶平，故名四坪山。周围有郭佛陀村、铁炉村、南头村、王家村、营里村。炎帝庙原建筑规模宏大，坐北面南，其大部分建筑被拆或改建，现仅存正殿和东西耳房，正殿为明代遗构，据庙院内碑记考证，创建于中古，时期大约为唐宋时代。

正殿建于高 1 米的台基上，面阔三间，进深六椽，前廊式构架，廊深一间，门窗移置于内槽金柱。悬山式屋顶，灰脊，阴阳合瓦盖顶。通长使用大额枋，枋上置斗栱。柱头斗栱四铺作，有补间斗栱。檐下四柱，柱为砂岩石，方形抹棱，柱础方形，青石，素面。殿前踏跺四级。该殿建筑手法独特，许多地方沿袭元制，为明代早期建筑，具有一定的文物价值和研究价值。清光绪十一年（1885），《重修炎帝庙碑记》曰："距大粮山二十余里，有山曰：四坪。山之北有庙曰：炎帝。斯庙也，为五村祷祀之所。斯神也，为万代饮食之主。""邑北羊头山上有坪数处，为神农树艺所。此山名四坪而庙炎帝，其即此意也。然五村僻处其下，而山耸起内，群峰环绕其外，而帝坐镇其中，真一方之盛，概万民之瞻依也。中古创建。"

正殿

道光十九年重修炎帝庙照康熙四十四年规条办理

【简介】勒石于清道光十九年（1839）一月二十日，现存陈区镇四坪山炎帝庙。碑身首一体，石灰岩，高58.5厘米，宽27厘米。碑文记录康熙四十四年（1750）修缮炎帝庙条理。五村社首立石。圆首，无碑座。碑面剥泐。

【碑文】一议，五村花户按地亩出钱卜工，不得另收别项。

一议，五村养畜之家，社中若用土工顶□地工，不得再排土工人工。

一议，在社办事，不得私吞钱项如使一文，以加倍罚。

一议，王家河王海拴身充荣房，免其卜工出钱，神前祭祀侍候。

南头村王老晚身属乐户，免其卜工出钱，神前祭祀侍候。

铁炉村六甲王户，身属乐户，免其卜工出钱，神前祭祀侍候。

社中恐其村多户家难办，仍将康熙年旧规移注于石。

二月二十日五村社首仝立

道光十九年重修

炎帝廟宇康熙四十四年規條辦理

一議[illegible]村花户按地畝出錢并不得另收別項

一議五村蓄[illegible]之家社中居用[illegible]工頂按地工不得再排其工人工

一議在社辦事不得私吞錢項如使一文以加倍罰

一議王家河王海捨身充茶房免其下工出錢

神前祭祀侍候

南頭村王老晚身屬染户免其下工出錢

神前祭祀侍候

鉄炉村六甲王尸身屬染户免其下工出錢

神前祭祀侍候

社中如與村多户家难辦仍將康[illegible]年舊規彰註

於石

[illegible]十月二十日

五村社首全立

重修炎帝庙碑记

【简介】勒石于清光绪十一年（1885），现存陈区镇四坪山炎帝庙，碑身首一体，石灰岩。高170厘米，宽50厘米。碑文记录了王家河王政举，东坪村田培兰二人首倡维修四坪山炎帝庙，各村挨户拨工，善士募化等情况。碑首圆形，用减地平剔法刻龙凤图案，中间楷体，刻“流芳百世”四个字，碑身两边刻八仙图案和花卉动物，几何形纹饰等。赵文焕撰文，秦耀先书丹，李东升书募，张耀撰额。碑保存完整。

【碑文】距大粮二十余里，有山曰：四坪。山之北有庙曰：炎帝。斯庙也，为五村祷祀之所。斯神也，为万代饮食之主。在昔，仲夏合社致祭。商贾云集，百货交易，方帝之日中为市焉，报帝之粒我蒸民焉。迄今庙貌倾颓，会亦中止，过者咸为恻然，而振兴之任未闻孰能胜也。虽道光、咸丰年间补修者代不乏人，而究未完美。至光绪八年，有王家河政举王先生，东坪村培兰田先生者，忽动维新之志。遂协同五村首事，公相商曰：庙貌若是，而不为之整饬，是忘粒食之本也。余二人愿首倡其事，诸公共辅弼焉。于是先构砖瓦，买木料，各村挨户拨工，拨地起钱，于是振兴矣。自壬午夏肇端，补修正殿三楹，东西耳房六楹，两廊配房共十四楹，其南则仍其旧趾，易为舞楼。两偏各修耳楼三楹，山门外增添出檐加修引道，路南旧有舞楼，今复扩其规模而重修之。至甲申秋乃既乃涂，爰丹爰护，而工始圄竣焉。考其工不下数千余，计其费何止数百金。众已力疲，因又邀请善士募化，远迩劝捐勷助。夫以五村之众，共为此举犹不足，则古昔之创建知维艰也。人弟见庙貌华丽，神像庄严巍巍乎。其有成功也，而不知焕然一新，二君之殚精竭虑实甚焉。然自落成以迄于今，又越一周，诸务始备，其攻之不易成也。如是岁月，诸君欲告奠勒碑，以示不朽，而索予为序。予不善文，因于教读之暇，游览其上，见是山虽高，而地势甚平，遂憬然曰：邑北羊头山上有坪数处，为神农树艺所。此山名四坪而庙炎帝，其即此意也。然五村僻处其下，而山耸起内，群峰环绕于外，而帝坐镇其中，真一方之盛，概万民之瞻依也。中古创建，巨工今日恢复，□业前后媲美，将见上合我国家崇祀之典，下随予小民诚感之怀矣。余以不掩人善为心，爰珥笔以为序。

邑庠增广生石村西里赵文焕沐手敬撰

邑庠生陈区北里秦耀先书丹

邑候选理学邑南庄东李东升书募

邑□生南庄西里张耀篆额

大清光绪十一年岁次（缺）

重修炎帝廟碑記

距大梁卅餘里有山曰四圻山之北有廟曰炎帝斯廟也為五村禱祀之所斯神也為萬代飲食之主在昔伊耆合社致祭商賈集百貨交易方 帝之日中

一市焉報 帝之粒我烝民焉迄今廟貌傾頹會亦中止過者咸為惻然而振興之任未聞孰能勝也雖道光咸豐年間補修者代不乏人而究未完美至光緒八年

有王家河政舉王老先生東圻村培蘭田先生者忽動維新之志遂協同五村首事公相商曰廟貌若是而不為之整飭是忘粒食之本也余二人願首倡其事諸公

共輔翊焉於是先籌磚瓦買木料各村按戶撥工按地起錢三於是振興矣自壬午夏肇端補修正殿三楹東西耳房六楹西廊配房共十四楹其南則仍其舊

易為舞樓兩偏各□耳樓三楹山門外增添出□加修引道路南舊有舜樓今復廣其規模而□之至甲申秋經歷經塗丹雘護而工始竣焉考其工不

數千餘計其費何止數百金蒙已力疲因又延請善士募化遠邇勸捐勷助夫以五村之衆共為此□力猶不足則古昔之創建知維艱也人第見廟貌峯麗

併莊嚴巍巍乎其有成功也而不知煥然一新之君之殫精竭慮費盡焉然自落成以迄於今又幾一周諸務始備其功之不易成也如是歲七月諸君欲告竣

碣以示不朽而索予為序予不善文因於暇讀之暇游覽其上見其雖高而地勢甚平迤邐然□邑北羊頭山上有□圻數處為神農樹藝所此山名四圻而有

炎帝其即此意也然五村僻處其下而山聳起於內羣峯環繞於外而 帝之鎮其中真一方之盛概為民之瞻依也沖古創建館工今日厥後業前後繼美將

上合我 國家崇祀之典下隨乎小民誠感之懷矣余以不掩人善為心爰珥筆以為序

邑 衍 廪生石村西里趙文煥沐手敬撰　邑 庠生陳壎北里秦耀先書丹

邑 候選理學正堂南莊東李東升書篆　邑 佾生南莊西里張耀宗題額

旨

大 清 光 緒 拾 壹 年 歲 次 乙 酉 甲 申 上 浣 之 吉 孟 秋 穀 旦

三六　北诗村神农庙

戏楼

北诗村神农庙

北诗村，位于高平市城东 14.5 公里处，属北诗镇管辖。炎帝庙建于村子的东北角，坐北面南，进深二院，占地面积 2000 余平方米，创建年代不详，在其中轴线上分列为山门、献殿、正殿，两侧建有配殿、厢房、看楼等。

整个建筑依地势而建，北高南低，高大壮观，左右对称。山门面阔三间，进深四椽。下为门洞，上为舞楼，东西两侧各有妆楼二间二层，院内有东西看楼。正殿建于高 1.4 米的石砌台基上，台基前有台阶八级。面阔五间，进深六椽，悬山式屋顶，阴阳合瓦，灰脊。方形砂岩石柱、抹棱，柱础明间为狮子，次间为方形。明间前后开板门一道，可前后穿行。柱头斗栱四铺作，为明代遗构。正殿面阔七间，是改建后建筑。每年的清明节，要举办庙会祭炎帝。

正殿

重修神农庙碑记

【简介】勒石于明万历二十四年（1596），现存北诗镇北诗村神农庙。碑首方形，碑身首分制。碑身高 206 厘米，宽 63 厘米，碑首高 57 厘米，碑座高 41 厘米，通高 304 厘米。碑文记录了诗村北里有神农庙，邑人刘孟秋、刘时敬、刘知、刘祝等维修庙事，以及维首人姓名。牛从龙撰文，王民顺谨志。碑保存完整。

【碑文】我国家稽古定制，烟祀之典必考。古先圣哲，能福祉利民者，则庙貌有建，春秋有祭，凡以崇正德而重民生也。诗村北里，有古神农庙建焉，迺正祀也。追孝□□神殿，其颓而火之。邑人刘孟秋、刘时敬、刘知、刘祝等，纠众邑人而重修焉。石者石，砖者砖，木者木，土者土，夫妇男女不遑起处。未数岁，而文馆五间，内外两廡各拾间，舞楼三间，卷棚、抱厦各一，石台、供桌各一，斜房各二，月台、桥池、甬道，森然并列于其中，视古之遗趾过半矣。修于万历六年之冬，缉于十二年之末，殆二十有二载而工始告成。由是庙貌聿新，则明烟聿谨，神灵有妥，则福泽益弘，时和年丰，民安物阜。老者恬熙于堂前，少者友望于闾阓，非民之祈福于神，而神之大有补于民，若是耶。余性素好扬人之善，及见人之尚义好施，与夫知崇报者，引之若不足，而刘时敬等，因谒余文记之。余嘉其祀之正，而神与人两得，其所依也，始其颠末云。

眚赐进士第承德郎刑部陕西清吏司主事禹门牛从龙撰

高平县后学大宇王民顺谨志

惟那头刘孟秋、刘时敬、刘知、刘祝、刘时振、刘国川、刘圭、刘自银、唐俗勤、杨时孝、杨然、刘自力、毕思恭、刘崇得、李守明

万历二十有四年岁次丙申秋八月吉旦

重脩神農廟碑記

我

國家尊古定制禋祀之典必考有功至於福利民者則廟貌有春秋有祭凡以崇正德而重民生也

詩村北里有古神農廟建為迎王祀也迨嘉靖中禍□其額而大之邑人劉五秋等時□知劉祝等糾

衆邑人而重脩焉者石者石碑□碑未著未□者上□□涉又不逸起處未數歲而文修五間內外兩廡各

拾間□接三門捨棚□□□□□□各一□坊各二月臺橋□而道林然並列于其中視古之遺址

過半失脩于萬曆六年之冬□□□拾貳□□求始貳拾有貳載而工始告成由是廟貌聿新回視煙峯譁

神之有妥則福澤益弘將□□□民及物卓也哉怙然于堂前少者支望于閭閻非民之祈福於神而神

之大有補於民者是耶余性素好揚人之善及見人之尚義好施與夫知崇報者引之若不足而劉時敬

等因謁余文記之余嘉其祀之正爾神與人兩得其所依他姑其顛末云

皆

賜進士第承德郎刑部陝西清吏司主事高門牛從龍撰

高平縣後學大宇王民順謹誌

維那頭 劉五秋 劉時敬 劉知 劉祝 劉時振

劉國川 劉佳 劉自願 馮俗勤 馮時孝

楊然 劉自力 □思恭 劉崇得 李守明

萬曆貳拾肆年歲次丙申秋八月吉日

重修炎帝庙碑记

【简介】勒石于大清嘉庆元年（1796），现存北诗镇北诗村神农庙。碑首方形，碑身首分制。碑高193厘米，宽70厘米。碑文记录了烈山氏教民稼穑之功德，吾乡旧存烈山氏之宫，里中父老维修事。刘映榴撰文并书丹。碑保存完整。

【碑文】昔先王本神道以设教，由来尚矣。□□祀使人不惑，崇正典使人知敬，故藉壇壝以承庥，都邑是立。逢元日而祈穀，蒸民遂生，此皆典礼之攸关，有其举之莫敢废也。夫草昧初开，未知火食而茹毛饮血，居然成风。其间有躬亲树艺，不惮胼胫之劳馌，彼南亩浑忘帝力之勤者，遂相安于出作入息之常。睹刈梁之有秋伊，何人之肇始，思磬中之粒食，实有开之，必先自炎帝之御世也。斵木为耜，揉木为耒，原湿平矣，而教之稼穑。雨旸时矣，而教之播种。创前圣未有之奇，开来世休养之德。以及八蜡始作，百草亲尝，廛市之货，既通陶冶之器以治其所以。为民谋者，重以周。而人之被其泽者，深且远也。迨今诵三百维廛，十千维耦，而知豫大丰亨，均沾化育。饮和食德共荷生，成古圣王之昭示，来兹遗饷后人者，岂非为生民立之，极而开千百世之乐利哉。吾乡旧有烈山之宫焉，报享之城，捧瓣香而望居歆者有之，具牲牷以进告处者有之。煌煌巨典，神所凭依也。历有年，所垣墉倾颓，栋折榱崩，于此而对越焉。诚何以展于此，而骏奔焉，敬何以将。里中父老，心乎伤之，爰思整饬，以壮观瞻。虽有故址之因，仍不无改革之筹画，一乡之人不惜解囊，本爱戴无已之心以迓多福，何分丰啬不齐之数，编具甲乙，故略而弗志也。于是鸠工庀材，易其朴陋，丹楹刻桷，重以彰施。迨落成之日，宫室昭其壮丽，金碧焕其辉光，农人歌于野，商贾庆于市。君子以为崇正典，明有尊也，建庙貌昭其敬也，重农事不忘本也，叹帝德之难名，遂援笔而作颂。

颂曰：紫殿彤庭，簷牙高耸。廼塗廼塈，廼丹其楹。宫室既构，祀事备举。不显亦临，黙为相予。思我帝德，广大如天，赭鞭鞭物于，斯万年贻。我来牟树之大田，大田多稼载获东阡。我庾维盈，我仓维亿。黍稷馨香，以迓神惠。有簠斯盛，有簋斯齐。奔走在庙，执鬯在宫。跻跻跄跄，伐鼓考钟。湛恩汪秽，民和年丰。用舒悃忱，无贻神恫。

邑痒生刘映榴撰文并书

大清嘉庆元年岁次丙辰季夏乙未月上浣之吉阖社敬立

重修炎帝廟碑記

昔先王本神道以設教由來尚矣[illegible]祀使人不敢[illegible]正典使人[illegible]撰以求福穀邑是立遂元日而祈穀蒸民遂生此與典祀之役關有其舉之莫敢廢也夫草昧初闢未知火食而茹毛飲血居然成風其間有[illegible]刈藝不擇肝腸之分彼南畝沖定當力之勞者[illegible]相安於出作入息之常[illegible]之育秋何人之能始思盤中之粒食實有開之必先自

炎帝御世也斫木為耜揉木為耒原隰平矣而教之[illegible]而[illegible]陸炙而養之播種[illegible]前聖未有今[illegible]聞來世休養之德以及[illegible]踏始作百草說寧歷市之貨既通陶冶之器以[illegible]世所以為民謀者重以周而人之被其澤者遠且遠也[illegible]十千維耦而知稼大亨均沾化育敬和會德共荷生成古聖王之昭示來茲遺飭後人者豈非生民立之極而開千百世之樂利哉吾鄉舊有烈[illegible]帝廟[illegible]之成[illegible]者而居歲者有之且有牲於以進告歲者有之煌煌巨典神所憑依也歷有年所垣墉何[illegible]榱崩於此而對越為誠何以展於此而駿奔焉從何[illegible]老[illegible]傷之爰思從[illegible]以壯觀瞻而有故址之因仍不[illegible]以革之舊[illegible]一鄉之人不惜解囊不受武至已心以迓多福何以登壽敬齋之典為其鼎乙故昭而[illegible]譜也於是[illegible]材易其樸陋[illegible]增輝[illegible]楣重以施丹[illegible]迨落成之日宮室昭其壯麗金碧與其輝光衆人[illegible]於野[illegible]爾右予[illegible]為[illegible]正典明有[illegible]也[illegible]廟[illegible]正歡也重[illegible]追本也然帝德之旌名遂[illegible]中而行[illegible]頌同紫殿[illegible]彤庭[illegible]牙蒿[illegible]丹其[illegible]室[illegible]福祀[illegible]來不顯亦臨默[illegible]以[illegible]思我帝德大如天能[illegible]物於斯為年始[illegible]末[illegible]樹之大曰大田多稼於何我境雖[illegible]給維[illegible]來穀[illegible]者以迓神[illegible]有[illegible]在廟執[illegible]考鐘潛恩汪滅民和年豐用付恫恍無昭神恫

邑庠生[illegible]撰文並書

大清嘉慶元年歲次丙辰季夏乙未月上浣吉

闔社敬立

三七 北部村炎帝庙

“炎帝庙”石匾

戏楼

北部村炎帝庙

北部村位于泽州县北 15 公里处，属巴公镇管辖。这里地处平川，炎帝庙建置于北部村东北隅。创建年代不详，坐北面南，进深一院，原来的建筑有山门、正殿，两侧有耳殿、厢房、妆楼等，现不存。现仅存“炎帝庙”石匾一块，为乾隆二年（1737）镌刻。2001 年，村委在原址上重建炎帝庙。新建殿宇为二层，歇山式屋顶，琉璃脊饰，琉璃筒板瓦盖顶，下层亦建有滴水檐。门前有石狮一对，台阶四级，“炎帝庙”石匾镶嵌于明间的门额上，整个建筑巍然壮观。

正殿

三八　发鸠山

主峰

发鸠山

发鸠山地处太岳山中段的东支，往南，伸展至长子、沁水、安泽，为三县界山；向东，延伸至长子、沁水、高平三县分界处下的伞盖山，继续向东，至长子、高平、长治县三县界山的羊头山。

发鸠山主峰亦名鹿谷山，发苞山，方山，西海，西珏山，位于长子县城西25公里处，海拔1646.8米，山势雄伟，苍劲挺拔，是《山海经·北山经》所记精卫填海发生地：“发鸠之山，其上多柘木。有鸟焉，其状如乌，文首、白喙、赤足，名曰精卫，其鸣自詨。炎帝少女，名曰女娃。游于东海，溺而不返，故为精卫，常衔西山之木石，以堙东海。漳水出焉，东流注于河。”山顶现仍有女娃祠、女娃墓等遗址。

发鸠山

三九 女娲祠

砖雕

女娃祠

在发鸠山主峰老方山，当地人称西海，今遗留有炎帝少女的女娃祠一座，庑殿窑洞式砖石结构建筑。坐南面北，三孔窑洞，正中窑洞的石神台基座上，刻有浮雕“大海波涛”楷书四个字。女娃祠对面，有一堆倒塌了的建筑。立有一石灰岩碑，碑上刻有大型“精卫鸟”图案，相传为炎帝少女女娃之墓。

女娃祠

开义塔

螭首石排水槽

房头村灵湫庙

房头村位于长子县城西 25 公里处发鸠山的东山脚下，属石哲镇管辖，这里是浊漳河南源源头。在村子的西南，漳水的源头处建有古庙一所，宋政和元年（1111）赐额“灵湫”。该庙创建年代不详，坐西朝东，一进院落，占地面积 1643 平方米。自宋以来，元、明、清各代屡有增修，扩修，其建筑有亭榭、云坞、荷池、四星池等。现存建筑有舞台、妆楼、配殿等，正殿及其他建筑或改建或塌毁。舞台，下为门洞，上为舞楼，面阔三间，进深四椽，单檐悬山式屋顶，前檐柱头科三踩单翘，每间各设平身科一攒，为明代遗构。庙院内现存有宋至清历代碑碣二十多通。灵湫庙为祭祀炎帝少女女娃所建，是研究炎帝文化的重要资料，具有重要的文物研究价值。2001 年长子县人民政府公布为县级文物保护单位。

正殿

修灵湫庙载记

【简介】勒石于宋宣和元年八月八日（1119），现存长子县石哲镇房头村灵湫庙内，碑高123厘米，宽62厘米。碑额正中有线刻牡丹花纹一朵，在“灵湫庙载记”两侧，各有一线刻奔狮，线条刚劲流畅，造型生动，神态威猛。碑在院内台阶上南侧。

【碑文】灵湫得号，实政和初元（1111）秋八月也。其山峥嵘而峭崒，其泉澄澈而甘美。神女寓是，应感灵异，有功于民，所以被敕命之，因前刻概可纪矣。邑薄沈公述其文，温润宏伟，足以□耀无穷。有毅夫宴常者，一日叩门谓余曰：“粤肇承庙号，殿宇隘陋，垣墉颓圮，楹栋欹倾，丹青渝泯，圣像仅存，几不免风雨。患止是则，何以昭翼翼之雄观，而壮不测之神威也？”常乃聚年德乡老，谋议佥同，欲因弊诉，固请于县。县以费财烦民为惜，初抑未许，恳祈再三，后可所乞。于时筮日，命之经营，得制比旧，幅员稍加增广。先固其基，次构殿庑，莫不有序。面东者，正殿五楹，即山势因泉所在而为之。左右庑各五楹，中则置楼，设舞者三楹，前有置门，设榜者三楹，翼然四合。涂苏丹雘，如翚斯飞，其正会会，其庑潭潭，持众攻之，不日而成。此昔年荒残，今一旦增新，其功莫大于斯。由是，四方祈祷祇謁，继踵而来者，虽然而和，肃然而敬。其貌平且慓也。而又春秋，官府设荐，脯醢于庭，礼加优异。则神安乐之，即是可知已非涂崇建也。如是，将以答神之景贶，称上之□命，致斯民钦仰之如彼哉。泉出庙前，稍北成星池，广丈余，深莫测。去地□□□□□而湛碧，虽历水旱无加损。池南数步，列三宝门，其流自如，若有长□□□□□五月，又刊石为螭首三，寘于窦，但水自脗出，宛然若生。水之潺湲。□□□□□□兹其源也。庙依西山，南列翠岫，迴环掩映，宜为至神庙食地。民□□□□□以福其德，交归直将，如山之久，如水之长，岂小补哉？前之所刻云□□□□□□续，以协众望。余应之曰：“予之所叙，特庙楹之数，泉出之状，厌彼□□□□已非斯与前作争光。”是亦载记而无嫌，遂直书其事。言不逮文，则碔砆与□□□已愧溢面颜矣。知我者，无诮焉。宣和元年八月初八日。府学生刘之美记。乡贡进士秦世英书，贡生陈希夷题额，扶风宴常立石。王勍刊。

下管乡录事老□、乡录事（略）

脩靈湫廟載記

靈湫得號賜敕和初元秋八月也其山峰嵘而嶒崪其泉澄澈而甘美神女寓是，應感靈異有功于民所以被勑命之因前刻槃可紀矣邑簿沈公述其文温潤宏傑足以□耀無窮有毅夫寬常者一日叩門謂余曰粵肇承廟貌殿宇陰陋垣墉頹圮楹棟欹傾丹青渝泯聖像僅存幾不免風雨患止是則何以昭翼翼之雄觀而壯不測之神威也常迺聚年德鄉老謀議僉同欲因□□祈同請于縣縣以貲財煩民為惜初抑未許懇祈再三後可所乞予時並自命工經營得制比舊幅負鎖加增廣先固其基次構殿廡莫不有序面東者正殿五楹郎山勢因泉所在而為之左右廡各五楹中則堂樓設鋪者三楹前有堂門設榜者三楹翼然四合塗丹雘如翬斯飛其正嚐喻其廡□特劣攻之□日而成此歲貴年危殘今一旦增新其功莫大於斯歟是四方祈禱絡繹隨而來者□雖然而和青然而欲共貌嚴且慄也而又春秋官府設為醮禱于庭禮加優異財神安樂之跡是可知已非徒集遂從□如是撰以谷神之景貺釋

上□□帝敕□民欽仰之如彼哉泉出廟前稍北成池廣丈餘深莫測去地乖□□□□而□注碧雖歷水旱無加損池南數步列三竅隨其流自如若有長□□□□□五月又刊石為螭首三竅于竇俾水自脇出宛然若生水之潺湲□□□□莅茲其源也南欲西向南列峯岫迴環掩映宜為至神廟食地民□□□□福其德交歸直將如山之久如水之長豈小補哉前之所刻云□□□續以協祭從余應之曰予之所叙特爾福之數泉出之跌厥彼□□□□非新舊前作爭光是亦載記而無媿遂直書其事言不逮文則忒缺□□□□己巳祀遙而額矣知□者無謂焉宣和元年八月初八日府學生劉□述

□美記鄉貢進士秦世英書貢士陳希夷題額扶風□□立石

王勍刊

下管鄉錄事老□　孫同　王嘉　劉仲
□□　李閏　馮撥　□□
□□　一董千　尹遵　□□　石忝
老人
□□　張清
郭□　高□　郭□
□□　孔善　右□
郭善　王智　班生　郭□
□□　李□　郭文　李□
□□　孟慶　孟□
□□　□□　申□
□□老人
□□
□成　郝慶　李明　馮留
□□　□□　賀貴　□□
□□　馬□　□□
□□　周□　□□
□□　□□
郝明　楊□
張□　李銀　張□
李□
□□
□□　□□
□□　李望　李□
□□　趙新　□□
□□
□□
高明
□□　崔立
□□　□□　□□

重修灵湫庙记

【简介】勒石于明永乐十八年（1420），现存长子县石哲镇房头村灵湫庙内，碑高137厘米，宽51厘米，厚29.5-32厘米。碑额顶部饰线刻缠枝莲纹图案。篆书“重修灵湫庙记”两侧饰线刻凤纹图案。

【碑文】翰林院孔目调长子邑庠教谕丁彦信撰，本县醫者王□义篆□□漳南郭晟书，屯留石工张茂才刊

环城皆山□□□□峦卓秀，林木茂盛，望之若龙盘虎踞者，发鸠也。源泉清冽，石甃方廻，蜿蜒注流，而合于清漳者，灵湫□□貌巍峨，丹青辉焕，三圣公主神之宫也。粤当稽诸传记，神实炎帝之圣女，生有圣德，殁而灵显。膺封□□□是山之源著显，仁藏用之，功昭威声，赫灵之跡，福庇一方，为官民祈祷之所，故远迩莫不钦崇焉。余□□林以内艰归大庾，制终承乏，来典是庠。凡春秋礼祀，旱涝祈祷，当以邑侯致祭于祠，辄或感应，因得睹斯灵异。然其庙宇，岁深月久，风摧雨圮，栋宇倾攲，椽欂朽腐，弗足以称观瞻，众咸惜之。愿管葺其弊，以安神灵。邑宰王侯欣从众议，遂与僚属，俱出俸廪，倡众以成其事，复劝民助其费。于是富者捐廪捐金，贫者抡材量力，命工撤旧而管葺之。故昔之颓者，今则从之以正；昔之腐者，今则易之□□。殿堂门庑，黝垩丹漆，比旧貌焕然为之一新。会请砻珉刻文，以永其传。王侯尝嘱余为文，以记其岁月。余愚不足以记其实。当闻，德之□□，其庆远，功之懋者，其源长。思昔炎帝继伏羲氏而皇，观其尝百谷，民遂粒食之乐，免茹毛饮血阻饥之□，尝百草为医药，民免疾疫夭殁之患。其功与德，万世永赖，是以历代报祀，与天地相为攸久也。而公主亦□□□无穷者，岂不本于庆源深厚而致之欤？且神丰功伟烈，前人载录详矣。余不复识，遂书其神之显应及□□之胜，兴修之由为记，仍系之辞，俾民春秋享祀而歌之焉。

圣□□极风俗淳，教民粒食鑿道仁。笃生圣女淑德真，褒封显号源泉神。威□□兮赫厥灵，雨晹时若恩普均。春秋礼祀诚意勤，永祈福我漳之民。

大明永乐十八年岁次庚子季春上旬吉日

承事郎、长子县知县王荣，陕西汉中府沔县人；儒学训导张敏，南阳府内乡人；□迪功郎、县丞陈坦，长沙府茶陵人；杜时中，南康府建昌人；庞襄，真定府深州人；□□仕郎、主簿何庸，金华府东阳人；韩春，□昌府范县人；丁勗，真定府晋州人；长子县典史张庸，顺天府东安人；陶义，开封府祥符人；孙士达，河南府登封人；税课局大使党浩，西安府□□人；漳泽驿丞卜智，□□府丹徒人；递运所大使邓秀，西安府兴平人。

董工老人在城常文举、刀黄冯士成、□宗张朋友、太平庙长陈胜

梓匠王义善、王代成、王献、关伯、廉三

瓦匠张著、李成

画匠洪贵，同男洪玉；王礼

铁匠贯岂、牛代刚立石

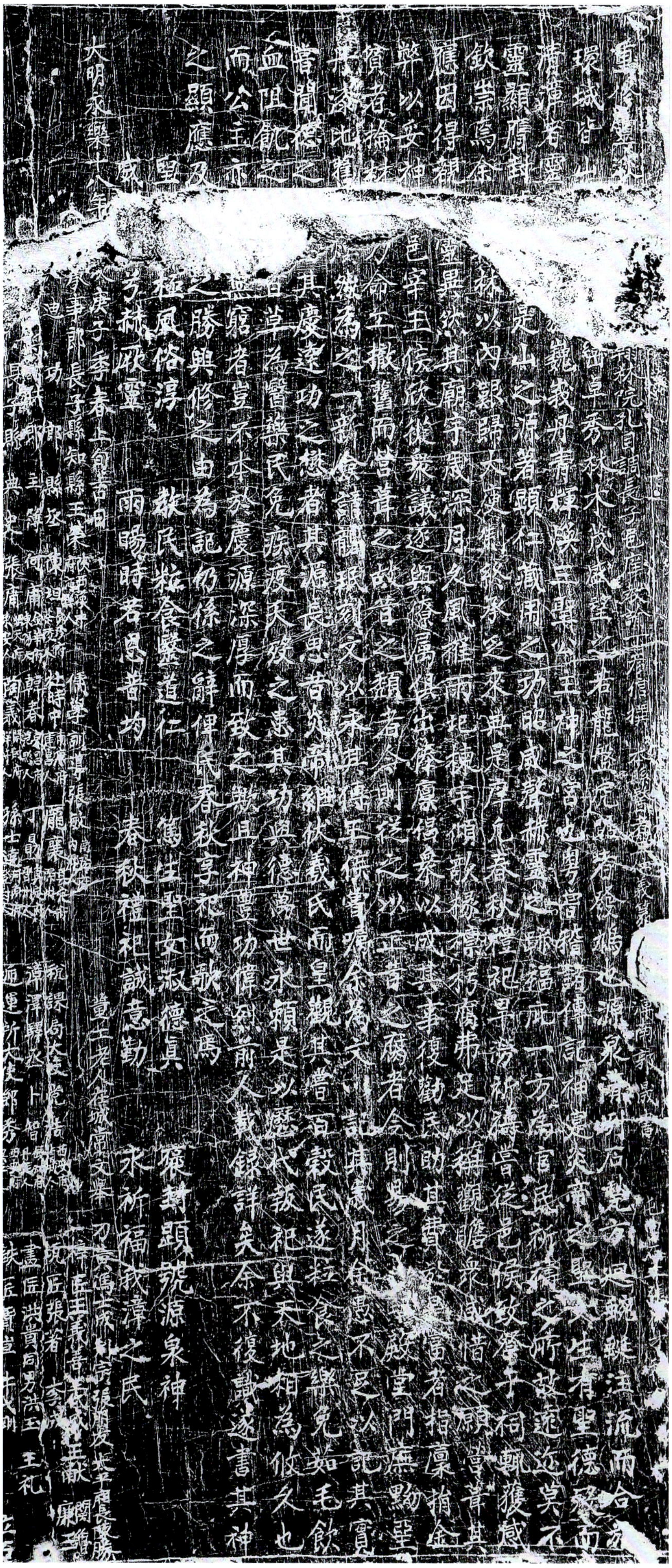

敕赐祭告灵湫神文

【简介】勒石于明成化十四年十月（1478），现存长子县石哲镇房头村灵湫庙内，碑高89厘米，宽55厘米。碑额两侧饰祥云纹，四周饰蔓草纹线刻图案。石碑镶嵌在灵湫庙山门外北厢房墙上。

【碑文】维成化十四年岁次戊戌十月己丑朔越初三日辛卯，潞州长子县知县易鹗，敢昭告于敕赐灵湫之神。曰：

惟神血食兹土，盖亦有年。浊漳之水，神司其源。钟德灵长，不泛不溢。润泽所加，一泻千里。惟福斯民，阐于有宋。赐号灵湫，龙章辉映。迨我皇明，丕显灵异。捍患御灾，厥功懋著。鹗钦承上命，来令是邑。失所考据，祀事违期。躬诣灵祠，以验其实。有铭有记，勒之坚石。举行祀典，率遵仪式。于敬则诚，于礼则宜。伏愿神明，享于克诚。诩我皇猷，保我民生。雨旸时若，年谷丰登。济利人物，永赖其功。赫赫厥灵，愈显愈隆。绵绵祭祀，无斁无穷。尚饗。

赐进士、文林郎、知长子县事固陵易鹗撰

維成化十四年嵗次戊戌十月己丑朔越初三日
辛卯潞州長子縣知縣易鶚敢昭告于
勅賜靈湫之神曰惟
神血食茲土蓋亦有年濁漳之水
神寔其源鍾德靈長不泛不溢潤澤所加一瀉千里
惟福斯民聞於有宋
賜號靈湫
龍軍輝映逮我
皇明丕顯靈異捍患禦災厥功懋著鶚欽承
上命來令是邑夫所考據祀事遠期躬詣靈祠以驗其
實有銘有記勅之堅石舉行祀典率遵儀式於敬
則誠於禮則宜伏願
川神享于克誠翊我
皇猷保我民生雨暘時若年谷豐登濟利人物永賴其
功赫赫厥靈愈顯愈隆綿綿祭祀無斁無窮尚
饗
賜進士文林郎知長子縣事固陵易鶚撰

重修灵湫庙记

【简介】勒石于明嘉靖九年（1530），现存长子县石哲镇房头村灵湫庙内，碑高 192 厘米，宽 80 厘米，厚 32 厘米。碑身左、右上角饰线刻祥云纹图案，两侧为蔓草纹图案。

【碑文】应试秋闱增广生员尧山王卿撰

儒学增广生员邑人安宝书

乙酉秋闱进士邑人陈天爵篆

尝谓神者，神也。所以神其神也，神者神于神。所以神其神者，在于人也。神非自神其神，有功于民，自足以神其神也。人非能神其神，而诚以格神，来神之阴。斯所以神其神也。长子之西，有泉曰灵湫，出自鸠山之下，其详不可得而闻也；且以近而考之，可以验其神也。其水澄而清，是其神之有洁也；其源悠而久，是其神之不息也；其流道而急，是其神之正直也。泻于螭口，潺潺有声，归宿东溟，混混不竭，膏泽长子，浸润殊方，其神为何如也。呜呼，神矣！主之者神其神，而可以神其神哉？主之者，炎皇之三子，而莅于是也。昔者炎皇，教民稼穑，乃粒烝民。神其神于有肇，而三圣统灵源，又灌溉乎斯民。在炎皇，可谓克开厥后；在三圣，可谓善继其志，于有永此善述，其事于有续也。神其神，于不穷也。斯民神之，不其然乎？神之仁于民，人之神于神，在神之神，斯民固受其福矣！而人之能神，神亦焉有不顾哉！苟神非神，固不能神于人。人非神，何能神于神哉？神者幽也，人者明也，神能神者，自幽而达于明；人能神，自明而达于幽。神固神也，人亦神也。神能阴于人，诚也；人能感格于神，亦诚也。幽明皆以诚敬相与，幽明虽有异，而诚则无异也。抑不知神之为人，人之为神也。神也，人也，吾不得而知也。是神者人也，人者神也。幽者明也，明者幽也。故曰：神人无二道，幽明无二理。人苟不能神在已之神，而欲来在神之神，神若我顾者，未之有也。是在我既无其神在，神何能神其在我哉！非惟神不我顾，且又阴于诚者，而殃于不诚也。夫诚能格神，不诚则不能格神。诚则神至，不诚则神不至。又曰：神而明之，存乎其人。嗟夫！灵湫出自鸠山，三圣祀守灵湫。天之暵旱，民之灾眚，有祷辄应，是神在于人，人格于神也。即此而观，人能神神也，神即神人也。噫嘘欷！宁使人神在神之神，勿使神不神在人之神也。欲神之神，其尚求诸已乎？庙之基址仍旧，特岁久黯淡而已。今焕然一新，草木争辉，水山映色。庙前增以莲塘数亩，伟然一壮观也。诚足以妥神于冥冥也。事将竣，予与有闻焉，故以神神人人之事，以告之神，人人神之，记以终之。

皇明嘉靖九年岁在庚寅仲冬谷旦立

赐进士、文林郎、知长子县事唐山王密

迪功郎、长子县县丞霍丘邹相

将仕郎、长子县主簿赞皇杜永泰

儒学咸阳侯相

训导容城魏琮

训导河间王臣

戊子秋进士邑人张美

孝官邑人王卿

省祭官邑人王剑

漳泽驿驿丞卜文深

递运所大使韩钦

阴阳学训术王道

重修靈湫廟記

應試秋闈增廣生員亳王□撰
儒學增廣生員邑安□書
乙酉秋闈進士邑人陳天爵篆

嘗謂神者神也所以神其神也神者神於神所以神其神者在於人也神非自神其神有功於民自□以神其神也人非能神其神而誠以格神来神之陰隲斯所以神
其神也長子之西有泉曰靈湫出自鳩山之下其詳不可得而聞也且以近而考之可以驗其神也其水澄而清是其神之有潔也其源悠久是其神之不息也其流
遄而急是其神之正直也瀉於蠣口潺潺有聲歸宿東溟混混不竭膏澤長子浸潤殊方其神為何□也嗚呼神矣非主之者神其神而何以神其神式主之者炎皇之
三子而溢於是也昔者炎皇教民稼穡乃粒蒸民神其神□肇而三聖統靈源又灌溉乎斯民在炎皇可謂克開厥後在三聖可謂善繼其志於有永善述其事於
有續也神其神於無窮也斯民神之□其然乎神之仁於民人□神於神在神之神斯民固受其福矣而人之能神神亦焉有不顧哉苟神非神固不能神於□非神
何能神於神哉神者幽也人者明也神能神自幽而達於明人能神自明而達於幽神固神也人亦神也神能陰隲於人誠也人能感格於神亦誠也幽明皆□誠敬相
與幽明雖有異而誠則無異也抑不知神之為人人之為神也神也人也吾不得而知也是神者人也人者神也幽者明也明者幽也故曰神人無二道幽明無二理人
苟不能神在己之神而欲來在神□神神若我顧者未之有也是在我既無其神在神何能神其在我哉非惟神不我顧且又陰隲於誠者而殃於不誠也夫誠能格神
不誠則不能格神誠則神至不誠則神不至又曰神而明之存乎其人嗟夫靈湫出自鳩山三聖祀守靈湫天之膜旱□之灾青有禱輒應是神在於人人格於神也即
此而觀人能神神也神即神人也噫嘘歎寧使人神在神之神勿使神不神在人之神也欲神之神其尚求諸己乎廟之基址仍舊特歲久黯淡而已令煥然一新草木
爭輝水山映色廟前增以蓮池數畝儼然一壯觀也誠足以妥神於□其也事將竣予與有聞焉故以神神人人之事以告之神人人神之記以終之

皇明嘉靖九年歲在庚寅仲冬穀旦立

賜進士文林郎知長子縣事唐山王容
廸功郎長子縣丞霍丘鄒相　□□陽侯相　戊子秋進士邑人張羨　漳澤驛驛丞□□
將仕郎長子縣主簿贊皇杜永泰　儒學訓導容城魏琮　孝官邑人王卿　遞運所大使韓欽
訓導河間王臣　省祭官邑人王釗　陰陽學訓術王道

苏公祷雨文

【简介】勒石于明万历十五年（1587），现存长子县石哲镇房头村灵湫庙内，碑高154厘米，宽63厘米。碑额“祷雨诗文”篆书四字两侧饰祥云纹图案。碑身下部边饰莲瓣纹，额与两侧饰蔓草纹图案。该碑镶嵌在山门外北墙壁上。

【碑文】神曰灵湫，何谓也哉？以其有祷辄应，无感不通，故特敕赐命名，用昭灵异，以示久远也。凡我黎民，仰藉神休久矣，不暇备述矣。兹者一冬无雪，三春不雨，今夏又半矣，二麦已枯，秋禾未布，倘再延数日，则虽种无成，一年之望孤矣，今岁何所赖？而来岁又未卜于何时也。前此亦尝祈祷于神，而神不之应，岂其灵于昔，而不灵于今耶？良由我有司不职，上干神怒，以至此耳！然有司之不职，有司之罪也。凡有殃咎，宜加其身，柰何以有司之故，而累及无辜之万姓也耶？缘此，乃敢再恳于神前，伏惟尊神，呼吸即须曳之风雨，叱咤为俄顷之雷霆，下念元元，上达苍苍，甘霖即降，以舒目前之急，则不惟解万姓倒悬之苦，而神亦有以成始终之大灵矣！况神乃炎帝神农之女。炎帝播种，以遂民生，而神不为之降泽以救万姓，是岂所谓继述耶？此事在燃眉，非若往时之犹可遣者，惟神其洞察而照鉴之。十四年五月初二日。

我来祷雨谒灵湫，漳水鸠山景趣幽。神若有灵应鉴我，甘霖早澍荷洪庥。

随时喜雨诗：

阴云四起压山城，倏忽弥茫雨大行。

百里滂沱沾濊泽，万民鼓舞动欢声。

繁滋盗贼从今息，枯槁禾苗自此成。

米价不腾民复业，会看四野乐丰亨。

公讳子纶，字合之，号理吾，大陆人也。应隆庆丁卯乡荐而为长子令。

皇明万历十五年岁在丁亥仲春谷旦

赐进士、文林郎、知长子县事扶沟何出图

县丞陕西杨昂

主簿岷州刘田

典史顺德刘尧卿

儒学教谕徐川王博

训导永年刘鼎

训导芮城李阳春

邑庠门生张一贯立石

修庙为首乡民冯子安、李义、李和、郝天左、张洪、李孟阳、常天宠、韩朝宰、崔保、崔顺。

助缘□古里孙朝相、太平庙冯栱贵

守庙圆海、明山

上党玉工朱绘、朱来贵仝刊

蘇公禱雨文

神曰靈湫何謂也哉以其有禱輙應無感不通故特
勅賜命名用昭靈異以示久遠也凡我黎民仰籍
神休久矣不暇備述矣玆者一冬無雪三春不雨今夏又半矣二麦已枯秋禾未布倘再延数日則雖種無成一年之望孤矣今歲將
何所賴而来歲又未卜于何時也前此亦嘗行禱於
神而神不之應豈其靈于昔而不靈于今耶良由我有司不職上干
神怒以至此耳然有司之不職有司之罪也凡有殃咎宜加其身柰何以有司之故而累及無辜之萬姓也耶緣此乃敢再懇于
神前伏惟
尊神呼吸即須臾之風雨叱咤為俄頃之雷霆下念元元上達
蒼蒼芔霖即降以紓目前之急則不惟鮮萬姓倒懸之苦而
神亦有以成始終之大靈矣況
神乃炎帝神農之女炎帝播種以遂民生而神不為之降澤以救萬姓是豈所謂善繼述耶此事在燃眉非若往時之猶可遣者惟
神其洞察而照鑒之 十四年五月初二日

我来禱雨謁靈湫漳水鳩山景趣幽神若有靈應鑒我芔霖早澍荷洪庥
陰雲四起壓山城倏忽瀰沱雨大行百里滂沱澍歲澤萬民鼓舞動歡聲繁滋
看四野樂豊亨

公諱子綸字令之號理吾大陸人也
隆慶丁卯鄉薦[illegible]令

皇明萬曆十五年歲在丁亥仲春穀旦
賜進士文林郎知長子縣事扶溝何出圖　縣丞陝西楊昻　主簿泯州劉田　典史順德劉克卿
儒學教諭徐川王[illegible]　訓導[illegible]劉禺　訓導蒿城李陽春

隨時喜雨詩
盜賊從今息枯槁禾苗自此成未嘗不勝民稼業會

邑庠門生張一貫立石
修[illegible]
耶緣[illegible]
上黨玉工朱繪　朱来貴全刊

重修灵湫庙记

【简介】勒石于明万历三十年（1602），现存长子县石哲镇房头村灵湫庙内，碑高 137 厘米，宽 67.5 厘米，厚 23 厘米。碑身四周饰线刻蔓草纹图案。

【碑文】赐进士出身兵部职方清吏司主事前长子令豫人何出图撰文

长子县西鄙，盖有发鸠山焉。形盘矗，四周如螺。浊漳出其下，滂、澋、渟、汇溢而后注。土人为构祠其上，曰：灵湫。作之者虽漫不可考，然啧啧道其精英神异，能御灾捍患，故灵之也。万历丁亥岁，余受命来涖是土，会大旱，野无青草，乃为戒牲、牷、黍、稷，谒灵湫而祷之。土人携老幼，随余泣拜者以千数。礼成，凄然怆然，如声响之可□。居有顷，云冉冉四合，遂大澍雨，禾乃苏。余谓山川有神，因人心通其灵贶，岁尸祝之必敬，亦由是，比岁登穰，而灵湫之神，愈益为士人重。时有撤其宇而新之者，闬闳众悳，饰以金碧，既僝工，会余将以职方新命去。僧圆海、土人冯子安等，谒堂下请曰："往丁亥之前，长子盖比年旱，当事者，尝冠盖相望，祈灵贶而不应也。乃属以令公宠灵，获大澍雨。又，上党地岩碕较，数岁穰不敌饥之半，何乃六期之风雨时，民二祀无废也。抑又以羸余供营缮，而拓湫隘也。唯是徼福令公，俾灵湫永其况，祝灵湫者，繄谁忘令公哉！令公且行，诚无解后，此之穰旱何状，兹不腆丹垩之役，自令公始。请一言为灵湫重，可乎？夫礼，天子禋四渎，侯王君公祀其境内山川，制也。鲁人卜郊，《春秋》讥之，岂非以法不得而祀之渎耶？灵湫之祀，齐人恶得而尸之。然蜡祭及水庸，水庸何神？民利之耳。利之而祀，可以昭传存也。灵湫貌饕珥，亦不解何本第，以所觏灵异于民，亦大功德矣。獭祭鱼，豺祭兽。彼蠢然者，有报本之思，何况乎长子之民。于是，不暇辨其渎，而以蜡祭，水庸通之，嘉其过，豺獭远矣。乃不辞而为之记。

时万历三十年岁次壬辰秋九月上浣之吉

县丞王大治

主簿李思恭

典史王梦熊

工给吏张拱四

石工张应时刻石

重修靈湫廟記

賜進士出身兵部職方清吏司主事前長子令豫人何出圖譔

長子縣西南蓋有發鳩山焉形盤矗四週如螺濁漳出其下滂濞渟滙溢而後注土人爲構祠其上曰靈湫作之者雖漫不可考然嘖嘖道其精英神異能禦災捍患故靈之也萬曆丁亥歲余受命來涖是土會大旱野無青草乃爲戒牲牷黍稷謁靈湫而禱之土人携老幼隨余泣拜者以千數禮成悽然愴然如聲響之可掬危有填雲冉冉四合遂大澍雨禾乃蘇余謂山川有神因人心通其靈覘歲尸祝之必敬亦由是比歲登穰而靈湫之神愈益爲土人重時有撤其宇而新之者閭閻畀邑師以金碧既僝工會余將以職方新命去僧圓海土人馮子安等謁堂下請曰維丁亥之前長子蓋比年旱當事者嘗冠蓋相望祈靈覘而不應也乃屬以令公寵靈獲大澍雨又上黨地巖碕墝數歲穰不敵饑之半何乃六期之風雨時民甦而祀無廢也抑又以羸餘供營繕而拓湫隘也唯是徼福令公俾靈湫永其况祝靈湫者黎誰忘令公哉令公且行識無辭後婁之穰旱何狀茲不腆丹堊之後自令公始請一言爲靈重可乎夫禮天子禋四瀆侯王君公祀其境內山川制也魯大卜郊春秋譏之豈非以法不得而祀者瀆耶靈湫之祀孫人惡得而尸之然蜡祭及水庸水庸何神民利之耳利之而祀可以昭尃存也靈湫貌瞀珥亦不解何本第以所覩靈異于民亦大功德矣獺祭魚豺祭獸彼蠢然瞀有報本之思何况乎長子才民于是不暇辨其瀆而以蜡祭水庸通之嘉其過豺獺遠矣乃不辭而爲之記昔

萬曆二十年歲次壬辰秋九月上浣之吉 縣丞王大治 主簿李思恭 典史王夢熊 工給吏張甚 石工張應時刻

四星池碑

【简介】勒石于明万历三十四年（1606），现存长子县石哲镇房头村灵湫庙内，碑为石灰岩，高 150 厘米，宽 49 厘米。崔尔进、马称德、杜金堂、谢淮同立石。碑为长方形，上刻“四星池”行书大字。碑保存完整。

【碑文】万历三十四年岁次丙午孟秋之吉

四星池

赐进士第、文林郎、知长子县事、关中崔尔进、县丞马称德、主簿杜金堂、典史谢淮同立石

管工官赵养性

萬曆三十四年歲次丙午孟秋之吉
四星池
賜進士第文林郎知長子縣事關中崔爾進
縣丞馬稱德
主簿杜金堂
典史謝
淮仝立石
管工官趙養性

重修灵湫庙记

【简介】勒石于明万历三十四年（1606），现存长子县石哲镇房头村灵湫庙内，碑高 186 厘米，宽 70 厘米，厚 27 厘米。碑额“重修灵湫庙记”六个字为悬针体篆书，两侧饰祥云纹图案，半圆形碑首，碑身一周饰阴线刻蔓草纹图案。碑身断裂为三块。

【碑文】赐进士第文林郎知长治县事中州陶鸿儒书

赐进士第文林郎知壶关县事中州方应明篆

赐进士第文林郎知长子县事关中崔尔进撰

长子西四十里许，山曰发鸠，又名曰鹿谷。巍嶷峣屼，四望危峦如削。苍松环之，郁蓊蒌荮，奇秀万状。山之下有泉澄然，俯之如镜，名曰灵湫。盘涹可爱，稍前穿石窦而出，潺潺作瀑布声，九折以东，竟簿太行，百川□之，赫然巨浸矣，实惟浊、漳之源。有神主之，曰三圣公主。相传，为炎帝三女。说者又谓，即女娃（娲），化精卫，啣西山木石以堙东海者。然世远，其详不可考云。甲辰秋，余承乏长子，率寮属往祀尔，故典也。其地父老为余言：神之德泽在人，种种不可枚举。雨旸祈祷，应若向答，前令王、何诸公，皆有奇验。余私志之，不敢谓然，又不敢谓不然。乙巳徂夏，而境内以旱告矣，夏麦未实，秋禾甫苗，渐就枯槁，西成无望，比闾惶惶皆相顾，不复人色。余忆□□言，竭诚致祷。出县时，烈日如焚，轻尘掩目，甫及庙门，而片云黑于顶上。拜祝甫毕而骤雨濛濛然至矣。顾未几晴，□至石哲镇，而雨忽至，未几又复晴。再行三、五里，则依然天际晴朗，极望无片翳，而烈日轻尘如始出时。余私忆，神不我格耶？胡独格于王、何诸公而靳于我？盖既至县，而雷声郁律，骇焱如怒，有云自西驰至，迅若飞帆，霧曀叆叇，倾刻而合，大雨如注，三日方止。二麦乃登，禾亦始终，顿成有岁。噫嘻！是何神之变幻不测，一至此极，血食万年，宜其不朽。随合僚属祀谢，而少府马君谓余曰：“庙貌以岁久倾颓，岂其以神之冥德？若是，而我辈漫不加意，宜为新之。”而僚众及父老佥曰：“宜然”。余不能止，各捐俸鸠工，饬其圮垣，使竣而固。因其殿宇，重以丹雘，塑像更新，金碧灿然。坚其两庑，前敞大门而奕之为三楹，绣栭雲棡，巍然状也。其北庑之中，两楹以通，于后为官厅，增置正厅，南向及左右室，东西向各三楹。大门之左，有小泉出，湛然如线，引之为池。顾池方成而泉竭，而池之内四隅，陡有四泉飞出，喷如琼□□□盈池。观者骇然，既而哄然，曰：“此四星池也。”因而名之。种以芙蕖，清芬特异。凡诸景物，俱加点缀，登临者不亦陟蓬瀛云。盖自乙巳九月初四日起工，至丙午十一月初二日竣事。□□者，致仕典史张朝宠，而父老安绂、常国威、张拱极、安学易等，与有劳焉。或献疑曰：“彷徨委蛇之诬，识者讥之，伯□公孙洩之立，且为惠德者累也。子实司民牧，乃不急急开阡陌，课农桑，申孝悌，而先从事于乌有，民义谓何而务及此，毋其为万代瞻仰者笑。”则为文以解之，曰：“谓神乌有，胡不观人，□人之所以人也，肢体骸窍，则既皆备，孰培之？而或壮，而其苦，二竖者又孰为耗也。形藏气，气生精，精化神，神有完欠而精气随焉。则形且因之，是一人固自具有一神也。神即人之所□为人，而异神于人，何诬神也，而又且诬人？且以大成之圣，祷自尼山五老二龙，岂虚谬焉！”独其言曰：“未能事人，焉能事神？”又曰：“敬鬼神而远之。”夫既已谓敬，孰谓非？事不废事矣，谅非□也。古者，有大功德于民则祀。故郊社而下，若山川济渎之类，即圣贤必首重祀典，盖不过尽吾心之神以交于神之神，神何觊于人乎？余司民牧，惟知有民而已。民之田野未辟，耕耨不时，责在牧者。亦既辟且时矣，而雨旸不若，此非人力可为，责不在牧也。则不得不祷之于神。尚祷之而旱以霖应，涝以旸应乎，则事神即以事民。纵狄、胡二公复起，必不以其焚淫祀、毁□像者而谓吾迂也。方将终身率民以从，宁止新庙貌哉，宁止新庙貌哉！

万历丙午孟冬之吉

县丞关中马称德

主簿关中 杜金堂

升任主簿刘天光

典史闽中谢淮

教谕李逢时

训导高民望、□□、李华春

升任教谕刘三凤

训导任养解、姚一贵

管工官张朝宠

驿丞王维

阴阳官陈周士

医官宋善继

僧官德香

道官权清登

横水约正安绂、副安学易

刁黄约正常国威、副张拱极

香老韩朝宰、安尧辅、冯拱贵、冯子安、张永德代书、李应举、张拱岩、连儒、王天雷、冯时进、牛应弟

横水里老安希孔、安自知、冯仕 科、杨应登

玉工常汝周、常仲仁、常汝官

住持僧周岩、真来仝立石

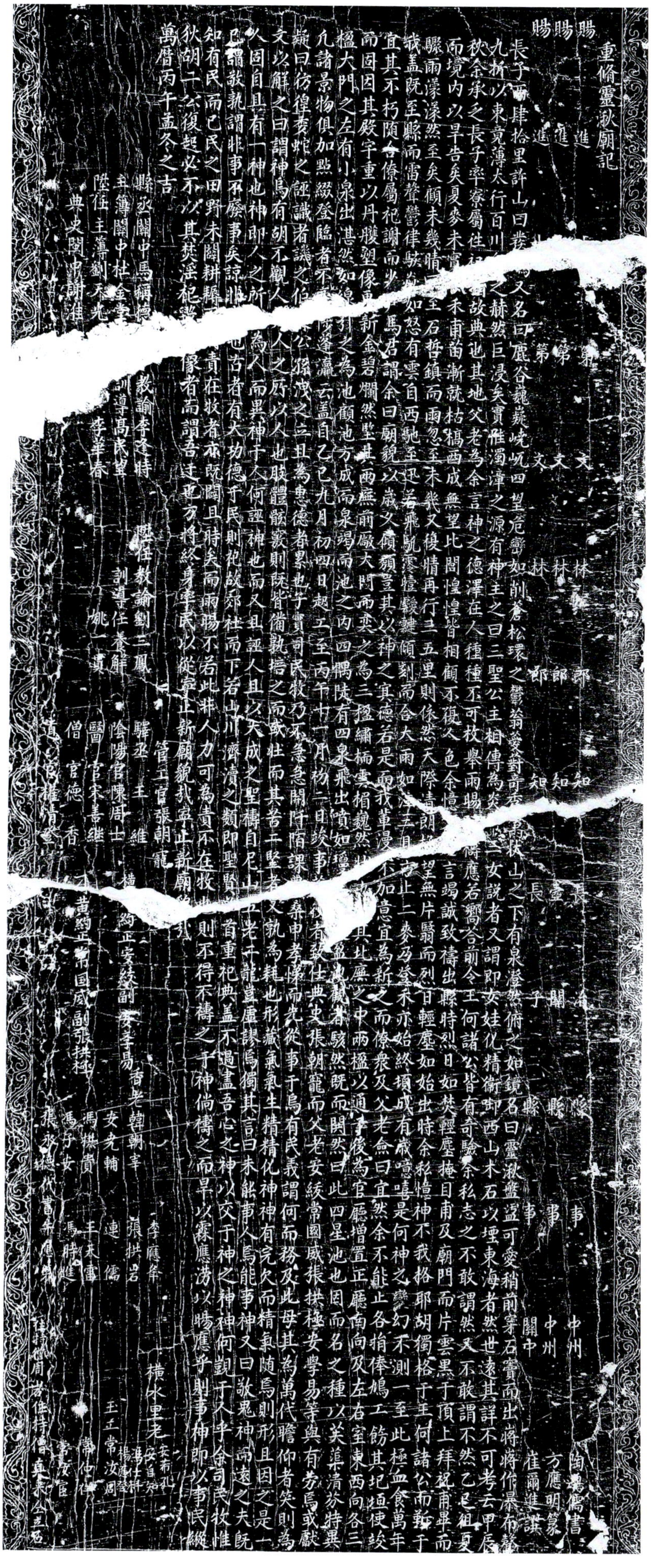

□□周公祷雨灵应碑记

【简介】勒石于明天启四年（1624），现存长子县石哲镇房头村灵湫庙内，碑高 121 厘米，宽 49 厘米。碑额“周公祷雨灵应碑记”两侧饰祥云纹图案，镶嵌在山门外南墙壁上。

【碑文】天人之势悬矣，其感应难，而应之捷尤难。然惟诚之未至，云尔若纯诚，积中则感，格灵应捷。□□□□我邑侯周公祷雨事征之，盖可信其必然者。公自下车来，诚心质行，振芳徽，剔蠹苛，诸所注措，惟使民是计。政通人和，□□世之三代也。惟时五月，偶尔亢旱，公朝虔祷，暮即雨落，大足异已。迨六月，旱魃肆虐，禾稼焦槁，邑人大为荒歉。忱率僚属暨诸父老，躬祷于漳源灵湫神祠。旋车时，即云蒸雾布，越翼日，甘霖滂沛，风不鸣条，雨不破块，竟酿为禾有之秋且也。接埌稍歉，米价腾贵，百□便于货易，而国税早完。遡维原因，皆一念积诚之所致也。书曰：维德动天，信不诬矣！穆叔称三不朽，曰：立德、立功、立言。公之至诚，感神□蔑以加已，丰稔贻民，盈羡闰国，功何懋焉。祥绎祭文，厚责已，薄怨神，蔼然仁人之言。肝称三不朽者，公一以备之矣。其祭文当勒诸贞珉，以俟观风者采录。余辈请之再肆，公恳辞曰：“雨偶然尔，我何敢贪天功？”余思韩魏公喜雨诗云：须臾慰满三农望，却敛神功□若□。公之逊谢谦让，与魏公合符。他日，各位勋业，定必相等。是为记。公讳维新，字伯甫，号颜吾。河南济源人。万历己未科进士。明天启四年（1624）仲冬谷旦，儒学训导、大同府灵丘县邓宴顿首拜记。

周公祷雨祭文：

桑林六责，甘澍慰农。暴巫助虐，火云焰峰。祥由和感，异因乖从。位有尊卑，召致实□。职宰岩邑，已六阅月。胡祝融南，来□火龙。上苍降割，灾不虚至。缘民牧行，政之多丛。赭衣载道，桁杨号泣。囹圄不能令之空。敲骨吸髓，苌楚抢痛闾阖。咸乎夫二，东礼循故，辙仪不报。心媟亵不敬，秽行久厌于天□聰。穷奢极欲，靡民财力。口腹耳目，奉御或过。于丰隆美，利弊政惮。任劳怨兴，革弗急为，上通封豕，长蛇横肆，吞噬剪剔，姑贷夫奸雄。总之，奉职无状，上负君，下负民，中负学，皆职上干天和而何与夫？林总胡乃，天不降鉴，烁金石焦，郊原枯禾黍。致百姓于红炉而不示罚，于厥躬斋心露，祷陈词布雾，虔率父老，京叩神宫，速命雨师马洒润，以滂以沱救一隅，嗤嗤旱脱于火攻。急达□帝，代请甘霖，既沾既渥，令天下处处，偕乐乎年丰。

教谕张朝宗，平阳府绛州人

典史武丕，陕西西安府人

□□□孔，河南鹿邑县人

□致仕马中孚

廪生年□祥书丹

省祭官马驯、赵养性、梁鸣凤仝立石

天人之數懸矣其感應難而應之捷尤難然惟誠之未至云爾若紀誠積中則感格孚應捷於影響……
邑侯周公禱雨事徵之益可信其必然者　公自下車來誠心質行孫方徵烈壽苛諸所注措彼若是十……
二世之三代也惟時五月偶爾亢旱　公翊虔禱暮即雨落大足畢已迨六月旱魃肆虐禾稼焦槁邑人人為荒
率僚屬暨諸父老躬禱於
漳源靈湫神祠旋車時即雲蒸霧布越翼日甘霖滂沛風不鳴條雨不破塊意醵為大有之秋且也稜[illegible]米價
便於貿易而
國稅早完逋維原因皆一念積誠之所致也書曰惟德動天信不誣矣穆叔稱三不朽曰立德立功立言　公之至
蔑以加已豐稔貽民盈羨閭
國功行懋馬謀繹祭文厚責己薄然神藹然仁人之言所稱三不朽者　公一以備之矣且祭文當勒之貞珉以垂
餘余輩請之再肆　公懇辭曰雨偶然爾我何敢貪天功余思韓魏公喜雨詩云須臾慰滿三農望卻斂神功
公之遜謙讓與魏公合符他日名位勳業定必相等是為記　公諱維新字伯甫號[illegible]晉河內府濟源人萬曆己
明天啟四年仲冬穀旦儒學訓導大同府靈丘縣鄧宴頓首拜記

周公禱雨祭文

桑林六責甘澍慰農暴巫所雩火雲焰烊佯由和感異因飛從位有尊卑各致[illegible]職[illegible]閱月姻[illegible]
火龍上蒼降割然不虛至緣民牧行政之多愆稽衣哉道所楊號泣圖圖不能冬之宣戰骨吸[illegible]痛閭
二東禮循故轍俗不根心媟褻不敬織行久慮于天取[illegible]各祖欲癱民則力口腹耳目奉御或溢于豐隆美利
勞怨興草茀急為上逋封豕長蛇橫肆吞噬薦殃姑息大奸維[illegible]之恭職無狀上罰下及民升負學踏職上
何與夫林總胡乃天不降鑒爍金石焦郊原枯禾黍致百姓于紅爐而不示罰于厥躬齋心露禱陳詞有[illegible]
邛神宮速命雨師馬鬣渥澗以滂以沱救一隅苗實早脫于火攻急違
帝代請甘霖既沾既渥令天下處處偕樂乎年豐
教諭張翔崔平陽府絳州人　典史武丞頡陝西西安府人
孔河南汜邑縣人　省祭官趙[illegible]
[illegible]士馬中學[illegible]梁鴻[illegible]

重修灵湫庙记

【简介】勒石于清顺治六年（1649），现存长子县石哲镇房头村灵湫庙内，碑高165厘米，宽64.5厘米，厚22–24.5厘米。碑额篆书“重修灵湫庙记”，两侧饰线刻画玉兔与萝卜图案。碑身边沿饰缠枝莲花纹图案。

【碑文】尝闻先王慎制，祀以为国典，所以崇德而报功，为国家保安，为百姓祈福也。而庙宇不洁，亦非所以妥神明焉。近阅长子县治之西，山曰发鸠，有灵湫庙，神曰三圣。闻之三圣，神农炎帝之女也。余尝搜览史册，有溺东海化精卫之遗事，当时疑为异闻。今观其山名，访诸父老，始知册史之言不诬。夫炎帝当茹饮之后，开粒食之利，流泽万世而尊神，后能司雨泽主漳源。所谓继先业于罔坠者，德莫大焉！济斯民于永康者，功亦莫大焉！而利民即所以裕国者，功德又莫大焉。是以世奉敕修，岁享御祭，其崇之也隆矣。开创杳远，又经屡有重修，几不可枚举。但历久而风雨浸渍，鸟鼠穿啮，因而殿宇倾颓。所谓妥神明者，安在哉？乡人思焉补葺，畏于功大难成，其朝聚而夕谋者，已多年矣。适有横水里民人王本业等，虽系山野，颇有为持，生平修建者恒多。而住持普资，遂以其事恳之，彼亦慨然而许之。旁观者咸谔，于告成之难，彼则不自辞其艰焉。因而遍募诸乡，命匠兴工，重建正殿三楹，高耸其上。外有山门，所以固神扃也。峙于南，则方丈香厨；峙于北，有子孙祠者。所以，广一方之箕裘，兼有府君殿以刁黄，山乃伏虎故地，因立祠祀之。殿之北，有官庭廊庑，岁时致祭于其下，享神惠焉。居亡而流寇纷扰，雕詹画尽付之祖龙一炬，烂瓦砾而已。又于南山，立白衣观音堂三楹，绘彩镂金，焕然一新。是不但完其旧址，而更大有阔充之者也。功厥告成，欲铭诸神，以其文谒余。余本庸陋，何敢以文章自居？因以谫劣，辞之再三。彼又曰：“立碑非所以沽名也，亦非所以之市绩也。冀后世之有同志者，咸观感而兴起，也即词之，不华何伤哉？余遂欣然挥笔，用叙其事以为云。

顺治六年岁在己丑至八年辛卯立碑吉日

文林郎、知长子县事关东彭永龄

县丞关中里秦

儒学教谕王锡胤

阴阳官冯尧典

医官陈朝用

信官金桂

道官王一□

工香老秦唐枝

金妆神像堂柳林信士霍田成、妻刘氏

生员张□仁、贾梦鲸、斐光美、赵尚德（略）

香老常一枝、冯仕进、王本业、王进孝（略）

住持僧人洪法，徒弟普资、普材，徒孙广惠、广福

龙岩寺僧性真、妙春

南陈寺署印僧广幸，孙庆祥、庆诚

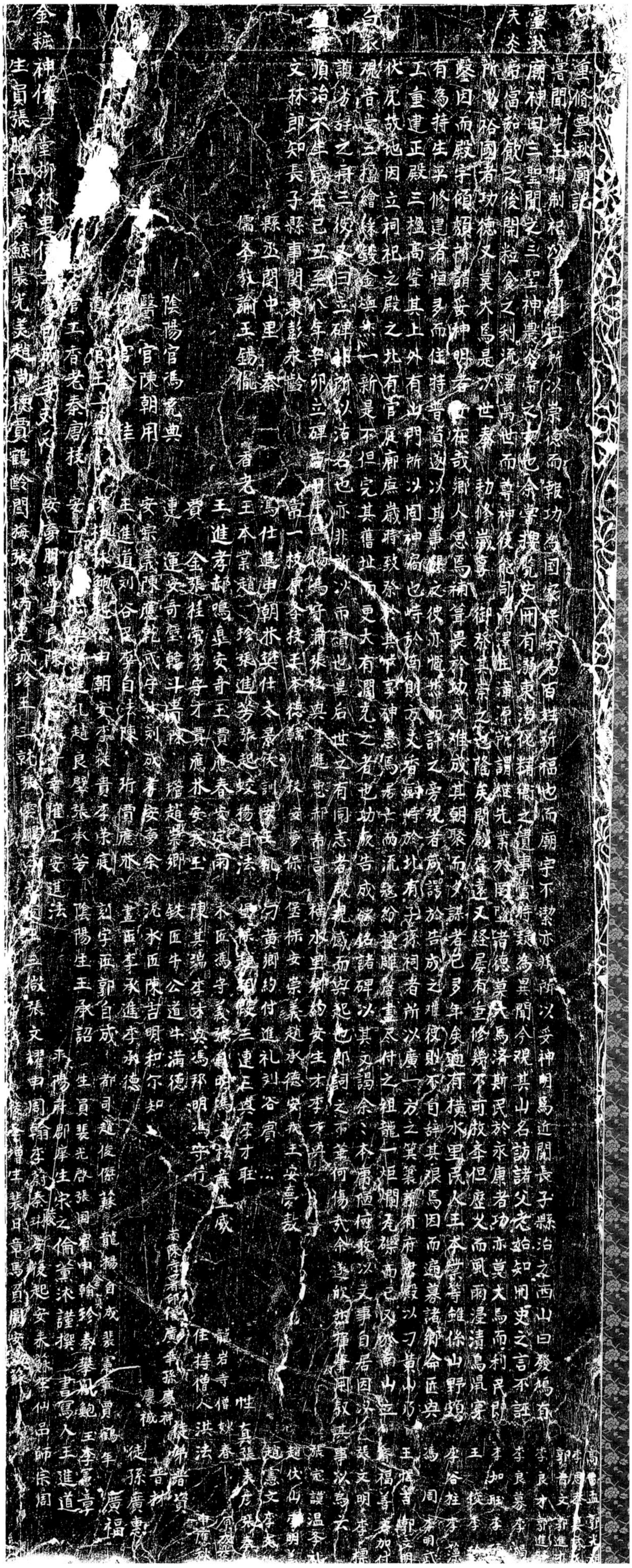
重修靈湫廟記
文林郎知長子縣事閔東彰永齡

重修山门石台碑记

【简介】勒石于清康熙四十年（1701），现存长子县石哲镇房头村灵湫庙内，碑高140厘米，宽65厘米。碑额“重修”二字两侧各刻一浅浮雕麒麟图案，碑四周饰线刻蔓草纹图案。碑在山门内南屋南墙上。

【碑文】邑庠生贾铨撰

山不在高，有仙则名。水不在深，有龙则灵。是山水之巨观，亦存乎为之者，何如耳（尔）长邑之西，有山焉，以发鸠山为名，乃上古炎帝之三女庙焉。苍松千株，绿水一池，云气石色，恒甲天下。载在地舆志之禹贡。诚上古□□地也。近者，山门颓坏，瑶台废坠。主僧目击心伤，持钵一化，不日功成。且气色□加，益为宇庙之启巨观焉。因持玉版求序于余，余鼓掌称快。以为山僧胸襟洒落，能使毁者复兴，岂食人间烟火人哉。□□□□飞升有□□当与山门并□不朽云。是为序。

（以下捐款者姓名，略）

时康熙四十年岁次辛巳仲月日吉

重修山門石臺碑記

邑庠生賈□撰

山不在高有仙則名水不在深有龍則靈是山水之巨觀亦存乎為之者何如耳吾邑有山[illegible]名乃上古炎帝之三女濯焉蒼松千株綠水一泓靈氣石色恒甲天下載在地輿誌之禹貢[illegible]地也近者山門頹壞臺廢墜主僧日擊心傷持鉢一化不日功成且氣色倍加蓋為宇宙之[illegible]王阪求序於余余鼓掌稱快以為山僧胸襟灑落能使興者復興豈僅人間煙火哉[illegible]當與山門並垂不朽云是為序

[illegible]

旹康熙四十年歲次辛巳仲呂□ 吉

重修龙亭四星池香亭改作东房石包台垣碑记

【简介】勒石于清道光十八年(1838),现存长子县石哲镇房头村灵湫庙内,碑高194厘米,宽72厘米,厚24.5厘米。碑额为线刻二龙戏珠与祥云纹图案,额边为线刻蔓草叶纹图案,碑身左右两侧边饰锦纹、龙戏珠、蔓草及毬路纹等线刻图案。碑身断为两块。

【碑文】窃思,神之为灵,昭昭也。而兴云降雨,土俗亢旱,祈无不应。显神异而至灵者,莫过于湫主。斯湫者,三圣神女,古庙存焉。历考碑碣,始号泉神。泉源发自神座,夜静更深,尝闻水声潺潺,伏流殿下。初出,即见于湫,清不容浊。说之者曰:"龙之所居,因名龙亭。"正宋代所额为灵湫者也。由亭之南,流入于池,漳源泻碧,即谓"四星池"水也。胜景异常,顾忍风雨飘摇,弗思所以修理乎?矧香亭为享祀焚化之所,欹侧摧残,畴或云可?满院炜煌,而东房独形弇鄙,台垣荒,石粗疎,不又大不相称耶?社众、住持,恻然动念,奋然鸠工。东西两河,固宜捐输囊蓄,南北四外,亦多募化资财。爰将庙外亭池,瓴瓦栋宇,推陈出新。泽畔垣墉,易危为固。庙内香亭,定倾扶正,卓立居中而不偏。土屋观瞻不壮,拆去涂泥,用鲜砖以建造。基址缺略不完,筑削严密,使平石以包围。白贲无咎,行见百堵,皆作黄离元吉,更复五色成文。功程虽浩大,而整齐画一。有志者事竟成焉。斯举也,于沼于沚,休有烈光,爰居爰处终焉。允臧实实,枚枚匪棘,其欲惟怀永图,岂曰小补之哉!是为记。

例授修职佐郎候铨儒学训导岁贡生常仁撰文

本邑儒学附学生员胡景虞书丹

(长治、高邑各社、店铺、当号捐款,略)

维首耆宾、介宾安体仁、安清仁、安居敬(略)

(布施姓名,略)

木匠李满仓、李满库

泥水匠曹敦、杨□孩

石匠王玉江

丹青陈师夫

本邑寺头村玉工李长兴

住持僧人祖修,徒清和、清禄、清存

徒孙净方、净绅、净绪,曾孙真秀、真聚、真慎

大清道光十八年岁次戊戌五月天中节勒石

重修龍亭四星池香亭改作東房石包臺垣碑記

竊思神之為靈昭昭也而興雲降雨土俗亢旱祈無不應顯神異而[illegible]者莫過於湫主斯湫者 三聖神女古廟存焉歷攷碑碣始號 泉神泉源發自 神座

夜靜更深嘗聞水聲潺潺伏流殿下初出即見於湫清不容濁說者謂白龍之所居因名龍亭正宋代所頒為靈湫者也由亭之南流入於池漳源瀉碧即謂四星池

水也勝景異常頗忍風雨漂搖弗思所以修理乎妙香亭為享祀焚化之所款側摧殘時或云可滿院煒煌而東房獨形弇鄙臺垣荒石粗疏不又大不相稱耶社

衆住持惻然動念奮然鳩工東西兩河固宜捐輸橐蓄南北四外亦多募化貲財爰將廟外亭池甃竈棟宇推陳出新澤畔垣墉易危為固廟內香亭定傾扶正阜

立居中而不偏土座觀瞻不壯拆去塗泥用鮮磚[illegible]建造基址缺略不完[illegible]築削嚴密使平石以包圖白賁无咎行見百堵皆作黃離元吉更復五色成文功程雖浩

大而整齊畫一有志者事竟成焉斯舉也于洛于沚休有烈光爰[illegible][illegible]終焉允藏實實枚枚匪棘其欲惟懷永圖豈曰小補之哉是為記

例授修職佐郎候銓儒學訓導歲貢生 常 仁撰文

本邑儒學附學生員 胡景虞書丹

谷村社錢十一仟　在城當行錢八仟　西王坡社錢二千　太昌和錢一千
小關社 各錢一仟　燕樹號錢三仟文　石哲益店錢二千　三合斗錢一千
李莊社　鄉鎮當行錢三仟　在城錢鋪錢二千　永和店錢一千
店上社錢五仟文　新當行錢三仟文　明遠順錢二千文　四美館錢一千
神下社錢三仟文　維資行錢三仟文　劉大鳳錢二千文　豐益恒錢一千
坡裡社錢二仟文　北兩水社錢三仟　趙士耀錢二千文　明太號錢一千
河頭社錢一仟文　南邠村社錢三千　後太店錢二千文　明遠永錢一千
香寺社錢二仟文　青仁社錢三千文　五福益店錢二千　世益昌錢一千
西莞村社錢六仟　兩部社錢三千文　德裕昌錢二千文　聞成店錢一千
東北呈社錢五仟　坨倒社錢三千文　太盛奎錢二千文　焚合號錢一千
西北呈社錢五仟　岳陽社錢五千文　通盛號錢一千文　三和店錢一千
東陳社錢四千文　賈學孔錢五千文　復昌和錢一千文　合宇當錢一千
申村社 各錢六千　横水鋪行錢五千　天順店錢一千文　永德當錢一千
大成當　吳村東社錢四千　宏太玉錢一千文　元昌當錢一千
南當行錢四仟文　上兩部社錢四千　太盛和錢一千文　晏獻琛錢一千

維首

安体仁　傅敬行　陳紹舜　張 欽
安清仁　傅敬先　陳長雲　趙 琳
安居敬　李凌雲　陳登雲　馮有德
常 仁　陳藻珠　[illegible]德懿　馮有信
康志仁　陳[illegible]　[illegible]上修　馮有技
張克誠　史[illegible]雲　李進孝　馮有恒
安士傳　張即先　王炳前　裴化雨
王來聘　裴作裕　安丕仁　安培發
康尊仁　裴恩約　安[illegible]賢　安士[illegible]
康維仁　史詔言　李貴興　安士賢
郝進旺　安長傳　郝維善　李[illegible][illegible]
焦侍明　馮世平　安守正　中[illegible][illegible]
柴如桂　張[illegible][illegible]　常[illegible]玫　李[illegible]登
郝化醇　張[illegible][illegible]

安守正施錢八十六千　貢學孔施錢五百楊樹一株

泥水木石匠丹青匠共使錢三百七十九千二百零一文

買磚木煤炭鐵錢匠工錢共使錢七十八千零六十六文

買磚瓦煤鐵琉璃馬石灰共使錢九十千零五百九十二文

[illegible]集頭髮鐵繩魚線被則共使錢三十千零五百六十五文

米面烟茶調和鹽費共使錢九十二千零七十一文

買[illegible]石碑錢十一千刻碑工[illegible]花費共使錢十九千文

[illegible]共花錢七百千零零四百九十五文

[illegible]共[illegible]布施錢五百九十千零六百二十文

[illegible]花費淨短錢一百零九千八百七十五文

[illegible]花[illegible]錢一百零九千八百七十五

嘉慶二十五年扶補香亭鋪[illegible]花費

本河共捐錢五十二千二百一十六文

共捐谷一十六石八斗二升

横水河共捐錢三十一千二百一十八文

安九寬施錢二十三千六百五十文

共花錢一百一十六千九百一十三文

兩河共捐錢一百零七千零八十四文

除花淨短錢九千八百二十九文

長花住持錢九千八百二十九文

木匠李滿[illegible]　石匠王玉江　本邑寺頭村玉工李長興

泥水匠[illegible]楊[illegible]孩　丹青陳師夫　住持僧人祖修　徒清和　[illegible]清祿　徒孫淨方

大清道光十八年歲次戊戌五月天中節勒石

四一 色头村炎帝庙

戏楼

色头村炎帝庙

色头村位于长子县城东南25公里处，为镇政府所在地，属色头镇管辖。炎帝庙建置于村中，东有书房院，西南有观音堂，西为路，东南距羊头山3公里。坐北面南，二进院落，占地面积1845平方米，建筑规模宏大。创建年代不详，清道光五年（1825）重建。在其中轴线上分列为山门、献殿、正殿、大佛殿，两侧有配殿、耳楼、廊庑、马王殿、僧舍等建筑，均为清代遗构，庙院存碑石三通。1999年长治市人民政府公布为市级文物保护单位。

献殿建置于高0.9米的台基上，创建于清咸丰元年（1851），面阔三间，进深一间，单檐卷棚顶，琉璃筒板瓦盖顶，琉璃脊饰。柱头科三踩单昂，明次间设补间科一垛。正殿建于献殿的后面，面阔五间，进深六椽，单檐悬山式屋顶，筒板布瓦盖顶，琉璃脊饰，檐下无斗栱，隔扇门。色头村炎帝庙建筑规模较大，建筑形制独特，木石雕刻精美，是一处重要的炎帝文化遗存。

炎帝庙香火兴盛，每年的春秋都要举办春祈秋报的大型赛事，由周围的村子北五庄：里玉则、外玉则、郝家沟、平家、曹家沟；南五庄：刘家庄、赵家庄、吴家庄、陈家庄、王家庄等筹办。赛事三天，有唱戏、八音会、说书等文艺活动。除此而外，平时如正月初一、正月初五、七月初三、十月初十等节日也要到庙里烧香祭炎帝。

正殿

炎帝古刹重修碑记

【简介】勒石于清同治五年（1866），现存于长子县色头镇色头村炎帝庙。碑额两侧为龙纹图案，碑身两侧刻人物、梅、兰、竹、菊及锦纹图案。

【碑文】从来善创尤贵善因，能作尤贵能述，若是而重修复建之意起耳。想斯庙之建始，虽无可稽，而斯庙之重兴，实有可征。其人虽往，功业常新，第即斯庙而详言之。其神也，仰之曰神农，尊之曰皇帝。威灵之显赫，道贯古今，德同天地。独得天地精英之气，能尝百草之涩苦咸酸，垂为医经，令万世之医流而受其芬芳；特禀乾坤神灵之精，能辨五谷之菽黍稻粱，教以稼穑，令百代之万姓而沾其惠露。壮如岱岳，耀如星日，不但一时而被其泽，即万世无不永赖也已矣！试继即妥神之地，而细陈之。其地也，雄镇党南之边，正当冀地之冲。巍立羊山之下，端居川口之东。左列五水，右峙三峻。南接谷关，北连紫岫。秬水环流于西北，双塔拱秀于东南。此真一邑之名区，妥神之胜地也。质之若临，呼之若应。不特一村而被其恩典，即率土亦得其瞻依也已矣！更再即众善之成城言之，复兴虽起自群儒，而㟪嵘要赖乎众善。无众善不能以资其大厦，无群儒不能以统其众人。水借鱼而养其活泼之天性，鱼赖水而保其跃渊之自然。虽然不能枚举其人，择其任重最优者而述之。于咸丰元年春，众乡老目睹斯庙而心愁然，有不忍坐视其凋残，遂索众相商，邀请贡士故生杨秋元，联三公，统领群儒暨众善人，而兴大业以崇祀典也已矣！总之，皇帝尊神也，斯庙杰地也，众善士协力也，三者合一，而大功告成也。虽然一木难以支其大厦，况又兼补葺诸庙，而焕然更新，尤赖四方诸君子之力。狐衣成裘，共勷厥事，以成其美。若不书芳名于碑阴，不将沦落于无稽也哉！是为序。

蓬莱岛口口翁老乩叙次，太学生王之、杨苳臣薰沐书丹

郡庠生馥园李天芳、梯云许凌霄薰沐篆额

玉工宋发兴、王聚仝镌

龙飞大清同治五年岁次丙寅八月谷旦

炎帝古刹重修[illegible]

從來善創者貴善因，能作者貴能述。若是而重修復建之[illegible]可稽而斷[illegible]之重與莫有可[illegible]

往功業[illegible]即斯廟而詳言之。其神也[illegible]曰[illegible]顓[illegible]道古[illegible]同天地，獨得天地之精英[illegible]

氣，能嘗百草之性，嘗鹹酸苦[illegible]世之[illegible]而[illegible]其[illegible]明之精[illegible]以[illegible]

代之[illegible]其[illegible]岳[illegible]星日[illegible]不[illegible]也[illegible]之地而[illegible]

也，雖鎮當南之邊，正當[illegible]立羊山之下[illegible]左列[illegible]右峙三峰[illegible]水[illegible]

雙塔拱秀於東，[illegible]此真一邑之名勝[illegible]之勝地也[illegible]不[illegible]其[illegible]亦[illegible]

東再即眾善之成城，言之復興[illegible]佛而[illegible]不能以[illegible]其[illegible]

而養其[illegible]之性，[illegible]魚賴水而保其[illegible]之自然[illegible]其[illegible]任重最[illegible]而述之[illegible]成[illegible]春[illegible]

斯廟而心[illegible]然，有不忍坐視其[illegible]相商[illegible]諸[illegible]士[illegible]生[illegible]三公[illegible]而世[illegible]大[illegible]以[illegible]

已矣[illegible]皇帝尊神也，斯廟係[illegible]士協力也。三者合一而大功告成也。雖[illegible]者[illegible]以[illegible]補[illegible]

而[illegible]賴四方諸君子之力[illegible]成[illegible]其勤[illegible]以成其[illegible]名於碑[illegible]不朽[illegible]積也[illegible]

蓬萊島口口翁[illegible]此敘次　太學生[illegible]王之揚[illegible]臣[illegible]

[illegible]發　[illegible]國　李　天[illegible]

鄆　庠生　[illegible]穆　吳[illegible]凌[illegible]

龍飛大清同治五年歲次丙寅八月[illegible]穀旦[illegible]立[illegible]

四二 熨斗台炎帝庙

熨斗台炎帝庙

炎帝庙，亦名北高庙，炎帝祠，位于长子县城北熨斗台上。据清乾隆《潞安府志》载，该庙创建于金天德四年（1152），历明、清均有增修扩建，清顺治重修碑曰："增修正殿五间，寝宫五间，东西殿各三间。周围蔽以长廊，围以砖栏。前增台，阔三丈，长五尺。两侧砌石为梯，各三重。台下增修八蜡殿三间，香亭三间，东西楼阁二间，前为舞楼三间。楼之南重修公主殿三间，香亭一座，观音堂殿三间，子孙殿五间，山门三间，东西建角楼。"由此可见该炎帝庙建筑规模宏大，巍然壮观。抗日战争期间，炎帝庙被毁，日本侵略军在此修筑了炮楼。遗址内存碑石二通。1946年元月，原中共长子县委，县民主政府将此修建为革命烈士陵园。

每年农历的三月十八日祭炎帝。

外景

重修炎帝神农庙碑记

【简介】勒石于清顺治十六年（1659），现存于长子县城关镇北高庙。碑高133厘米，宽83厘米，厚25厘米。

【碑文】盖闻祭典所载，先世有功德于民者，则为立庙貌以礼祀之，凡以昭美报志不朽也。治东南有神农井，东北有百谷山，世传炎帝神农于兹获秬黍，尝百谷，遂教民稼穑，敷种下土。夫以九州万世之功，肇端于近郊，德泽在人，宜崇厥祀。金天德四年，邑人建庙于熨斗台之上。历元明以来，岁时报赛相似也。迨至皇清，岁时久远，殿楹颓圮。恂于顺治十有六年来尹兹土，捐俸募资，庀材鸠工，易旧址而重构之。栋宇规模，视古昔所作，稍宏敞而曼硕焉。维昔董其事者，有荐绅裴光美、孔述益、贾复真，庠生贾梦鲸、曹之珍，义民郑本道、吴承功、冯时通等。经始于己亥七月，告竣于辛丑十月。增修正殿五间，寝宫五间，东西殿各三间。周围蔽以长廊，围以砖栏。台之前，香亭三间，东西钟鼓楼各一间。前增台，阔三丈，长五尺，两旁砌石为梯，各三重。台下增修八蜡殿三间，香亭三间；东西阁楼二间，廊三间；前为舞楼三间。楼之南，重修公主殿三间，香亭一座；观音殿三间，子孙殿五间，山门三间。东阁建角殿三间。门垣榱桷，焕然一新。因勒之贞珉，并为文以颂之曰：粤自玄黄肇造，仪象初分，天地得一，以至大也。日月得一，以至暴也。雨露得一，以至润也。百谷未播，人不知耕，大如天地，而不能自为生成；暴如日月，而不能自为长育；润如雨露，而不能自为滋息。林林总总，惟是茹毛饮血，草衣木食已尔。自炎帝神农起而尝百草，降嘉种，剡耒耜，教稼穑，作种植之书，撰医药之方，举茹毛饮血、草衣木食之子，易而为烹葵食薁、椒馨湮醴之民。猗欤至德，后天地而生，开天地之始；先天地而没，亘天地之□。非日非月，暴之所被者远；不雨不露，润之所溉者博。旷观或内，高原下隰之地，胼手胝足之人，方苞颖栗之景色，墉栉仓箱之蓄积，皆农也，则皆神也。是神无往而不□乎农，农无在而不有夫神也。迨后厥始，精卫填海，将欲变沧海为桑田。虽厥功不竣，啣木之心依然，训农之心故并。□之谓熨斗一台与国之圜丘、方泽诸坛之礼天地、日月雨露者典，并重可也。岂止一邑之家，尸□祝云尔。

顺治十六年岁次辛丑孟冬之吉

赐同进士出身文林郎知、长子县事都门鹿园王毓恂撰并书

邑增广生斐日章篆额

重脩炎帝神農廟碑記

蓋聞祭典所載，先世有功德於民者，則為立廟以禋祀之，凡以昭美報，誌不朽也。治東南有神農井，東北有百穀山，世傳炎帝神農于茲獲秬黍，嘗百穀，遂教民稼穡，寓種下井。夫以九州萬世之功，肇端於近郊，德澤在人，冥業嚴祀，望……大德四年，邑人建廟於□斗臺之上，歷元明以來，歲時報賽相仍也。迨至□□以

皇清，歲時久遠，殿楹頹圮，向於順治十有六年來尹茲土，捐俸募貲，庀材鳩工，易舊址而重構之，棟宇規模視古昔所作稍宏敞，而□頑為維，督董其事者有薦紳裴光美、孔述益、賈復真，庠生賈夢熊、曹之琇，義民鄭本道、吳永功、馮時道等。經始於己亥七月，告竣於辛丑十月。增脩正殿五間，寢宮五間，東西殿各三間，周圍蔽以長廊，圍以磚牆，臺之前香亭三間，東西鐘鼓樓各一間，前增臺闊二丈，長五尺，兩旁砌石為梯各三重，臺下增修八蜡殿三間，香亭三間，東西各樓二間，廊三間，前為舞樓三間，樓之南重修公主殿三間，香亭一座，觀音殿二間，子孫殿五間，山門三間，東閣建角殿二間，門垣榱桷，煥然一新，因勒之貞珉，並為文以頌之。曰：粵自玄黃肇造，儀象初分，天地得一以至大也，日月得一以暴也，雨露得以至潤也。百穀未播，人不知耕，太如天地不能自為生成，暴如日月而不能自為長育，潤如雨不能自為滋息，林林總總，惟是茹毛飲血，草衣木食已爾。□炎帝神農起而嘗百艸，降嘉種，剡耒耜，教稼穡，□之書，譔醫藥之方，舉茹□並□衣木食之子，易而為烹蔡食，奠梻馨湮醴之民，猗歟至德，後天地而生，開天地□始，□天地而沒，后天地之□，日月暴之所被者遠，雨露潤之所□博，曠觀成為高原下隰之地，胼手胝足之人，方苞穎粟之景象，墉□多箱之蓄積，皆農也，則皆神也。□神無往而□于農，農無在而不有神也。迨後厥姑精衛填海，將欲變滄溟為桑田，雖□不竣，嚮亦之□依□詞農之心，故並□謂獻斗之臺與

國之員立方澤諸壇之禮，天地日月雨露者，典並重農也，豈止□邑之家尸祝云爾。

順治十□年歲次辛丑孟冬吉

賜同進士出身文林郎知長子縣事都門鹿園王□撰并書

邑增廣生裴□章篆額

教諭張尊美　僧官王百祥　省祭士陳昌言

訓導□□十一日　朱□屏

縣丞楊日榮　王永全　雀自晉　會東賓

典史徐進卿　秦元□　□□□　買循升

薦紳裴光美　孔述益　賈復真

庠生賈夢熊　曹之琇

義民鄭本道　吳永功　馮時道

李國順　王民敬　李學敬　李文朋　張茂家　□明照

泥水匠張吉朋　木匠任之來　鐵匠□□□

重修熨斗台庙碑记

【简介】现存于长子县城关镇北高庙。清乾隆十五年（1750）立石。

【碑文】庚午岁暮，余查路差峻，返长子时，邑人修复城北熨斗台之神农庙。先讫工功具贞珉以竢，至是请余记其事。余按潞郡八邑，古号上党，以俗勤俭，人多逐末。独长人安土力穑，一易田畴。初，丁卯十月，余来莅事，念菽粟至足，即致仁民，而因势利导，惬易为力，自勗委身陇亩。不时劝课，以尽寓教于养之职。顾数以差出，三年之间，计在本邑只余期月，方愧愿未尽遂负我蒸民。乃克自亟，厥事不督，益勤更出，耕余用新斯庙。余嘉其协心重农，弗妄营生，务敦本业，庶几菽粟渐足，进于仁风不难也，于是乎书。相传尧胤子就封兹土，筑熨斗台，即祀神农氏于上。以历年久远，其庙屡新屡圮。近圮矣，邑人穷，原报本，竞理新之。庙昔配以八蜡，今彻八蜡，专荐飨八蜡。选台宜地别立庙，其余相沿。祈报神农庙外，故建于台。尚数庙而亦并焕其旧者，则以邑人之意谓台，专庙既新，余庙弗修。弗称修余庙，实因专庙故。余为记，义可不及余庙云。

乾隆十五年十二月二十日知长子县事、海丰张镇记

邑增广生员范学孜书

重修熨斗臺廟碑記

庚午歲暮余查踏差竣返長子時邑人修復城北熨斗臺之神農廟先訖工竣其瑣珉名姓至是請余[illegible]

與事余按潞郡八邑古號上黨以俗勤儉人多逐末獨長人安土力穡一易田疇初丁卯十月余來蒞事

念穀粟至是即致意民而因勢利導恒易爲力自最委身隴畝不時勸課以盡寓教于養之職頒發人

出三年之間計在本邑祇餘期月方愧願未盡遂負我蒸民乃克自亟厥事不皆益勤更出耕餘用新

廟余嘉其協心重農弗妄營生務敦本業庶幾蒸黎漸並進于仁風不難也於是乎書相傳堯毗于就封

茀土築熨斗臺即祀神農氏于上以歷年久遠其廟屢新屢圮近圮矣邑人窮原報本競理新廟昔祀

以八蜡令徹八蜡專爲饗八蜡選臺宜地別立廟其餘相沿祈報神農廟外故建於臺尚數廟而亦並煥

其舊者則以邑人之意謂臺專廟既新餘廟弗脩弗稱修餘廟實因專廟敦余爲記義可不及餘廟云

乾隆十五年十二月二十日知長子縣事海豐張鎮記

邑增廣生員范學孜書

四三　柏后村炎帝庙

柏后村神农庙

柏后村位于长治市市区东 1 公里处，属常青街道办事处管辖。神农庙南临太行东街，东西北三面为民居。创建年代不详，坐北面南，三进院落，现存二院，占地面积 1000 余平方米。中轴线上分列为山门、献殿、正殿、后殿等建筑，两侧有配殿、廊房、耳殿、钟鼓楼等。整个建筑左右对称，布局严谨，均为清代遗构。1960 年 6 月长治市人民政府公布为市级文物保护单位。

山门面阔三间，进深四椽，下为门洞，上为舞楼。单檐歇山式屋顶，琉璃脊饰。檐下斗栱华丽，装饰精美，两侧建有钟鼓二楼，现不存。献殿建于正殿之前，面阔三间，单檐卷棚顶，通间雕刻垂莲吊挂与雀替，梁头卷云纹。正殿建于石砌台基之上，面阔三间，进深四椽，前出廊，单檐悬山顶，琉璃剪边。后殿，面阔三间，进深四椽，单檐悬山顶。四椽栿前后贯通，圆形石柱。柱头科五踩双下昂，蚂蚱形耍头，补间各施平身科一攒，拱眼壁上绘有飞龙、花卉等图案，柏后村炎帝庙建筑规模较大，别具特色。

每年农历的七月初一举办庙会，祭祀炎帝。

外景

重制神农庙社物碑记

【简介】现存于长治市城区常青街道办事处柏后村神农庙。清咸丰九年（1859）立石。卧碑四角为牡丹纹图案，上下、左右为龙纹图案。

【碑文】赵壁在清邑意所村中，维首捐去募疏祈化众资，以备修工费用。将募疏带回。钱项无几，神功难动。同东、西社维首，敬制社物数件，以图永远应用。今将捐项开列于左：

清邑正昌当捐银二两、公议会捐钱二千文、元泰昌捐银一两、泰昌号捐钱一千文、□□泰元昌捐银一两、协泰号捐银一两、□州复成合捐钱一千文、阜昌隆捐钱一千文、□□远泰昌捐银一两、□邑五福号捐银一两、□塔协玉号捐银一两、恒丰号捐银一两、濮州三合号捐钱一千文、天行健捐钱一千文、观城三盛泰捐银一两、天成永捐银一两、亢村集玉泰隆捐银一两、德泰号捐银一两、龙王庙泰和号捐银一两、大名德丰泰捐钱一千文。

共捐钱二拾九千九百七十三文。

记制方桌五张、四六桌四张、方椅四对、板凳四对。

共花钱三十一千文。

东、西社维首赵复琴、牛存志同赵壁谨志

大清咸丰九年五月上浣敬立

住持礼□

玉工吴□□

重製

神農廟社物碑記

地望在清邑意所村中維首捐去冬疏祈化衆貲以備修工費用將募疏帶回錢項無幾神功難動同議社維首欲製社物數件以圖永遠應用今將捐項開列於左

清正邑當捐銀貳兩
公議會捐錢八千文
元泰昌捐銀壹兩
泰昌號捐錢壹千文
泰元昌捐銀壹兩
協泰號捐銀壹兩
復成合捐錢壹千文
阜昌隆捐錢壹千文
逢泰昌捐銀壹兩
万福號捐銀壹兩

協義號捐銀壹兩
恒豐號捐銀壹兩
三合號捐錢壹千文
泰行號捐錢壹千文
義成泰捐銀壹兩
天成永捐銀壹兩
王泰隆捐銀壹兩
[illegible]泰號捐銀壹兩
泰和號捐銀壹兩
[illegible]豐泰捐[illegible]千文

共捐錢貳拾九千九百七十三文

計製方桌五張　圍桌四張
方椅四對　椅披四對

四四　李村神农庙

殿内梁架

李村神农庙

李村位于长治市郊区北 10 公里处，属马场乡管辖。神农庙建置于村中，创建年代不详，明清两代曾进行过修葺。坐北面南，二进院落，现存一院，占地面积 468 余平方米，中轴线上分列为山门、献殿、正殿等主体建筑，两侧有配殿、东西廊庑。现存建筑正殿为元代遗构。经幢一座。1960 年长治市人民政府公布为市级文物保护单位。

正殿建于石砌高台之上，面阔三间，进深六椽，单檐悬山式屋顶，筒板布瓦屋面，琉璃脊饰。殿内梁架为四椽栿对前乳栿通檐用三柱，柱头斗栱四铺作，单下昂，蚂蚱形耍头，补间各施斗栱一朵。明间辟板门一道，两次间置直棂窗，檐柱有收分侧脚。梁架结构简洁古朴，当为古刹。

正殿

修神农庙记

【简介】勒石于明嘉靖丙午年六月（1546），现存长治市郊区马厂乡李村神农庙，碑长72厘米，宽35厘米。石碑四周线刻蔓草纹图案，镶嵌在神农殿西山墙上。

【碑文】山西潞安府潞城县西南三十里许李村里，古建神农庙宇正殿三间，已经年久，风雨损坏，丹青零落，墙壁倾颓。是里，寓居沈阳卫中所百户叶下军人路友良者，窃闻尝谓："上古圣神，继天立极，垂训万世。惟神农圣神，功化之极，治造五谷，嘉禾生焉，麻麦成也，养育万民万物，无不彼其泽矣！需思至重，不可以不报其本。思之四时，致祭于其所，欲报其果，何致其力欤！"友良者，诚意恳切，遂输金帛钱财，自备木植、砖瓦，重修起盖正殿三间，又立三门一座，东建社房三间，四面周围，高筑垣墙。时嘉靖二十五年四月初一日吉旦良辰建立上梁。修功备毕矣，刻石卧碑于墙间者以此。

沈阳卫中所百户叶下军人路友良，室人董氏，长男路廷璋，次男路廷碧，路廷珍，长孙路平

木匠曹万良同弟曹万强

瓦匠张仲强

琉璃匠王裴

石匠崔道隆

画匠刘朝用

玉工段进□

真定府冀州武華寺守殿僧圓□

潞邑朝阳赵凤鸣

大明嘉靖丙午年六月乙未吉日立

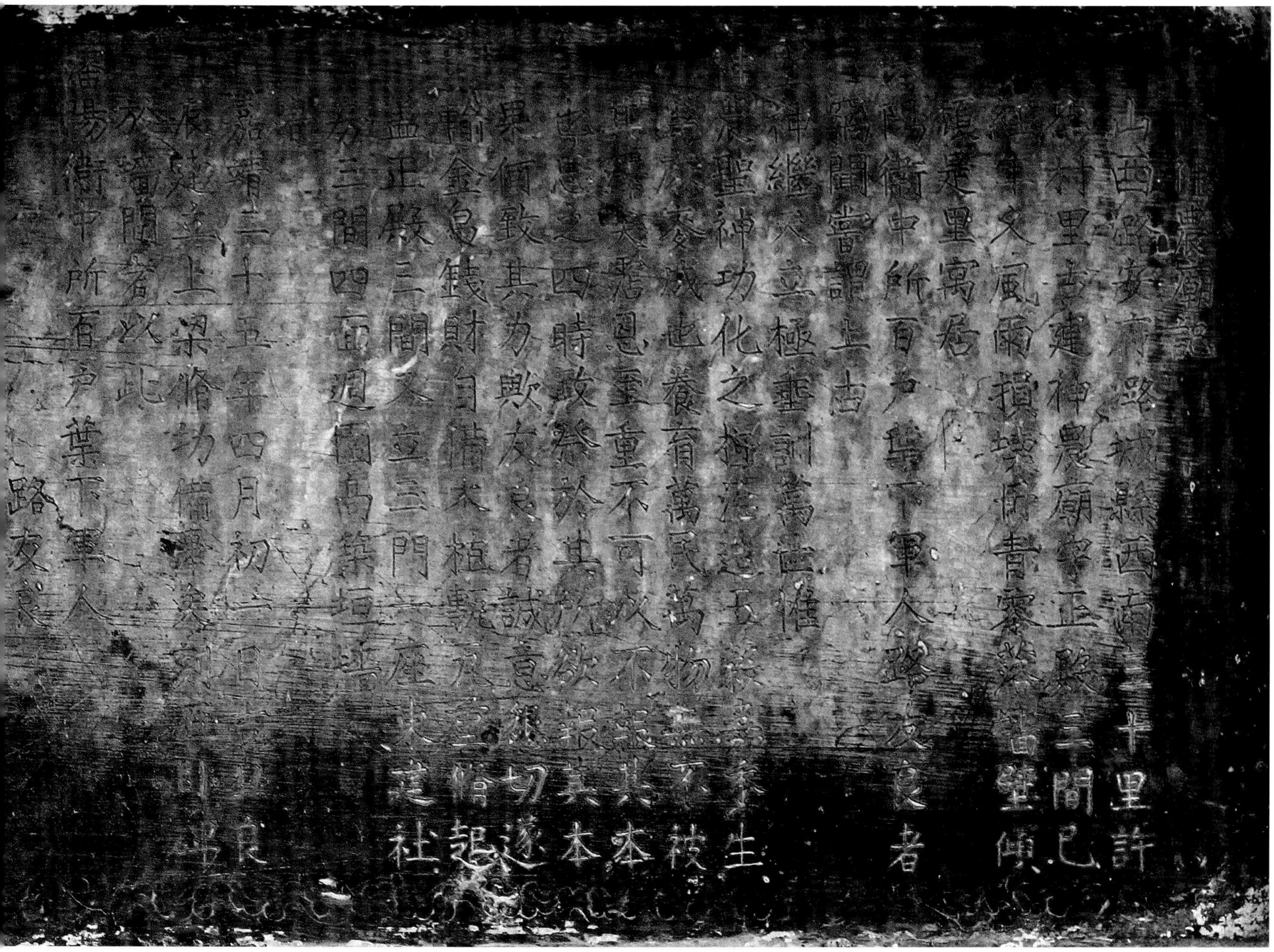

四五　关村炎帝庙

关村炎帝庙

关村位于长治市郊区东北5公里处，属老顶山镇管辖。这里东临百谷山，西望漳河水，南北田园广阔，农舍鳞次栉比。炎帝庙建置于关村村中，创建年代不详，坐北面南，进深二院，现仅存一院，占地面积1422余平方米。中轴线上分列为山门、舞台、献殿、正殿等主体建筑，两侧有厢房、耳殿等。现存正殿为元代遗构。庙院内存碑石一通，经幢一座。1960年6月长治市人民政府公布为市级文物保护单位。

正殿建于石砌台基之上，面阔三间，进深六椽，平面方形，台明宽阔。单檐悬山式屋顶，灰筒板布瓦盖顶，琉璃脊饰。明间柱为圆形木制，次间角柱为青石雕造，有侧脚升起。柱头斗栱四铺作，单下昂，补间各施斗栱一朵。殿内彻上露明造，四椽栿对前后乳栿。梁架简洁，用材粗犷。出檐深远，举折平缓。殿内东西山墙上残存有人物故事壁画约40平方米。关村炎帝庙在建筑形制上沿用唐宋时的风格，古朴庄重。

每年农历的三月初一，举办庙会祭祀炎帝，由关村、庄里、嶂头三个村共同筹办。

正殿

炎帝庙重修碑记

【简介】勒石于清光绪二十年（1894），现存于长治市郊区老顶山镇关村炎帝庙。

【碑文】尝思树五谷而资民生，尝百草以疗民疾，此固粒我蒸民，功垂万世者也。关村古有炎帝庙，不知创自何代，为合村春祈秋报之所。奈代远年湮，风雨摧残，瓦坠椽彫，剥落堪怜。见者莫不目击心伤。想工程之浩大，思修葺而无术，咸谓斯庙之修补殆无期矣！孰知废久必行，代有人焉。忽有郭锦荣者，心直胆正，才高智远，会合六社维首等数人，整理社事，修补庙宇，任劳任谤，不避嫌疑。鸠工庀材，不辞劳瘁。三年之中，丹楹刻桷，画栋雕梁，妆修圣像，合庙一体，焕然维新。村人观之，无不抚掌称善。以为斯工之成，虽系人力，实赖有神佑焉。是为序。

国子监太学生李长馨撰文

长治县儒学生员李长芳篆额

长治县文童李荣发书丹

维首廉聚财、冯正伦、苏永钦、刘成书、田元盛、李来喜、李步云、田自俊、陈从发、田辛酉、陈广德、李杨枝、陈林则、李汇川、李核则、王发盛、李三胖、陈培章、尚二女、赵华盛、郭海成、李昇端、郭五女、苏永银、李雨孩、刘全玉、王从富、李礼孩、牛智远、崔胡成、崔发成、秦黑羊、孙丑人、牛罗意、孙根炳、陈金禄同立石

玉工李德才

大清光绪二十年岁次甲午桃月建

炎帝廟重修碑記

炎帝恩樹五穀而資民生嘗百草以療民疾粒我蒸民功垂萬世者也閔村古有
炎帝廟不知創自何代為合村春祈秋報之所奈代遠年湮風雨摧殘瓦墜椽彫剥落
堪憐見者莫不目擊心傷想工程之浩大思修葺而無術咸謂斯廟之修補殆無期
矣孰知廢久必興代有人焉忽有郭錦榮者心直胆正才高智遠會合六社維首等
數人整理社事修補廟宇任勞任謗不避嫌疑鳩江庀材不辞勞瘁三年之中丹楹
刻桷畫棟雕樑粧修聖像合廟一體煥然維新村人觀之無不撫掌稱善以為斯工
之成雖係人力實賴有神佑焉是為序

國子監太學生李長馨撰文
長治縣儒學生員李長芳篆額
長治縣文童李榮發書丹
督工郭錦榮維首

康聚財 李步雲 陳林則 肖二女 李雨孩 崔發成
馮正倫 田自俊 李滙川 趙華盛 刘金玉 秦黑羊
蘇永欽 陳從發 李核則 郭海成 王從富 孫丑人
刘成書 田辛酉 王發成 李杲端 李孔孩 牛羅意
田元盛 陳廣德 李三胖 郭五女 牛智遠 [illegible]根炳
李來喜 李楊枝 陳培章 孫永銀 崔胡成 陳金祿

仝立石

玉工李德才

大清光緒二十年歲次甲午桃月建

四六　北和村炎帝庙

献亭

斗拱

梁架

北和村神农庙

北和村，原名北禾村，相传炎帝得嘉禾于羊头山，因村居羊头山之北，故得名，位于长治县城西2.5公里处，属北呈乡管辖。神农庙建置于北和村西南隅，创建年代不详，相传在唐代时已有，元代重修，明清两代曾多次进行修葺。坐北面南，进深一院，占地面积800余平方米。原有舞台、山门、正殿、钟鼓二楼、配殿、耳殿等。现存正殿、西耳殿两座建筑，其他建筑或坍塌或无存。庙院内存碑石二通。

正殿，亦称五谷神殿，面阔三间，进深六椽，悬山式屋顶，清道光年间改为硬山式屋顶。柱头斗栱五铺作，双抄双昂，昂为琴面式，耍头作蚂蚱形，斗栱为柱高的二分之一。栌斗置于柱头上，无补间斗栱。殿内彻上露明造，四椽栿对前乳栿通檐用三柱，屋顶举折平缓，出檐深远，筒板布瓦盖顶。从建筑形制特点来看，庄重敦厚，为元代遗构。殿内神台上原塑炎帝真君神像及侍女像。清顺治年间"炎帝真君"牌匾悬挂于正殿檐下，现雕塑不存，2010年此殿落架大修。北和村炎帝庙历史悠久，现存正殿为元代古制，具有历史文物研究价值。

每年农历的四月初八日举办庙会祭祀炎帝。秋后还要举办唱戏的酬神活动。

正殿

重修神农庙记

【简介】勒石于大清乾隆三十年（1765），现存长治县北呈乡北和村神农庙。碑首圆形，碑身首一体，碑高 171.5 厘米，宽 61.5 厘米，厚 21.5 厘米。碑文记录了炎帝开创原始农耕的功德以及李正阳和六村社维修炎帝庙事、维首人姓名等。碑首残，刻花卉图案。闫士升撰文并书丹，碑断为两节，残损。

【碑文】盖闻太古之世，茹草木及禽兽，而民未知稼穑。自包牺氏没，而伊耆氏作也，天甫雨粟，乃因天时相地宜。斲木为耜，揉木为耒，始教民树艺五谷，而农事兴焉，故曰神农。是神者，姜姓也，生于姜水，长于烈山，以火德代伏羲氏治天下。有火瑞以火纪官，又号炎帝。帝初王天下，即兴忧民之心，以天时寒燠不常，则疾病难免，故垦草莽尝百草，分寒温平热为四时，辨君臣佐使为二区，一日之间逢毒七十二，皆能化之而无侵害，则民有疾疢始得药饵疗治矣。时俗朴重端悫，民不忿争而财用足，始列廛于国，日中为市，致天下之民，聚天下之货，交易而退，各得其所，其忧恤救民之功，用何其切哉。夫以五谷既树，而民食已足，药石既攻，而民生已赖，泽及当时，恩垂万世，至于今尚赖帝无穷之德。本邨之西南隅，旧有炎帝庙焉。然日久年湮，风雨剥落，以致殿宇倾颓，几同瓦砾。有监生李正阳者，商之六社，欲修葺之，乃多方筹资。除六社布施之外，又按地蠲输□，每亩捐钱肆拾文，次捐钱二十文，又捐钱三十文，更格外施财，重新金妆圣像，乃亟力经营，不日之间而庙貌维新，神光焕彩，因是勒石，用垂永久。

旹乾隆岁次乙酉中浣谷旦

潞城□岁进士李□白撰文

长治县儒学生□闫士升谨书

总理社首王维廉、申有德、李正阳、王秉孝、申士龙、王的省

督工社首王海、王有发、王好来、张同九、连应法、王世坤、李世太、李全太、王锡全

住持僧人修教徒定温

玉工郑学明仝立石

重修神農廟記

蓋聞太古之世茹草木及禽獸而民未知稼穡自包犧氏沒而伊耆氏作也天甫雨粟乃因天時相地宜

斵木爲耜揉木爲耒始教民封藝五穀而農事興焉故曰神農是神者姜姓也生於姜水長於烈山以

火德代伏羲氏治天下有火瑞以火紀官又號炎帝帝初王天下即興憂民之心以天時寒燠不常則

疾病難免故嘗草莽嘗百草之寒温平熱爲四時辨君臣佐使爲二區一日之間逢毒七十二皆能化之而

無侵害則民有疾疢始得藥餌療治矣時但樸重慤民不忿爭而財用足始列廛於國以中爲市致天下

之民聚天下之貨交易而退各得其所其憂世救民之功用何其切扎扶以五谷既樹而民食足藥石既

攻而民生已賴溥及當時恩垂萬世至于今尚賴帝無窮之德本邨之曲南隅舊有

炎帝廟歷年久遠風雨剝落以致殿宇傾頹幾同瓦礫有監生李正陽者商之六社欲修葺之乃多方

除六社布施之外又按地攤輸每畝捐錢肆拾文次捐錢貳拾文又捐錢叁拾文更格外施財重新金粧

聖像乃亟力經營不日之間而廟貌維新神光煥彩因是勒石用垂永久

乾隆歲次乙酉中□穀旦

總理社首　李正陽　王維屏　申有□　王秉□　王賜金　李世太　李金太　王世坤　□□□

申士乾　王昀　省　張伺九　持帽人修　丞溫

王□

玉工鄭學明全鐫

四七　龙山村炎帝庙

全景

戏楼

斗拱

龙山村炎帝庙

龙山村，位于长治县城南10公里处，属八义镇管辖。这里地处丘陵山区，炎帝庙建置于村北的高地上，坐北面南，三进院落，占地面积1500余平方米。创建年代不详，中轴线上原建有舞台、八角亭、前殿、后殿等主体建筑，两侧有配殿、耳殿、厢房等。因年久失修，龙山村炎帝庙损毁严重，现仅存后殿及东西耳殿，也都塌毁。

后殿建于石砌台基之上，面阔三间，进深六椽，单檐悬山顶。殿内彻上露明造，四椽栿对前乳栿通檐用三柱，柱头斗栱四铺作，蚂蚱形耍头，方形砂岩石柱，抹角凹棱，柱础方形，石质，为金代遗构。但该殿屋顶已塌，柱子倾倒，只剩殿身墙体。

龙山村炎帝庙历史悠久，是上党地区炎帝文化遗存一所古老的建筑，在建筑风格上具有明显的宋金特征。

正殿

四八　东长井村炎帝庙

东长井村炎帝庙

东长井村位于壶关县西北5公里处，属集店乡管辖。炎帝庙建于东长井村中，庙院周围是农田村落。创建年代不详，坐北面南，一进院落，占地面积835平方米。现存建筑有山门、正殿，两侧有妆楼、配房、耳殿等。正殿为明代遗构。现为壶关县文物保护单位。

山门下为门洞，上为舞台。面阔三间，进深四椽，硬山式屋顶，筒板布瓦屋面，灰脊。正殿建于高1米的台基之上，面阔三间，进深六椽，前出廊，单檐悬山式屋顶，筒板布瓦盖顶，琉璃剪边。方形青石柱，有侧角升起。柱头科一斗两升交麻叶头。殿内梁架规整，彻上露明造。殿前原有献殿，现不存。

东长井村炎帝庙每年农历的三月十八举办庙会，祭祀炎帝。

正殿

建立东长井社地亩碑记

【简介】勒石于清道光二十九年（1849），现存于壶关县集店乡东长井村炎帝庙。碑长 55 厘米，宽 34 厘米。碑镶嵌在东厢房南头墙墀头上。

【碑文】兹因安长里粮数不清，累年兴讼不息。自二十七年，已蒙彭公明断，按薄所出。今将炎帝庙地亩，开列于后：

大道底长行一里左□边立中地六亩四分，

□□□里五甲、大庙池基中地八亩六分，

黄中一里南六甲、前南□川立上地五亩四分，

安善一里又四甲中地六亩三分。

社首仝立

道光二十九年十月吉日立

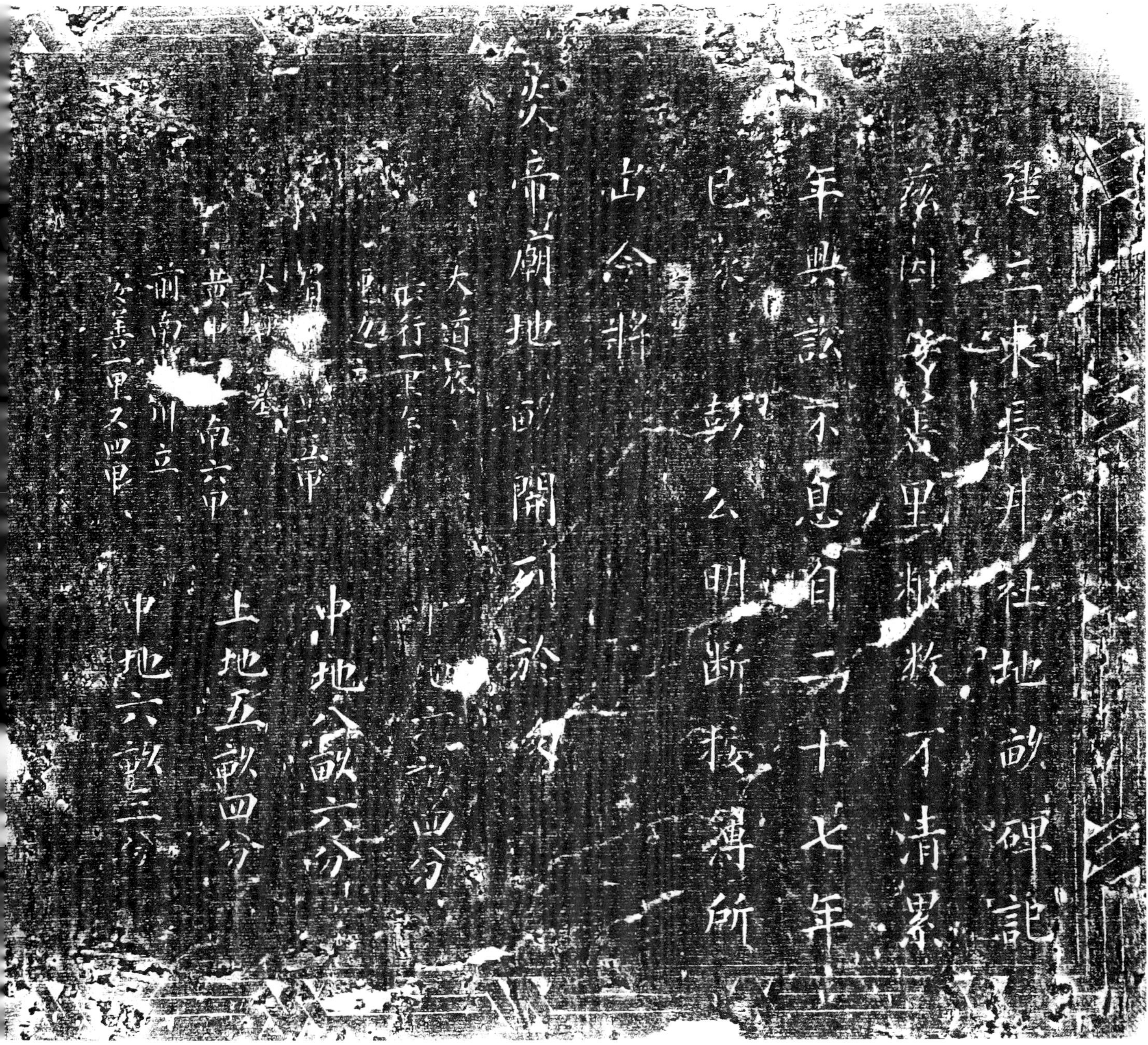
建立東長井社地畝碑記
年興訟不息自二十七年
巳蒙彭公明斷按糧所
出今將
炎帝廟地畝開列於後
中地八畝六分
上地五畝四分
中地六畝三分

构件

小北庄村神农庙

小北庄村位于壶关县西北3公里处，属城关镇管辖。神农庙建于小北庄村北，该庙创建年代不详，坐北面南，一进院落。现存建筑有正殿、东西厢房、耳殿等，为清代遗构。其他建筑如山门、戏台、碑石等无存。

正殿建于石砌台基之上，面阔三间，进深五椽，单檐硬山式顶，前出廊。筒板布瓦屋面，灰脊。此殿，建制不大，庙院因年久失于修缮，损残严重。

外景

五〇 西七里村神农庙

正殿局部

西七里村神农庙

西七里村，古称安化里，位于壶关县东南25公里，与平顺县接壤，属晋庄镇管辖。神农庙建于村北，创建年代不详，清顺治、道光年间均有重修，坐北面南，一进院落，占地面积428余平方米。现存建筑有山门、正殿，两侧有妆楼、配殿等。

正殿建于1.2米高的石砌台基之上，面阔五间，进深六椽，前出廊，单檐硬山式顶，灰筒板布瓦屋面。据清道光版《壶关县志》载：“神农庙，在安化里。世传帝尝百草经此，里人德之，建庙岁祭。”该庙对炎帝文化的研究具有一定的史料价值。

正殿

五一 翟店村五谷庙

外景局部

翟店村五谷庙

位于潞城市翟店镇翟店村中。创建年代不详，遗存有“五谷庙”石匾一块，为清代遗物。后来，翟店村在原址上重建五谷庙，“五谷庙”石匾重新镶嵌在庙门的门额上。

外景

五二 羌城村五谷庙

构件

羌城村五谷庙

位于潞城市翟店镇羌城村中。坐西朝东，占地面积35平方米，创建年代不详。该殿面阔一间，进深四椽，单檐硬山顶。为清代遗构。

外景

五三 大义井村神农馆

外景

戏楼

构架

大义井村神农馆

大义井村位于陵川县西南 20 公里处,属礼义镇管辖。这里是山区丘陵,神农馆建于大义井村中,创建年代不详，从金泰和年间（1201－1208）、元至正二十五年（1365）、明万历十年（1582）至清代，屡有修葺。坐北面南，一进院落，占地面积 918 平方米。现存建筑有山门、正殿、配楼、耳楼、厢房等。

正殿建于石砌台基之上,面宽五间,进深五椽,单檐悬山顶,前出廊。柱头斗栱三踩单昂,梁枋、檐桁、斗栱均施以彩绘。

每年的六月初六，大义井村要举办庙会，进行祭祀。

正殿

重修馆记

【简介】勒石于元至正二十五年（1365），现存陵川县礼义镇大义井村神农馆。青石，方形，高60厘米，宽180厘米，碑文记录了王彦祥等人修缮神农馆事以及维首人名。陵川进士里□师文宗周谨记。碑保存完整。

【碑文】夫馆者，古之乡校，今之祀神之所也。凡禘祭郊祀之礼，自天子至于庶人，各有所当祭者，唯社之神。本乎五土斯民，朝夕从事于其间。在祀之中，于民为最切。故今之馆侧，皆有古之祭社坛壝，亦有树其土之宜木者。具祀典所载，天下之通祭者矣，先于社也。是以上自京师下及乡術，皆浔而祭之。俾民春秋享祀，以报其本。祭毕馂其胙余燕饗于是馆。而行乡饮酒礼。一则以明贵贱尊卑之义。一则以序长幼亲踈之。即所以辨上下，厚人伦，美教化，易风俗，故曰令之馆者，古之庠序也。此先王立社设学以教民，使知孝悌忠信礼义廉耻，克其诚敬者，盖本于此矣。而又步时于是雩告雨泽祈谢释奠，有所依据焉。兹馆之剏，虽无可攷，唯见楹石所刊，乃宋、泰和初重修者，迄今二百余岁矣。年愈久而岁愈深，风日颓而雨日腐，倾跕者十陨其半。一日好事者，王彦祥畀其同侪者李让、李靠，谓其同志者陈宽、李致中，曰："此先贤重修之遗业也，不可坐视废之。尔若辅予湲构不亦善乎。"让等忻然倡应，遂各舍已缗，备其酒肴，请会乡耆。给其瓦木，命匠经营。自仲夏初始造攻之，所费钱米百有余定硕。重修正大殿五间，东西两庑一十八间，前则舞楼三门，创建左右偏殿五间，逮中秋后功备成之。内外超卓之，望峻寓雕榱，巍嵬而伟丽，崮廊杰峙，雄列而更新，其摛光揭耀，崇显于里閈。绩千载之诚敬，邃垂于□世，芳馨不已。岂几报享祀事而已哉。故蔓衍其说，书之于壁。聊为志云。

旹大元至正二十五年岁舍乙己中秋后四日

陵川进士里刘师文宗周谨记

具以重修耆老枚列以左：

都维那首王□、李让、李靠、陈宽、李致中

辅维那首刘仪、李和卿、李全、李荣、周忠甫、李宝、李忠、周仲实、周仲明、周玉、秦仪、秦成、陈思义、郭仕贤、常进、李仕明、刘才、周仕能、□怀宝、刘荣、刘宝、刘广、李瑄、王仲诚、刘□璋

木功本村靳和甫

雀村韦天成宬

池下和信刊石

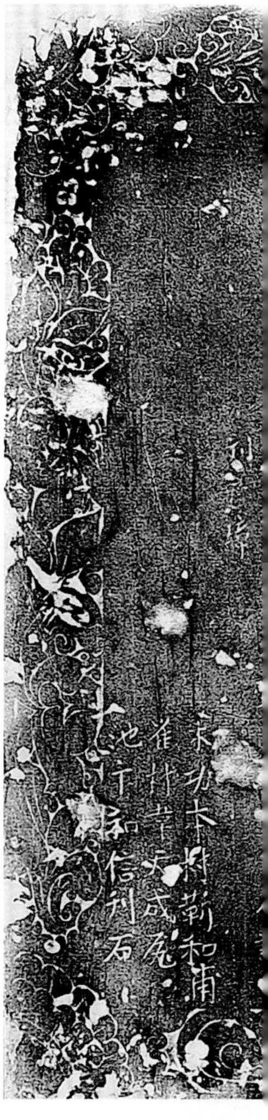

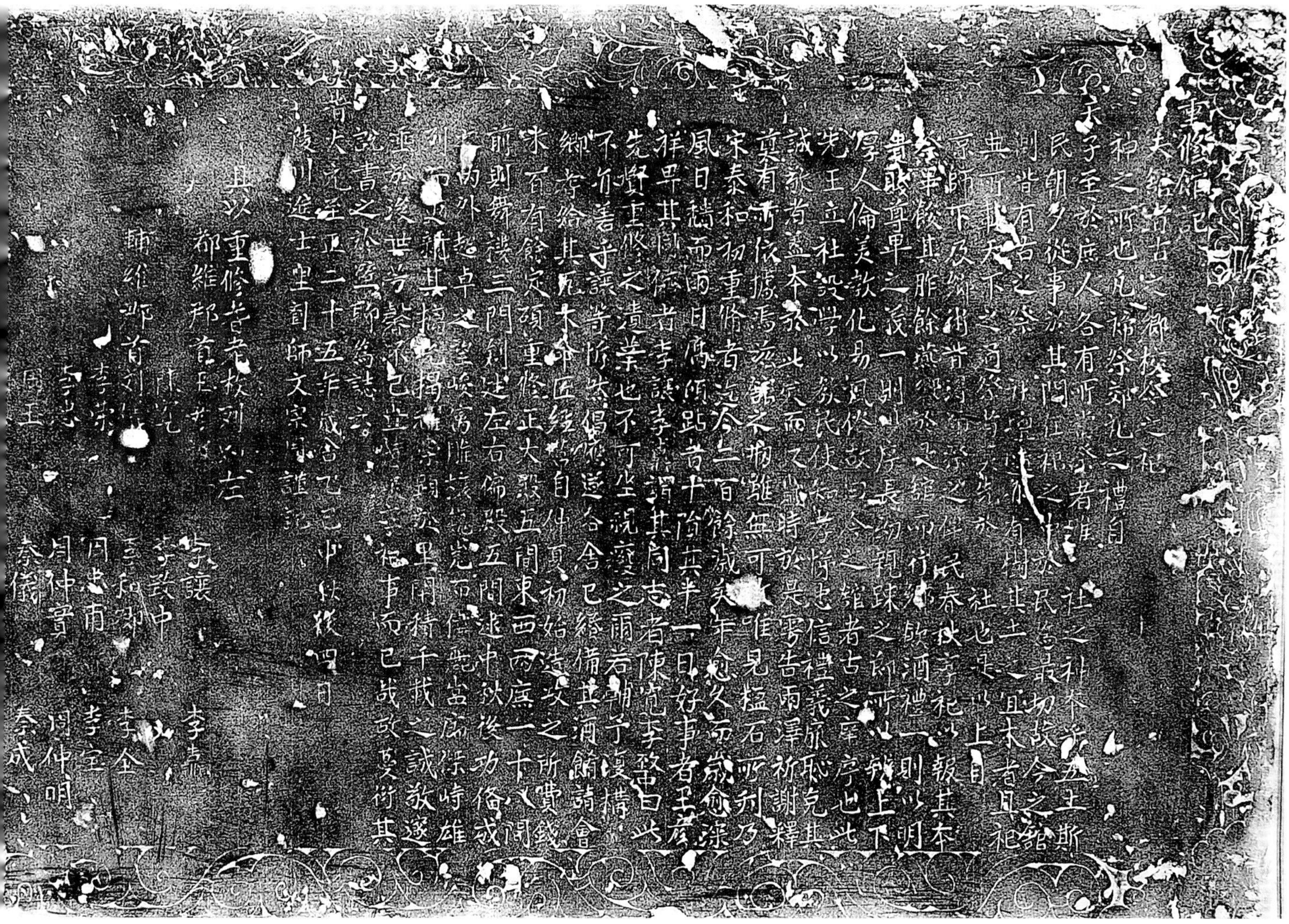

重修神农馆记

【简介】勒石于明万历二十六年（1598），现存陵川县礼义镇大义井村神农馆。青石、方形，高 67 厘米，宽 100.5 厘米。碑文记录了秦克府率李孟卿等众人维修并彩绘神农馆事以及维首人、施主人姓名。申以忠谨序，秦孟光书，田世宽镌刻。碑保存完整。

【碑文】盖自亘古以来，在州县立坛壝，乡村立庙社，以妥神灵，以奉祭享，诚闾里之急务也。是以前人刱建兹馆，为报赛生成之所。且规模崇高飞惊壮丽。予观东壁碑记，宋太和重修一次，以迄至正年间已二百余矣。至正乃元朝之末，至我朝大明万历又二百余岁矣。历年久远，风雨剥落，况墙垣旧是坯土，损坏不堪。时万历十年春，有耆老西峯秦君讳克府，率众社首乡约正李孟卿、秦克佃、李孟冬、侯栋、宁代兴、宁师爱，共议之。曰："吾侪忝居兹土，庙廊倾颓，岂可坐视而不为之所乎。以砖石重新修补何如？"众皆忻然答曰："可兹盛举也。"于是各输财物，会请阖村施主，供给匠役，烧砖凿石，将正殿、舞楼、三门、东西两庑、学殿、内外墙垣，俱用砖石垒砌，泥墁整齐，不终岁而告完矣。至万历二十一年，有李孟乡、宁师爱，同省祭官秦孟先，乡民李守银、宁自顺，偶然间与众谪议。墙垣已修巩固，所少者润色之功耳。再加妆饰，何如？众亦然，诺。就请画工置买颜料，将正殿、舞楼、两庑、重新绘画，妆施五彩，华藻人物，焕然一新。兹功落成，神人胥悦，故曰：庙貌森严，人民富庶，春秋祭祀，□诚格神。以致风调雨顺，岁岁获丰穰之庆。家给人足，人人享乐利之，休因笔之于石。使后世颂功者千载不磨，用垂不朽也。于是勒为碑铭以记之尔。

旹大明万历二十六年岁次戊戌夏四月上旬五日立石

陵邑儒学增广生员主斋子申以忠谨序

本里三考京办吏员少峰秦孟光书

谨具劾劳者众开列于后邑人别号近田宁师爱著正李守科

砖包维那首秦克府、李孟卿、秦克佃、李孟冬、侯栋、宁代兴、侯果、常守道

妆饰为那首省祭官秦孟先、李守银、宁自顺、李九行、李守□

本村施主秦克礼、宁世兰、刘延兰、秦克让、宁自仓、李天角、李仲良（略）

玉工田世宽镌刊

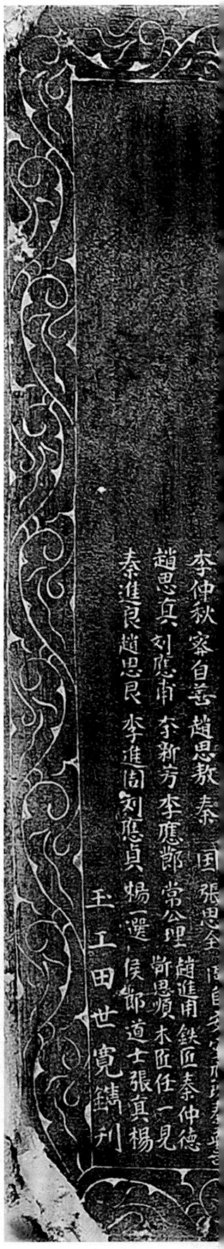

重脩神農舘記

盖自亘古以来在州縣立壇壝鄉村立廟社以妥神靈以奉祭享誠閭里之急務也是以前人剏建兹舘為報賽生成之所且規模崇高飛鶖壯麗予觀東壁碑記宋太和重脩一次以迄至正年間已二百餘矣至正乃元朝之末至我朝大明萬曆又二百餘歲矣歷年久遠風雨剥落况墻垣舊是坯土損壞不堪時萬曆拾年春有耆老西峯秦君諱克府率衆社首鄉約正李孟卿秦克佃李孟冬侯棟寗代與寗師爱共議之曰吾儕忝居兹土廟廓傾頹豈可坐視而不為之所乎以磚石重新脩補何如衆皆忻然咎曰可兹盛舉也于是各輸財物會請闔村施主供給匠役燒磚鑿石將正殿舞楼三門東西兩廡學殿內外墻垣俱用磚石壘砌泥墁整齊不終歲而告完矣至萬曆貳拾壹年有李孟鄉寗師爱同省祭官秦孟先鄉民李守銀寗自順偶然間與衆謫議墻垣已脩華固所少者潤色之功耳再加粧飾何如衆亦然諾就請畫工置買顏料將正殿舞楼兩廡重新繪畫粧施五彩華藻人物煥然一新兹功落成神人胥悅故曰廟貌森嚴人民富庶春秋祭祀虔誠格神以致風調雨順歲歲獲豐穰之慶家給人足人人享樂利之休因筆之于石使后世頌功者千載不磨用垂不朽也于是勒為碑銘以記之爾

旹大明萬曆貳拾陸年歲次戊戌夏肆月上旬五日立石

陵邑儒學增廣生員王齋子申以忠謹序

本里三考京辦吏員少峯秦盖光書

謹具勀劳耆衆開列於后邑人別號近田寗師爱著　正李守科

磚包維那首　秦克府　李孟卿　秦克佃　李孟冬

侯棟　寗代與　侯果　常中道

粧飾維那首省祭官秦孟先　李守銀　寗自順

李九行　李守苗

本村施主　秦克禮　寗世蘭　劉廷蘭　秦克讓

寗自倉　李天角　李仲良　秦克能　秦克云　寗大良

李其　李孟侯　秦守義　秦守強　周公元　秦安良　刘自在　侯應科

附　录

1 宝泰寺浮图碑（山西省长治市）

【简介】勒石于隋开皇五年（585），现藏黎城县文博馆，通高160厘米，宽74厘米。其中首高60厘米，圆雕蟠龙，中刻尖首佛龛，内雕一佛二侍。两侧植菩提树，枝蟠荫敝于顶。碑文26行，行36字。碑阴首与碑阳同，唯无菩提树。额篆“浮图之碑”四个大字。碑文为建塔之斋主，维那等姓名。《山西通志·山右金石记》、《山右石刻丛编》及《黎城县志》（光绪本）均有收录。此碑残损严重，文字剥落不清，“文革”间凿为井口石，且中断两截，令人目睹心伤。兹参县志旧本，互为核对，识误补缺而成此稿。

【碑文】尚书省使仪同三司，潞州司马，东原郡开国公薛邈，因检郭建钦、王神通等立仪门事，恭敬事佛，颂曰：时雨溟蒙，香烟芬馥，天长地久，春兰秋菊。大浮图主李买，妻申屠那肱。

自天地开辟之前，幽明难测，阴阳剖判之后，世代可知。莫不逞壮气而重英雄，恃高才而矜富贵，争利害于石火，兢功名于风烛。宁知荣华与屈□相迁，皂隶及王侯等趣。金门贝阙，讵拯幽冥，绣毂龙媒，岂济生死？终是飞沈三界，往来四轮，以乾城为可保之城，谓火宅为有常之宅。故天师出世，圣教今流，法门开四千□□通九十六种，示诸魔于苦海，等群生于福田，皈衣者得免樊笼，回向者便穷彼岸。故襄垣郡郭杰，世封阳曲，建社太原，上祖从官，遂家此邑。门有哲人，德水标仙舟之异；世多奇士，并州树竹马之朝。气宇凝邃，风裁道举，比意气于孤松，类怀抱于丛桂。谈议而对天子，坐隶重席；(划）奇以示将军，决胜千里。被称一代，见重当时。本枝冠冕，子孙繁盛。以四蛇催运，二鼠侵年，以华首而代红颜，恨黄泉而沉白日。故率合乡人共造浮图九级，镇此潞川，在县之东南，俯临大道，旁冲黎国，斜指潞城。秦将定燕卒之乡，炎帝获嘉禾之地。值周并齐运，像法沉沦，旧塔崩颓，劣有余迹。大隋握图受命，出震君临，屏嚣尘而作轮王，救浊世而居天位，大开玄教，广置伽兰。太子买杂宝之花，波斯刻真檀之像。刈陵县政新乡，乡义里郭伯琛者，杰之从子。早彰奇骨，即号神童，幼挺异才，便称水镜。义治骨肉，化及弟兄，六世同居，百有余口。朝野贵其风范，闾里慕其家法。本图曳尾，宁许濯缨，笑敬附之言，□少游之愿。蠹书草圣，相伴于青松；浊酒焦琴，共对于明月。岂望乘竹龙而履凫舄，饮玉膏而饵玄霜，将欲舍头希不丕之身，施肉请无常之偈。以开皇五年岁次鹑尾，与华川乡人李延寿及合县群英，感皇帝之恩，追从之迹，还于旧所重营九级浮图。垂何二周，其功始就。露盘乘月、宝铎摇风。背朝市而游士女庶使，托为善际，持作福田，见者与见而消殃，礼者共礼而除郭。望似龙花宝塔，宁随芬子之城；雀离浮图，岂逐天衣之□。颂曰：上元始判，造化初开，天倾地绝，古往今来。

盛衰交谢，生死相催，一五□惑，难上三灾。独有哲人，□标奇质，生轻义重，调高才逸。恩合春风，爱均冬日。□警切火，灯燃暗室。欲除习郭，聊积善因。庭罗宝刹，塔写金人。时遭圮泰，道遂崩沦，所悲神迹，翻累风尖。避世之士，连城之璧。气拥风云，性分金石。长悲虚幻，回归利益。欲述前踪，还修故迹。县临长路，塔镇平川。风翻盖影，云曳香烟。金刚永固，妙法恒传。未知东海，几作桑田。

2 金峰灵岩院记 （山西省高平市南城办事处）

【简介】勒石于元后至元六年（1346）八月，现存金峰寺。碑身首一体，长方形碑座，石灰岩。高152厘米，宽71厘米，厚21厘米。碑文记叙了金峰寺的历史沿革等情况，金大定三年（1163）敕赐“灵岩”。全文656字，计17行，行47字，楷体竖书。背阴刻有灵岩院历代，祖师普系。碑首圆形，篆刻“金峰灵岩院记”六字。碑身周边残刻缠枝牡丹花图案。任戭撰文，杨子宜书丹，杜彬篆额。碑保存完整。

【碑文】乡贡进士任戭撰

国子伴读杨子宜书丹

儒学教谕杜彬篆额

高平，神农尝五谷之地。帝尧之畿、赵献子之采邑、战国长平、汉泫氏县也。遗风纯固俭素，文化外清净恬虚之教行焉者，其来有渐矣。初摩腾笠法兰，以白马驮经，诏置鸿胪，因有寺之名。招提兰若，弥蔓天下，虽矗犷俗，闽豹奥区，鸷猛狠戾，闻善恶因果，钳制慑伏，佛力之庇，亦云博洽。昔也，汉经生、唐学士得以张之；今也，又谁得而抑之欤？兹院之由始，崇果院，崇然驻锡石佛阁，构伽蓝以托栖，山田以资食。金大定癸未，敕赐额曰“灵岩”。丁兵火板荡，柰苑沦没，荆棘瓦砾而已。岁甲午，皇元革命，时崇果净臻，门徒有四：曰真用者，本并人，乱后居崇果，行戒精严，为县里所敬慕。悯兹故刹，恻然思欲复之。大鸣化喙，倚松结茅，卧冰啮蘖，昼夜其间，见闻者，皆争施舍。高良宋氏，首为斧斤倡。由是富者输财，壮者助力，若攻金攻木，陶石畚铲，杇镘髹漆，咸愿趋功，卜筑层级。创西正殿五楹，中以事佛。左僧寮，右宾馆，北堂五楹。洎土地祠，落成于丁未年秋。门人有二：曰通泰，踵武唯谨；曰通渊者，讲律论，有诗名，尤为贤士大夫所重，故能翊相宗风，得以大振。上下二院事，以甲乙相承，视同一爨，不忘本也。癸丑，太保刘文贞公，秉忠隐缁侣间，从世祖文武皇帝征伐九域，以佛氏慈仁启沃宸聪，混一六合，召披度比丘，大崇寺宇，释教隆昌。视汉明、梁武犹爝火当皎日，黯不晖矣。厥后，户屡渐盈。至元中，明定、明殷、明容、明宁、明喜、粧饰梵容，继修三门、廊庑、庖库，缭列有序。天历初，德靠穿井崇果西，以为蔬圃。至顺间，德朗、德广，鸠工彩绘中外圣像。元统甲戌，德逵增建南殿七间，德迅董瓴甓之役，至是规制宏敞，轮奂益丽。匪有道维持，焉能集无量众，成欢喜缘，如是之溥也。伟夫，后压金峰，前瞰大粮，北羊山，南游仙，四山环翠，一水萦丹，宝坊凌霄，金碧绣错，绚夺日星，竹木葱翳，真觉皇道场，沙界之壮观也。德逸辈合十向余曰："本院基业，祖师用公继营缮之，垂今百年，碑记尚阙，幸笔之，毋以踈庸见诮。"余谓：释子学经律，同士之学诗礼也。以诗礼格吾儒，尚弗能悉求全，行经律格方外士，乌能尽责其备哉。且苾蒭异聚同志，俾祖师遗绪，替而复兴，隳而复举，绍其缔构之勤，使祇园片瓦尺壤，传千百祀之远。师作徒述，克孝也；一唱众和，悌顺也。启琅函，繙贝叶，晨夕作海潮音，祈天永命，亦臣下酬忠敬于君上也。以是而言，可直拒哉？噫！世之覆坠门第，罔念前人之业，彼独何心？观是，宜加警焉。故勉为之记。

后至元六年龙驾庚辰秋八月既望德逸立石

3 重修东山商先王殿记（山西省高平市三甲镇）

【简介】勒石于清康熙十五年（1676），现存三甲镇王家山翠屏山。碑身首一体，石灰岩，高 167 厘米，宽 62 厘米，厚 23 厘米。碑文记叙了清康熙十年（1671）至十五年（1676）徘徊村、姬家山重修商王庙事，并记述存炎帝、商汤王圣贤以及翠屏山商王庙创建于金大定二十九年（1189）、明万历二十四年（1596）等创修、重修情况。全文 375 字，计 8 行，行 58 字。楷体竖书。碑首圆形，中间篆刻"商王殿记"四字，两边线刻荷花图案。两边刻缠枝花图案。赵介撰文，赵茷书丹，玉工王道兴。碑保存完整。

【碑文】古帝王功德加于百姓，声施及于后世，千百世而下闻风志感，莫不尸而祝之。如炎帝耒耜之教，万世利赖焉，崇功报德之祀，长平百里若一家。至若商先王成汤，史载其克夏后，大旱七年，太史占之，当以人祷。王遂斋戒，身婴白茅，自为牺牲，祷于桑林之野。语未终，大雨方数千里，岁大熟。诵六事之责，千载犹见其心。但庙祀概不多见，惟东山旧祠。虽址不盈亩，断厓县□，有水半溪，西望韩王山，两峰对峙，南跨丹河，抵县城几二十里，烟云杳渺，由日生□，雨过增润，亦邑东北之胜也。考其创始于大定二十九年，历明昌以至承安元年，七载工始竣，时郭　董其事，余皆莫可考矣。至万历二十四年己巳，风雨漂摇，时复倾圮。王君应臣，协同安山、应福两姬君，募众修葺，重新殿宇。兹又七十年余矣。山灵如故，庙貌犹存，倾侧剥落□□□□后过所问之者。兹徘徊村、姬家山、池子庄、桃沟庄诸君，触目感慨，纠众重修，以恢旧制，计工自康熙十年辛亥至十五年丙辰告成。群□□□□□□记其事，因约略叙次，授诸匠石。其督工诸君及远近助资姓氏，拜勒石阴，期与此山共不朽云。

赐进士前江南镇江府知金壇县事邑人赵介薰沐顿首撰

举人男赵茂沐手书丹

时康熙十五年丙辰七月五日

玉工王道兴

4 东关炎帝下庙（山西省高平市东城办事处）

位于高平市城内东关，今长平广场之西。创建年代不详，宋、元、明、清皆有重修，“文革”时期拆毁。乾隆版《高平县志》卷七有碑记。

重修东关炎帝庙碑

【简介】清康熙三十一年(1692)立石。原在城东关炎帝庙。柯贞干撰。柯贞干，镶红旗人，例监，康熙三十三年任高平知县。碑遗失。

【碑文】羊头峙高平县治之北，在昔相传古炎帝神农氏艺五谷处，其上有帝陵焉。陵之下即艺谷圃也，盖粒食之原昉于此。《诗》曰：“粒我烝民，莫匪尔极。”帝之功德，万世永赖矣。历代崇报之典，春秋火二仲立庙祭焉，所谓上庙者是。庙去县治几四十里。祭之期，恐远不逮焉，爰附东郭立庙，今所谓下庙是也。问庙之建，无有能言其创始者。其重修则自宋、元以迄明，诸碑记悉载之。入我国朝，举先代帝王有功德于民者，悉修其陵寝，命有司致祭。而兹庙以僻在山城，历年来风雨飘摇，鸟鼠窜伏，垣颓檐堕，瓦裂榱崩，虽春秋之祭未尝不举，而修以新之，则有待乎其人。癸酉春，余承乏兹土。因父老之郊迎，暂憩于庙。目击其颓圮荒凉，恻然动维新之志，而未之逮也。越明年，诸政事粗理。余敢谓德及而信孚，信孚而人和哉！而公余多暇，乃率庙社人民而语之曰：“尔等食德饮和，忘粒食之原乎？而忍俾帝之庙貌倾圮一至于此！”于是余捐微俸，复为广募，阖邑绅衿耆庶以襄厥事。按庙三殿三大楹，俨古宫殿规模，两偏小殿宇仍其旧；殿之后正厅五楹，东西耳楼上下各十楹，周垣壁立；殿之前栏以月台，台之前甬道，东西两廊各十四楹；廊之南食房、茶房各二楹；面立舞楼三楹，虚其下为神路；东钟楼下角门主入，辅以耳楼三楹；西鼓楼下角门主出，辅以耳楼三楹；山门五楹，视昔制高大之，临大路以壮伟观。工始于甲戌之夏，讫乙亥之冬乃告竣。乃堑乃涂，爰丹爰雘，奂轮之美。迩延野绿，远混天碧。翠屏障其左，丹水自北而东为萦绕，西挹金峰之爽气，南望游仙于斯拱翠，而又方帝日中之市。四月维夏，因庙社之会，聚四方之民，陈百货而交易之，各得所。礼行乐作，神人胥悦。此则极庙之胜概，扩高平未有之大观也。余维高平自辛未旱荒，民艰于食者三年，何堪土木之举？乃余历任之岁，即获有秋；及庙工之兴，而风雨以时，年告大有，妇子宁而百室盈矣。安知其非帝之灵贶率育下民，以至此也？况国家日以爱百姓为谆谆，爱百姓莫切于立养而兴 教。修兹庙也，民知粒我有本，而岁享丰。诸誉髦又请修学校及文昌之阁、奎光之楼，以广教化而美风俗。夫宣朝廷之德意，俾百姓食德而兴行，良有司之事也，余敢谢不敏哉！后之继余之理者，观余之作，其亦可以知余之志，而为可继也夫。舆人之论，请以余言勒诸石，以作后来者法，庶庙貌之庄严与羊头之陵与艺圃并寿不磨。

5 风和村炎帝庙 （山西省高平市东城办事处）

位于高平市风和村。炎帝庙，至迟明代已有，毁于“文革”后期，现种子公司仓库即庙之旧址。有《重建昭烈帝庙记》为证。

重建昭烈帝庙记

【简介】清康熙十一年 (1672) 八月立石。碑为石灰岩，高 122 厘米，宽 40 厘米。李棠馥撰，李棠辞、李耀周、李耀雯、李耀尹同立石。

【碑文】昭烈帝庙在村西北，庙存。赤帝子火炽四百年，天厌其爇。曹丕篡逆，汉仕（社）为墟。昭烈以中山靖王之裔，嘘炎刘余烬而复燃之，即位成都，奄有巴蜀，名正言顺，纲目以正统归之。宜哉！帝宽仁大度，知人善任，有高祖之风迹。其间关百战，半销髀肉于金戈铁马间，摧阻勍敌，因败为功，雄才大业，直与岷峨、剑阁争高矣。揆厥所繇，盖以折节三顾得武侯，天下第一流为佐命耳。君臣一德，鱼水交欢，庶几赓歌喜起之盛。以故创图八阵，敌服奇才。出师二表，自摅忠悃所以报也。且风雏冠冕，南州乐为之用，而壮缪、桓侯以下，又皆骙骙之云龙，桓桓之召虎也，擢居显要，俾各尽其器能。群贤戮力，上下同心。虽天意三分，仅与魏、吴鼎峙，而得人为盛，规模弘远，岂偏安一隅者所可比隆与？即在白帝城，凭榻训子曰：“勿以恶小而为之，勿以善小而弗为。”又曰：“惟贤惟德可以服人。”口哉两言，洵可为万世法矣。余村帝庙旧在炎帝庙外，临池南向，盖余先大父通议公所建。勒石具在也。延至祟祯末造，池水岁渍，庙貌倾圮。余伯兄儒官棠茹慨为义举，独庀物力，用余基移庙于此，既幸神得所依矣；但岿然孤庙，未尝缭以短垣，以时方兵戈云扰，不及就绪也。余归田后，次第修举废庙，虑兹焚修无室，非可久之道，遂与胞弟别驾君计捐己资，共建南北房各三楹，两翼房各三楹，树垣作门，焕然改观。且置庙北隙地一区为圃，庶可延僧以司香火，传之久远而不废矣。尤愿后之子若孙克体余雁行增修至意，世知好义，有废必举，勿作守钱虏矣。

康熙十一年岁在壬子秋八月吉

赐进士出身通议大夫兵部右侍郎汉清李棠馥撰

侯选通判汉渊李棠醇、官生李耀周、庙生李耀雯、国学生李耀尹同立石

6 南李村炎帝庙 （山西省高平市北城办事处）

创建年代不详，遗址现是农民住宅楼。

7 釜山村炎帝庙 （山西省高平市寺庄镇）

创建年代不详，遗址现是釜山村小学。

8 百谷山（山西省长治市区）

百谷山，又名珏山，距长治市市区东5公里，方圆40多平方公里，有九条主要岭脊和十八条主要沟谷，耸立着四十余座山峰，松柏茂密，林木积翠，原有神农滴谷寺一处。新修有纪念炎帝神农的山洞三座，泉水一处，古神农井一眼及许多碑刻。

百谷山从北向南由五个山峰组成，所以又叫五顶山。五个山峰依次叫老顶、南顶、玉皇顶、奶奶顶、新顶。《潞州志》载:“神农庙，在城东北一十三里百谷山上，北齐后主武平四年（573）建。

世传神农尝百谷于此，因立庙焉。国朝登载祀典，洪武四年（1371）正神号曰‘炎帝神农氏之神’。”

登碧霞峰诗碑

【简介】明嘉靖十九年(1540)秋立石。现存百谷山奶奶顶。碑为石灰岩。云仙书。碑保存完整。

【碑文】登碧霞峰

碧殿肃阴阴，孤峰隐翠岑。

薜萝深出谷，芳草满空林。

神雨时时降，口龙日日吟。

因思蒙帝泽，始识惠民心。

修庙功德主：宿迁王、定陶王、云和王、沁源王、唐山王、稷山王、内丘王、清源王、吴江王、辽山王、宜山王、沁水王、永年王、平遥王、黎城王、陵川王

庚子秋八月

云仙书

重修九天圣母殿记

【简介】明万历三年(1575)四月十八日立石。现存百谷山奶奶顶。刘应科撰。碑为石灰岩，保存完整。

【碑文】夫上党，天下之称雄也，而口山万口柏谷兴焉。寒泉谷涌，桧柏苍然，是诚钟行山之秀，口万峙之灵者矣。因而神农封于此山之下，以享其祭。山巘处有九天圣母之殿，历年既久，殿庑倾坏，而神威动人，至今有感。李廷惠等进香寓此，心有不安，是以共发虔诚，各出己资，鸠工聚材，督率修理。庙貌增辉，焕然一新。神得其安，人心亦安，神人胥悦，此谓也。然其创建于春日而落成于夏日，不数月而成。谓非圣母相助之功不可也，此神麻之力，于人何有乎？故刻诸石，以彰圣母之口子不朽焉耳。

大明万历三年四月十八日立

重修神农庙碑记

【简介】此碑文节录自《长治县志·卷三》，勒石于明景泰六年（1455）。

【碑文】潞州去州治东北一十五里，其山名柏谷。山之东有岩，高五丈许，故老及州志云神农尝百草于此，因庙焉。创建虽未详，而累代祭祀无废，缘历年悠久，风漂雨摧，殿宇倾颓，廊庑颠废，深为慨叹。今武昌守束鹿刁正孟端氏以正统丙辰知潞州，视篆之初，即欲修治，缘材力未及，年辰未良。乃于壬戌九月之吉，具以其事上闻以朝。伏蒙赐允，先治其殿。正殿三间，加而为五，殿既完矣。夏新两庑，旧庑东西为间各三，今则五。而加二中外之门，厨库之室，罔不如式，缭以周垣，树以名木，经始于癸亥之秋，落成于丙寅之春，内外维新，金碧辉映。官不知费，民不知劳，是皆朝廷赐允之功，而孟端尊报之心也。第以毕功之后九载迁秩于此，未遑徵文勒石，以示将来。

明韩阳

重修神农庙碑记

【简介】此碑文摘录于清乾隆版《潞安府志·卷二十八》。

【碑文】国家追崇祀典，示报功也。祀其地，俾无淫也。洪武三年庚戌六月，诏新天下名山大川暨群神之号。辛亥，命所司：凡圣帝贤王，春秋祭祀，载于典，祭以时。仰惟炎帝神农氏之庙，在潞当祀。考诸郡志，庙去城东北十三里，有山曰百谷。基往度之，其峰峦环抱之蕴，崖壑谽谺之奇，他山所未见。绝顶之半，廓以石洞，俯瞰城郭，世传帝尝百谷于此，故因以名。当其胜，殿宇佴赫，为佛氏居。傍有庙狭隘，指为帝寝。基闻而弗之，遂谕守者，以岁久湮没，百谷致讹，祀典弗修。故尔乃命撤佛氏，立帝像，殿堂门庑，悉仍旧制，顾不伟欤！於戏，鸿荒之世，蒸民未粒。炎帝生其间，肇耕稼之利，味黍稷之分。民天一开，厚生永赖。记曰：有功于民则祀之，宜世享之无斁也。洪惟圣朝，以礼乐图治，知神明之不可缓，故祀典修焉。既修矣，而又必于其过化存神之所，使人益知敦本而不谄，彼徼福者无以进，此圣明立心于法制之表，将潜化神功於治平也。因系之以铭。铭曰：太极既判，清浊肇分。载生庶物，纷纷纭纭。教养有法，乃圣乃神。维大庭氏，纪德由燧。时天之时，利地之利。揉斫耒耜，草谷是类。制度易简，风俗纯粹。上党之东，有山其崇。枕彼壶关，神秀所钟。岩形屋若，帝此著功。

谁作寝室，据胜奕奕。百谷久讹，舍帝容释。天朝盛典，式孚厥德。祀神孔明，用昭遗迹。后千万年，永永无斁。

明王基

长治百谷山神农庙景泰重修碑记

【简介】碑文节录自《长治县志·金石志》，勒石于明景泰六年（1455）。

【碑文】德莫盛大于五帝，而羲、农为首。昔司马迁作《史记》，列颛顼、高辛为五帝，而去羲、农，殊为未当。“[炎]帝因天时，相地利，斫木为耜，揉木为耒，始教民艺五谷，而农事兴焉，民未知药石，始味百草之滋，察其寒温平热之性，辨其君臣佐使之宜，遂作方书，以疗民疾，而医道立焉。复察水泉甘苦，令人知所避就。由是民皆居安食力，而无夭折之患。天下宜之，后世赖之，故号神农。潞州去州东北一十五里，其山名柏谷。山之东有岩，高五丈许，故老及州志云：神农尝百草于此，因庙焉。”

9 老马沟神农庙（山西省长子县）

创建年代不详，遗址现是农民制砖厂。

10 黎岭村炎帝庙（山西省长治县）

创建年代不详，毁于日本侵华战火。现不存。

11 经坊村炎帝庙（山西省长治县）

创建年代不详，遗址现是村委会办公大楼。

12 东和村炎帝庙（山西省长治县）

创建年代不详，现是村民广场。

13 师言墓志铭（山西省长治县）

【简介】唐总章二年 (669) 立石。原石早佚，文录自清光绪《长治县志・卷四，金石志》。

【碑文】君讳口字师言，潞州上党人也。其先炎帝之后。祖寿齐，乡郡守，决讼举善，道敷庶绩。父英，任州主簿，属隋室道穷，中原鼎沸，横流亟乱，危途屡践，暨乎代故将表而良时已逝，乃归闭旧里，养素邱园。有道无时，空怀子舆之叹；居常自得，雅叶启期之旨。君识宇凝深，器略宏远，松操不改于穷滥，竹质岂移于岁寒。俄而顾复无依，几筵礼革，春秋五十有九，卒于私第。以总章二年岁次己巳年十月甲午朔二十八日，与太夫人王氏，合葬于州城西北五里。于时愁云惨而原野晦，悲风起而林御秋，勒遗芳于元石，庶作固于风猷。其词曰：

荒凉康野，悽怆山川。

霜霑秋草，树没晨烟。

元台不曙，白日何年。

14 上党县潜龙山宝云寺记（山西省长治县）

【简介】宋天禧三年 (1019) 立石。原存长治县内王村西寺中。张仪凤撰文。碑文节录自清光绪《长子县志・卷四・金石志》。

【碑文】忆自混沌初形，元黄肇启，盘古身分于世界，燧人火化于生灵。庖牺画卦于八方，滋章文教；大禹疏通于四渎，粒食烝民。……斯地也，东祭仙师之灵泉，以南北沟渎为限约，南潮洶源之清水，用东西涧作津涯。西接尝五谷之神祠，凭分水岭为界道，北靠龙山炎帝之庙貌，准横罡而作奥区……

大宋天禧三年岁次已未四月戊子朔八日乙未记。前代州军事推官将仕郎试秘书省校书郎张仪凤撰

寺主沙门守通书

15 重修城南唐太宗祠记（山西省长子县）

【简介】清乾隆十六年 (1751) 前后立石。原存长子县境内。张镇撰。张镇，字东侯，山东海丰人，贡生，乾隆十三年 (1748) 任长子县知县。碑文录自清乾隆《潞安府志·卷三十五·艺文续》。

【碑文】长子环山而居，然近城则绣壤平畴，地势漫衍，惟北郭外熨斗台祠宇巍耸。而邑南依古城遗址，南北对峙，擅一邑之形胜。土人因其体势，皆名曰高庙，而以南北别之。余莅任之三年，为岁之庚午，其北高庙则既葺而新之矣。今年春，邑人士复以修南高庙请，且曰：是役也，自去岁经始，今考其成矣。其材物力役之费，监造醵金之众，实俟公言，以垂诸后。余乃稽其工作仍旧之外，启闳阈为午向，崇阶级于平坡。东西各建室两楹，为祭祀斋宿之所，较旧制尤宏整。与熨斗台屹然掩映，为两地巨观。熨斗台之祀神农氏也，开稼穑之源，依古以来，尸祝久矣。而兹祠则推唐之文皇为正神，配飨之殿曰虫王，皆他邑所未有。而长邑人庶，独虔供祀事，春秋祭赛，罔费报享。余于是核民情，衷土俗，恍然有以见其重农务本之意，为足动人深念也。夫人有所珍惜之物，则常思护持之，而深忌其伤之者。苟与之同其情，合其事，靡不感激而思报之。今考其祀文皇也，则以文皇值岁之旱，尝吞蝗而祝曰："宁食吾之腹肠，而无伤吾民之稼。"辞意恳恻，足贯神明。以九重之位，而抱穷檐之忧。当苦蝗之时，而思吞蝗之言，岂不隐隐有触乎哉。其像而祠之也若愚，其切而祝之也则诚矣。推斯意也，为民父母者，休其役力，勤其劝课，俾得尽力南亩，而无虞扰害之频至，皆吞蝗类也。莅斯祠者可以惕然而心动矣。祠之建始有元之至正，历有明迄今，垂五百年。圮则修复，殆所谓有其举之，莫敢废焉者。则廑民事者，恃为捍患御灾之司；觇形势者，资为钟秀毓灵之助，亦并行而不悖者也。

后　记

玉兔呈祥。2011年秋，《炎帝古庙》出版了。本书的问世，依赖于高平市委市政府的关怀，市委书记谢克敏一再叮嘱要做成精品；时任市长秦建孝予以了大力扶持；现任市长杨晓波接任后，高度重视编撰工作，本书终得顺利面世。

中国人最大的特征就是不忘祖先。作为中华始祖的炎帝，更受国人的追崇。从黄帝时期开祭祀炎帝之先河，五千年不变传承。有的炎帝古庙倒塌了，后人重新修筑起来，再次倒塌了，再重新把它崛起。在山西上党地区，迄今还能看到有金元风格的炎帝古庙，这些土木建筑在历史长河中，走过了近七百年的岁月。那些“肇建太古、无文考验”的古刹里，还有一千六百年前勒石的古碑。高平是全国炎帝古庙最多之地，明清时期曾多达上百所炎帝庙。“天下万世，庙祀之所由盛远，最盛莫如吾邑，计长平百里所建不止百祠”。

斯庙老矣，在风雨中飘摇欲坠，千年古碑逐年剥落，古碑上的文字，有的难以辨认，有的已漫漶不清。抢救渐渐消失的原始资料，是当务之急，也是重重之重。那些繁体字和异体字，不仅是典籍资料的补充，也是特殊的文献，更是研究炎帝文化之重点。

挖掘、整理、传承炎黄文化，是炎黄子孙神圣的责任。把散落在一个个小村落里炎帝古庙以及碑刻汇集成书，是燃眉之急，也是本会领导梁晋高与各位理事达成的共识。然成书的前提，在于资料的搜集。

2009年初夏，本会几位同仁一身短靠，简衫布履，穿梭于太行山中的沟沟坎坎里，在古树参天的古庙宇里开始紧张的工作。将碑文转化为纸质，需要特殊的技术，老拓印师姚金绪用宣纸将碑碣一一拓制下来，再转换为文字。这项工作对天气要求苛刻，天冷，宣纸会冻在碑碣上；天热，这边还未着墨，那边已经干落。大伙为了抢时间，饿了，啃一口干粮，渴了，喝一口山水。在秋季到来之前，完成了高平市内的资料搜集。

转年来春，同仁们走出家门，在上党地区广泛寻觅炎帝庙宇，此次得到了年轻拓师刘小平的援手。会领导梁晋高不辞辛苦，率队外出考察，寻找可能有神农炎帝庙宇之地。秘书长李津为搜集资料和谋篇布局，足迹踏遍了每一处炎帝庙宇。这些“寻宝人”被拒之庙外，是常见之事；回不到旅馆，夜宿古庙与鸦雀相伴，也是常事。消息不准，白跑空跑许多冤枉路，更是司空见惯。这些有心人不叫苦不言累，为了传承炎帝文化，弘扬炎帝精神，不管是周末还是节假日，一直在默默奉献，努力工作。

在历时两年的资料搜集工作中，同仁们不仅再次重温了早已熟悉了的炎帝庙宇，而且发掘出尚不为人知的许多遗址遗迹。例如高平的朴村，民间传说是炎帝的“小娘家”；在煤海包围中的炎帝庙遗址里，挖掘出了古人勒石的炎帝牌位；在浩淼无际的发鸠山中，觅得了女娃祠、精卫坟；本书即将付梓之际，又探明陵川县一处道观，居然是神农馆，一所在宋泰和年间就重修过的神农炎帝庙宇。

感谢学者兼摄影家刘合心先生，他不仅拍摄了大量的照片，还字斟句酌、抄碑断句。常四龙、安建峰将庙宇简介几易其稿，不仅写出了庙宇的布局特色，还写出了这些炎帝庙中特有的炎帝信息。梁晋高、李津、杨振贤三位先生不耐其烦，反复审校文稿，精心修书。

历时八百多个日夜，足迹遍及上党山区。工作之艰辛，事例之感人，短短后记实难表尽。好在此书即将出版，权作为对同仁们的安慰罢。

本书共辑录炎帝古庙51所，古碑110通（块）。因水平有限、时间紧张，难免会有一些遗漏，还望专家、读者予以教正。

高平市炎帝文化研究会
2011年秋于古城高平

封面设计：张希广
责任编辑：张晓曦
责任印制：王少华

图书在版编目（CIP）数据

炎帝古庙/高平市炎帝文化研究会编. —北京：文物出版社，2011.10

ISBN 978-7-5010-3139-9

Ⅰ.①炎… Ⅱ.①高… Ⅲ.①炎帝—寺庙—简介—中国②碑刻—简介—中国 Ⅳ.①K928.75②K877.42

中国版本图书馆CIP数据核字（2011）第029907号

炎帝古庙

编　　著：高平市炎帝文化研究会
出版发行：文物出版社
地　　址：北京东直门内北小街2号楼
邮　　编：10007
网　　址：http://www.wenwu.com
邮　　箱：web@wenwu.com
经　　销：新华书店
制　　版：北京图文天地制版印刷有限公司
印　　刷：北京图文天地制版印刷有限公司
开　　本：889×1194毫米　1/16
印　　张：22.5
版　　次：2011年10月第1版
印　　次：2011年10月第1次印刷
书　　号：ISBN 978-7-5010-3139-9
定　　价：260.00元